SPHÈRE D'INFLUENCES

De Samy Mouhoubi
Débordements. Sombres histoires de football, 1938-2016
(avec Olivier Villepreux et Frédéric Bernard, Anamosa, 2016)

34-36, rue La Pérouse
75116 Paris

Collection Hugo Sport dirigée par Bertrand Pirel
Ouvrage dirigé par Donovan Villemonteil
Couverture, maquette et mise en page : Jef Cortes

Photographies de couverture : © Shutterstock

ISBN : 9782755663280
Dépôt légal : septembre 2022
Imprimé par CPI BlackPrint (Barcelone)

José Barroso · Jocelyn Lermusieaux · Samy Mouhoubi

SPHÈRE D'INFLUENCES

Coupes du monde et politique, un siècle d'histoires sulfureuses

Hugo Sport

Sommaire

Introduction

C'est la fin d'un vieux tabou. Le 28 février 2022, la FIFA et l'UEFA annonçaient dans un communiqué commun leur décision de « suspendre de leurs compétitions l'ensemble des équipes russes – sélections nationales ou clubs – jusqu'à nouvel ordre ». Le motif n'est pas explicitement détaillé, mais il est bien sûr lié à l'invasion de l'Ukraine par le pouvoir de Vladimir Poutine, quatre jours plus tôt. Habituées à ne surtout pas se presser pour prendre la moindre décision, les deux instances ont cette fois réagi avec une promptitude exceptionnelle. Pour justifier cette mise au ban, elles auraient pu se contenter de mettre en avant les risques en termes de sécurité, mais elles ont pris la peine d'ajouter : « Le football affiche sa totale unité et se veut pleinement solidaire de toutes les personnes touchées en Ukraine. Les deux présidents espèrent que la situation en Ukraine s'améliorera significativement et rapidement afin que le football puisse de nouveau être un vecteur de paix entre les peuples. »

Cette sentence et ce discours, qui marquent un virage historique, portent un coup de canif à la sacro-sainte neutralité du sport. Un mythe défendu depuis la fin du XIXe siècle par les penseurs et codificateurs des disciplines et des compétitions, qu'ils ont même inscrit dans les textes.

Ce principe est édicté dans les statuts de la FIFA (« La FIFA demeure neutre en matière de politique et de religion », article 4), dans son Code d'éthique (« Les organisations nationales et internationales (...) doivent rester politiquement neutres, conformément aux principes et aux objectifs de la FIFA », article 14.1) et même dans les Lois du jeu (« L'équipement ne doit présenter aucun slogan, inscription ou image à caractère politique, religieux ou personnel », loi 4). Dans le monde du football, les dirigeants les plus illustres se sont ainsi succédé pour s'opposer farouchement à l'ingérence du politique dans la chose sportive. Du Français Jules Rimet à l'Anglais Stanley Rous, les mêmes ont pourtant été les témoins voire les acteurs obligés des étroites interconnexions entre ces deux univers. Comme une vaste hypocrisie, un déni confortable. Par le passé, il était déjà arrivé que les patrons du football s'aventurent sur ce type de terrain, mais ce fut toujours à contre-cœur, de façon presque dérobée, à l'image de l'exclusion de l'Afrique du Sud à l'époque de l'apartheid par exemple. Avec l'épisode russe, les masques sont tombés. Définitivement ou pas, l'avenir le dira, tant la boîte de Pandore qui vient d'être ouverte s'annonce périlleuse.

Plus que n'importe quelle compétition, la Coupe du monde induit naturellement des perspectives politiques ou géopolitiques. Parce que derrière l'idéal universaliste, elle charrie des élans nationaux voire nationalistes, donc des clivages identitaires soutenus avec force par tout le décorum (hymnes, drapeaux, maillots distinctifs). Parce que comme toute compétition elle suppose une rivalité – on joue *contre les autres* – avec l'objectif d'être le meilleur. Parce que son évolution, enfin et surtout, lui a octroyé une influence absolument considérable qui s'étend bien au-delà de la simple sphère sportive. En un siècle, qu'elle célébrera en 2030, la Coupe du monde a connu une croissance exponentielle qui a épousé tous les soubresauts de son époque : mondialisation, conversion au business, société du spectacle, hypermédiatisation. Loin des premières éditions où elle jonglait entre invitations et défections, elle est devenue un rendez-vous incontournable, la reine des compétitions, ultraprisée. Une vitrine de choix, aussi, pour un des évènements les plus suivis à travers la planète avec les Jeux olympiques. Son obtention confère au pays hôte – comme à la nation victorieuse – une audience et une exposition à nulles autres pareilles.

Dans le même temps, tous les quatre ans, les relations internationales s'invitent au théâtre de la Coupe du monde, reflet souvent fidèle des tensions de la planète quand elle n'en est pas l'accélérateur. Guerre froide, décolonisation, conflits autour d'une frontière ou d'un territoire, batailles culturelles ou quêtes de légitimité diplomatique : en vingt-et-une éditions, avant celle organisée au Qatar, près d'un siècle d'Histoire vous contemple. Alors que la guerre est devenue difficilement supportable dans les sociétés contemporaines, les rapports de force et les luttes d'influence entre les États se mesurent aujourd'hui pour l'essentiel sur d'autres terrains. À cet égard, la Coupe du monde est furieusement moderne, en ce sens qu'elle a toujours été un vecteur essentiel de « soft power », un domaine où on peut même dire qu'elle a toujours été à l'avant-garde.

À l'origine, ce tournoi imaginé et créé par Jules Rimet s'assignait la noble mission d'œuvrer au rapprochement entre les peuples, dix ans après la fin de la meurtrière

Première Guerre mondiale. La lettre et l'esprit de ce projet initial connaissent assez rapidement des vicissitudes. La toute première finale, opposant en 1930 l'Uruguay à l'Argentine, se tient dans un climat si houleux qu'elle a failli ne jamais se jouer. Dès sa deuxième édition, en 1934, la politique et la diplomatie s'infiltrent insidieusement dans le paysage. Benito Mussolini s'approprie l'organisation pour glorifier son régime fasciste, prélude à ce qu'Adolf Hitler fera avec les JO de Berlin en 1936. Le ver est définitivement dans le fruit. Les pages qui suivent en témoignent, à travers vingt épisodes édifiants : par sa popularité unique, le football est devenu un pouvoir, et le Mondial un réceptacle des ambitions les plus variées, pour le pire et pour le meilleur. À l'image de la fameuse « diplomatie du ping-pong » qui avait ouvert la voie à la normalisation des relations entre la Chine et les États-Unis dans les années 1970, il a pu permettre de bâtir des ponts entre des pays (Angleterre-Corée du Nord 1966, États-Unis-Iran 1998). À l'inverse, on l'a dit, il a souvent été récupéré pour servir la propagande des pouvoirs en place sans que la FIFA n'y oppose grand-chose (Italie 1934, Argentine 1978). Les deux faces d'une même pièce puisque, victime de son succès et incapable de s'extraire du contexte historique, il n'a cessé de se retrouver au centre d'enjeux diplomatiques, parfois de son fait, parfois à son corps défendant.

Organisation non gouvernementale, la FIFA est un ovni hors-sol qui compte plus d'adhérents que l'ONU (211 contre 193) et peut imposer ses propres règles aux États. La réussite de la Coupe du monde, qui lui assure plus de 80% de ses revenus (près de 2,5 milliards d'euros de droits TV pour l'édition 2014), lui confère une puissance ahurissante.

INTRODUCTION

Une force de frappe amorcée à partir de 1974 avec l'élection de João Havelange à sa tête. L'avocat brésilien, flanqué dès 1975 du discret Suisse Sepp Blatter, son homme-lige, commercialise sans états d'âme la compétition, son produit-phare. Les droits TV explosent et les sponsors, dont Adidas, l'équipementier allemand dirigé par Horst Dassler, l'ex-employeur de l'Helvète – dont il paye une partie du salaire et auquel il met un bureau à disposition à Landersheim, en Alsace, siège d'Adidas France – abondent sans sourciller. Sous son règne (1974-1998), le plus long après celui de Jules Rimet (1921-1954), les profits s'envolent malgré une gestion contestable illustrée, entre autres épisodes, par la banqueroute de la société ISL en 2001[1]. À son départ, passant le flambeau à son fidèle secrétaire général, le madré patron de la FIFA s'enorgueillit de laisser une manne de quatre milliards de dollars en trésorerie, le résultat d'un business débridé. Les choix de l'organe suprême du football

1. La firme International sport and leisure (ISL), fondée en 1982 par Horst Dassler, le PDG d'Adidas, avait été choisie par la FIFA pour vendre aux télés du monde entier les droits de diffusion des Coupes du monde. Lorsqu'intervient sa faillite, en 2001, il apparaît que ses dirigeants ont détourné, depuis 1989, plus de 110 millions d'euros distribués sous forme de rétro-commissions au bénéfice de plusieurs cadres de la FIFA ainsi qu'à d'autres hauts dirigeants du monde du sport. Gêné aux entournures, Sepp Blatter, le patron de la Fédération internationale, porte plainte contre ISL. Parmi les sommes soustraites des caisses de la société de marketing, João Havelange et Ricardo Texeira, son ex-gendre devenu président de la Fédération brésilienne, ont empoché de substantiels pots-de-vin. Havelange finit par démissionner, le 18 avril 2013, de la présidence d'honneur de la FIFA. Après huit ans d'investigations, la justice suisse, disposant pourtant d'éléments confondants, prononce un non-lieu en décembre 2010 et classe le dossier. « Cette affaire concerne des évènements ayant eu lieu avant l'an 2000 et il n'y a eu aucune condamnation à l'encontre de la FIFA », argue l'organisation sise à Zurich.

mondial, issus d'un fonctionnement opaque et douteux comme l'ont révélé les dernières enquêtes de corruption qui ont décapité l'essentiel de son état-major, ont eux aussi une portée retentissante. À son niveau, la FIFA a accompagné la globalisation de ces trente dernières années. Jusqu'en 1994, elle n'avait confié l'organisation qu'à des pays d'Europe et d'Amérique latine, ses deux bassins originels. Depuis, elle s'est ouverte aux nouveaux marchés en même temps qu'elle a affermi ses visées universelles : États-Unis (1994), Japon et Corée du Sud (2002), Afrique du Sud (2010), Russie (2018) et Qatar (2022). Ces derniers choix, dans des conditions hautement controversées symbolisées par la suspension inédite de son président en exercice Sepp Blatter en 2015, confirment la stratégie en cours, en même temps qu'ils élargissent le spectre vers des territoires inédits. Si le projet contesté de son successeur Gianni Infantino d'organiser une édition tous les deux ans a été remisé dans les cartons, l'édition 2026 sera marquée par une double première. Le tournoi sera organisé par trois pays (Canada–États-Unis–Mexique) et il verra le nombre de participants passer de 32 à 48 équipes, avec une forte augmentation pour les qualifiés issus de l'Afrique (5 à 9) et de l'Asie (4 à 8). Un expansionnisme spectaculaire susceptible d'engendrer encore plus de joutes sportives soumises aux convulsions géopolitiques.

Don't cry for me nor Argentina

Coupe du monde en Uruguay. Ire édition (1930)

Uruguay - Argentine 4-2
30 juillet 1930 - Montevideo
Finale

« Nous avons ici le vrai football. En comparaison, celui que nous connaissions avant, celui que nous jouions, n'était rien d'autre qu'un jeu de cour d'école. » En 1924, l'écrivain Henry de Montherlant s'extasie devant l'Uruguay, qui a surclassé ses adversaires dans le tournoi olympique de football (20 buts marqués, 2 encaissés en cinq matches), achevant son récital en balayant en finale la Suisse (3-0) comme à la récré. Pourtant, au début du tournoi, la participation du petit pays d'Amérique latine d'un million et demi d'habitants, coincé entre le Brésil et l'Argentine, est surtout vue comme une attraction exotique, à en croire le journaliste Jacques de Ryswick : « Certains se demandaient si les footballeurs venus de ce pays lointain et sans doute sauvage, n'allaient pas jouer pieds nus, le chef garni de plumes d'autruches ! » Pour son premier match, l'Uruguay déplume la Yougoslavie (7-0) devant 3 025 curieux à Colombes, où le protocole vire au folklore : le drapeau uruguayen est hissé à l'envers, soleil en bas, et une marche brésilienne retentit au lieu de l'hymne national *Orientales, la Patria o la tumba* (« Orientaux, la Patrie ou la tombe ») lors de la présentation des équipes.

Quatre ans plus tard, aux Jeux d'Amsterdam, nulle fausse note ne vient troubler le parcours de la Celeste. Menée par son capitaine José Nasazzi, un imposant tailleur de marbre, l'Uruguay grave de nouveau son nom au fronton olympique. Le 13 juin 1928, elle domine l'Argentine en finale (2-1), trois jours après un premier match où les deux rivaux sud-américains n'ont su se départager (1-1 a. p.).

Galvanisée par ce double sacre olympique, l'Association uruguayenne de football (AUF) postule à l'organisation en 1930 de la toute première Coupe du monde de football, dont le principe, porté par le président de la FIFA Jules Rimet et présenté par le représentant de la FFF Henri Delaunay, a été adopté le 25 mai 1928, lors du XVIIe Congrès annuel de la FIFA à Amsterdam. Au cours de cette même session, le représentant de l'AUF, Enrique Eduardo Buero, ambassadeur de l'Uruguay à Bruxelles et à La Haye, est élu vice-président de la FIFA.

La candidature à la Coupe du monde est soutenue par le gouvernement de Juan Campistegui, qui ambitionne d'organiser des festivités grandioses dans le cadre du centenaire de l'indépendance de l'Uruguay en juillet 1930. Les 17 et 18 mai 1929, lors du Congrès de la FIFA à Barcelone, cinq autres pays se portent volontaires pour accueillir le futur tournoi : l'Espagne, la Hongrie, l'Italie, les Pays-Bas et la Suède. À charge pour le pays choisi d'assumer, outre l'organisation financière de la compétition, les frais de voyage et de séjour de toutes les délégations et des officiels.

Ce volet financier refroidit les ardeurs européennes. Et les arguments développés par le délégué argentin Adrian

Beccar-Varela, mettant en exergue « les excellents résultats de la Celeste [et] le fort développement du football en Amérique du Sud », font mouche, notamment auprès des pays latins. Après le retrait des candidatures de l'Espagne et de l'Italie, l'Uruguay est choisie par acclamation. Les 41 fédérations affiliées à la FIFA[2] sont invitées à participer à l'évènement mondial.

Si sept pays d'Amérique latine (Argentine, Bolivie, Brésil, Chili, Mexique, Paraguay, Pérou) et les États-Unis répondent rapidement à l'invitation uruguayenne, les nations européennes ne se bousculent pas au portillon. En mars 1930, alors que commence à sortir de terre, au centre de Montevideo, le stade monumental prévu pour accueillir les agapes mondiales, aucune sélection du Vieux continent n'a confirmé son engagement. Pire ! L'Autriche, la Tchécoslovaquie, l'Allemagne ou encore la Suisse…, tous les pays se défilent, arguant de l'éloignement et d'une absence trop longue des joueurs – près de trois mois, en prenant en compte la traversée transatlantique en bateau. L'Espagne et l'Italie, qui s'étaient pourtant désistées en faveur de l'organisation en Uruguay, jettent également l'éponge. Même en France, Jules Rimet subit un camouflet, quand le bureau fédéral de la FFF se dit « dans l'impossibilité de trouver quinze joueurs disponibles pour une aussi longue période ».

Les autorités uruguayennes fulminent. Diplomate chevronné, Enrique Eduardo Buero multiplie courriers et déplacements à travers l'Europe pour infléchir les positions. Le 10 mars, à Paris, Jules Rimet lui propose, pour sauver

2. 25 fédérations européennes, 7 en Amérique du sud, 6 en Amérique du nord et centrale, 2 en Asie (Japon et Siam [devenu Thaïlande]), 1 en Afrique (Égypte).

la face, de modifier le format de l'épreuve, en organisant un tournoi en Amérique et un autre en Europe, les deux premiers de chaque zone s'affrontant ensuite dans un championnat à quatre à Montevideo qui désignerait le vainqueur de la Coupe du monde. L'AUF refuse sèchement cette proposition « inacceptable » et menace de se retirer de la FIFA et d'entraîner sans son sillage tous les membres de la Confédération sud-américaine, si aucun pays européen ne daigne faire le déplacement à Montevideo.

L'obstination d'Enrique Eduardo Buero porte finalement ses fruits en Belgique, par l'entregent du ministre belge des Affaires étrangères, Paul Hymans. Le 27 avril, l'Union royale belge des sociétés de football-association annonce l'envoi de sa « meilleure équipe possible » en Uruguay. La dimension mondiale du tournoi est sauve. La France lui emboîte le pas, grâce à l'intervention conjuguée du sous-secrétaire d'État aux Sports Henry Paté et de Jules Rimet, qui obtiennent la libération des joueurs par leurs employeurs pour le tournoi. Ainsi, à deux jours du départ, le milieu du Red Star Marcel Pinel, qui effectue alors son service militaire au service des Douanes, est expressément nommé sur intervention du Quai d'Orsay « envoyé extraordinaire auprès du Consul de France en Uruguay ». Après avoir obtenu des garanties financières de l'AUF, la Yougoslavie franchit aussi le pas, ainsi que la Roumanie où, selon Jules Rimet, l'intervention du Roi Carol a été décisive, le monarque téléphonant en personne au patron d'une société pétrolière afin qu'il libère les joueurs.

« Quatre équipes, c'est là tout le contingent européen pour la première Coupe du monde », consigne, à regret, le président de la FIFA dans son journal de bord. Partie de Marseille, la délégation yougoslave rallie Montevideo à bord du *Florida*, un paquebot français de la Société générale des transports à vapeur[3]. L'Égypte, 4e des JO en 1928, aurait dû l'accompagner mais, retardée par les mauvaises conditions en Méditerranée, la délégation des Pharaons ne peut rallier la cité phocéenne dans les temps et présente ses excuses par un câble, selon la FIFA. L'équipe des Pharaons devra patienter quatre ans avant de découvrir la Coupe du monde. La Roumanie embarque à Gênes sur le navire italien *SS Conte Verde* où elle est rejointe par la France à Villefranche-sur-Mer, puis par la Belgique à Barcelone. Jules Rimet fait partie de cette joyeuse expédition, veillant sur le précieux trophée ciselé par Abel Lafleur promis au vainqueur : une Victoire ailée de 30 cm et de 4 kg. En or massif « car la Coupe du monde doit être la première parmi les manifestations sportives, et l'or est le symbole de la primauté », souligne le président de la FIFA. Après une escale à Rio pour accueillir à bord la sélection du Brésil, privée de joueurs paulistes en raison d'un différend entre dirigeants de Sao Paulo et de Rio, tout ce petit monde est accueilli sous les vivats d'une foule en liesse à Montevideo, le 5 juillet.

Le tournoi, regroupant treize équipes réparties en quatre groupes dont les vainqueurs respectifs s'affrontent en demi-finales, débute le 13 juillet dans les « petits stades » des deux grands clubs uruguayens, le Parque Central (20 000 places) du Nacional et le Pocitos (30 000 places) du Peñarol, car l'Estadio Centenario, vaisseau de 100 000 places, n'est pas

3. Opposée à l'Italie qui avait annexé Trieste après le démantèlement de l'empire austro-hongrois, la Yougoslavie refusa de faire la traversée sur le paquebot italien SS Conte Verde.

encore terminé, les travaux ayant pris du retard à cause de pluies diluviennes.

Cet imposant amphithéâtre de béton armé, dominé par une immense tour futuriste culminant à cent mètres de hauteur, le *Torre de los Homenajes* (la Tour des Hommages), est appelé à symboliser la grandeur économique et sportive du pays, les noms des quatre tribunes évoquant les lieux des succès de la Celeste passés (Olimpica, Colombes, Amsterdam) et à venir (America).

Le « temple du football », loué par Jules Rimet, est inauguré en grande pompe le 18 juillet, jour du centenaire de l'Indépendance de l'Uruguay. Après une salve de cent-un coups de canon tirés du port, puis un défilé militaire au cœur de la ville, les treize délégations défilent dans le stade derrière leur drapeau, dans un protocole reprenant les codes de la cérémonie d'ouverture olympique. Dans son discours solennel, Raul Jude, président de l'AUF, voit dans l'enceinte « la synthèse harmonieuse de l'idéal créateur et patriotique d'un peuple en marche, face au soleil, sur le droit chemin de son destin historique ». La Celeste, elle, ne rayonne pas pour son entrée dans la compétition et bat chichement le Pérou (1-0).

Malgré ce démarrage poussif, l'Uruguay termine en tête de son groupe, comme l'Argentine, autre favorite du tournoi, les États-Unis et la Yougoslavie. Le tirage au sort des demi-finales a la bonne idée d'éviter un choc prématuré entre les deux rivaux sud-américains en quête de suprématie régionale et mondiale. Le 26 juillet, l'Albiceleste ne fait pas de détail contre les États-Unis (6-1). Le lendemain, la Celeste rend la même copie contre la Yougoslavie (6-1). « Le football du Rio de la Plata est supérieur au reste du monde, car le football romantique des Uruguayens est le parfait complément à l'agilité des Argentins », analyse le magazine argentin *El Gráfico*.

Mais, derrière cet angélisme de façade, l'affiche de cette première finale du *Campeonato mundial de futbol* réveille surtout de vieux démons. L'Argentine compte bien prendre sa revanche de la première édition du *Campeonato sudamericano de selecciones*[4], qu'elle organisa en 1916 dans le cadre des festivités du centenaire de son indépendance. L'Uruguay y joua les trouble-fêtes en remportant ce championnat à quatre (Argentine, Brésil, Chili, Uruguay) placé sous le signe de la « fraternité entre les peuples », juste devant… l'Argentine, grâce à un nul décroché contre le pays-hôte à l'ultime journée (0-0), dans un climat particulièrement tendu. Débutée au Gimnasia y Esgrima de Buenos Aires débordant de supporters sans billet, la rencontre décisive n'avait duré que cinq minutes, à cause de l'invasion du terrain par une foule surexcitée. À l'annonce de l'arrêt définitif du match, le public furibond avait mis le feu aux tribunes en bois du stade. Les 85 minutes restantes avaient donc été reportées au lendemain et délocalisées à Avellaneda, dans la banlieue de la capitale argentine.

En 1924, frustrés de voir leurs voisins revenir des JO de Paris avec la médaille d'or autour du cou, les Argentins, qui n'avaient pas envoyé d'équipe de football en France à cause d'une querelle picrocholine entre le Comité Olímpico Argentino (COA) et la Confederación Argentina de Deportes, défièrent les champions olympiques à leur retour en Amérique du Sud, sur une double confrontation.

4. Rebaptisé Copa America en 1975.

Une semaine après un nul en Uruguay (1-1), la revanche à Buenos Aires fut, là encore, arrêtée après quelques minutes, à cause de l'envahissement du terrain, et reprogrammée quatre jours plus tard. L'Argentine s'imposa 2-1 au terme d'un match demeuré célèbre pour le premier but sur corner direct de l'histoire, inscrit par l'Argentin Cesareo Onzari (15e) et passé à la postérité sous le nom de «*gol olimpico*» («but olympique»). Mais la partie est surtout marquée par son extrême violence et les nombreux gestes d'antijeu des Uruguayens, comme en témoigne la jambe brisée d'Adolfo Celli après un choc avec Pedro Cea. Pris à partie par la foule qui leur balance des noms d'oiseaux, puis des bouteilles et enfin des pierres, les Uruguayens écourtent les hostilités et quittent le terrain avant la fin du match dans la confusion, certains policiers en venant aux mains avec les joueurs pour les empêcher de fuir le champ de bataille...

Lestés de ce passif, les Argentins ne jouent pas en terrain conquis à Montevideo durant cette Coupe du monde. Leur premier match contre la France (1-0), le 15 juillet, a donné le ton. Ce jour-là, l'arbitre brésilien Gilberto de Almeida Rêgo s'emmêle les aiguilles du chrono et siffle la fin de la rencontre à la 84e minute, provoquant la colère des joueurs français et des spectateurs qui envahissent la pelouse et s'en prennent physiquement à la formation argentine. Placés aux quatre coins de l'aire de jeu, des policiers à cheval sont obligés d'intervenir pour rétablir l'ordre. «C'est un spectacle assez bizarre que celui de la police montée tournant autour de joueurs et de spectateurs sur un terrain de football exactement comme ils le feraient pour disperser un rassemblement quelconque», note, stupéfait l'arbitre belge John Langenus, témoin de ces débordements au Parque Central. Le lendemain, le quotidien argentin *La Prensa*, dénonçant « les conditions et l'ambiance hostiles », ira même jusqu'à s'interroger sur un retrait éventuel de l'Albiceleste…

Pour la finale, programmée le 30 juillet en début d'après-midi afin de réduire les risques d'incidents, la capacité du stade a été limitée à 80 000 places[5] et seuls 10 000 billets ont été octroyés aux supporters argentins. La veille, en fin de journée, une dizaine de bateaux affrétés pour rallier Montevideo sont pris d'assaut par une marée ciel et blanc sur les quais de Buenos Aires, portant comme étendards des pancartes frappées du slogan « *Victoria o muerte* » (« La victoire ou la mort »). « Des "hérauts d'armes", décrit Jacques de Ryswick, scandaient hautement, religieusement, les quatre syllabes nationales "*AR-GEN-TI-NA*"… Et du chœur populaire surgissait un "*SI*" enflammé, tonitruant, interminable. Alors les meneurs hurlaient comme en défi : "*U-RU-GUAY*". Et la foule de répondre par un "*NO*" prolongé, terrifiant grondement d'horreur qui se répercutait à l'infini (…) Ce n'était pas le départ pour un match, c'était l'embarquement pour une croisade sacrée ! »

Ballotté par cette houle déchaînée, cerné d'explosions de pétards et de coups de feu en l'air, un escogriffe se faufile sur les quais bondés pour embarquer. Parti en excursion touristique dans la capitale argentine après avoir arbitré la demi-finale Argentine-États-Unis, le Belge John Langenus vient en effet d'apprendre par télégraphe qu'il a été choisi pour arbitrer la finale. Une désignation toute diplomatique. En nommant un arbitre européen assurément neutre,

5. 68 346 spectateurs seront officiellement recensés par la FIFA.

les organisateurs entendent se prémunir de tout procès en partialité intenté par les finalistes. Ce geste se veut aussi un signe de remerciement appuyé à la Belgique pour avoir été la première nation du Vieux continent à s'engager dans le tournoi, lui conférant de facto le label mondial.

Et sportivement, l'expérimenté sifflet de 38 ans a su tenir les trois premiers matches qu'il a dirigés, faisant notamment preuve de flegme lors de Chili-Argentine (3-1). La rencontre avait tourné à la bagarre générale quand le Chilien Guillermo Subiabre avait asséné un coup de poing à Luis Monti, coupable d'un tacle de boucher. Langenus avait sagement attendu que la police montée sépare les belligérants et que les lances à incendie des pompiers rafraîchissent les esprits, avant de reprendre le jeu comme si de rien n'était. « Suivant les règles du jeu, tous les joueurs auraient dû être exclus et la partie aurait dû prendre fin faute de joueurs », témoignera-t-il, pince-sans-rire.

John Langenus arrive à bon port le 30 juillet au matin, contrairement à plusieurs autres bateaux grouillant de supporters désabusés, bloqués dans l'estuaire à cause d'un épais brouillard, et qui n'accosteront à Montevideo que longtemps après la fin du match... L'officiel belge doit sacrifier à la fouille de sa valise pour pouvoir entrer dans le stade, comme tous les spectateurs (la police saisira 5 000 armes en tout genre, dont des revolvers et des couteaux, rapporte l'agence Associated Press). À 14 heures, accompagné de ses deux juges de touche, le Belge Henry Christophe et le Bolivien Ulises Saucedo[6], John Langenus,

6. L'arbitre bolivien s'illustra en sifflant cinq penalties lors du match de poule Argentine-Mexique (6-3).

« long comme un jour sans pain, maigre comme un cure-dents, tout en os et tête de pasteur plantée sur un cou de girafe », pour reprendre une description du journal *Sports* en 1938, précède les deux équipes sur la pelouse. Vêtu d'un accoutrement inimitable (pantalon bouffant, veste de velours côtelé, cravate nouée sur une chemise blanche), lui donnant des allures de Tintin qui aurait égaré son fox-terrier, il a deux ballons sous les bras ! Comme à l'époque, il n'y a pas de ballon officiel, chaque équipe a apporté le sien. John Langenus coupe la poire en deux : après tirage au sort, les deux équipes en découdront avec le « Tiento » des Argentins en première période, puis avec le « T-shape », plus lourd, des Uruguayens en seconde.

Surpris par un but de Pablo Dorado (12e), les Argentins sont devant à la pause, Carlos Peucelle (20e) et Guillermo Stabile (37e) ayant trouvé le chemin des filets avec leur ballon fétiche. Mais, en seconde période, l'Uruguay renverse la situation : face à des Argentins tétanisés, Pedro Cea égalise (57e) avant que Victoriano Iriarte ne donne l'avantage à la Celeste d'un puissant tir en lucarne (68e). Et, sur un ultime contre, Hector Castro, surnommé « El Divine Manco » (« Le Divin Manchot ») pour avoir, gamin, eu l'avant-bras droit sectionné par une scie électrique, envoie la Celeste au septième ciel (89e).

Au coup de sifflet final, le stade entre en éruption. « J'ai rarement vu une tempête d'enthousiasme, d'émotion libérée, comparable à celle qui s'élève des gradins à la fin de ce match, s'étonne Jules Rimet. Peut-être les Uruguayens attachent-ils à leur triomphe une signification excessive. » Dans le stade, les acclamations redoublent, quand le drapeau national est hissé en haut du mât de la Tour des Hommages. Dehors, dans les rues pavoisées d'étendards uruguayens, les gens, ivres de bonheur et d'alcool gai, chantent et dansent jusqu'au bout de la nuit. « Les illuminations, le fol enthousiasme de tout un peuple », note le journaliste Morris Beilis dans l'hebdomadaire *Football,* « donnaient à la ville un aspect qui m'a rappelé un peu Paris, le soir de l'Armistice. »

Ces scènes de joie tranchent avec la désolation à Buenos Aires, accompagnée d'une flambée de nationalisme mauvais. Plusieurs milliers de personnes brisent les vitres du Consulat d'Uruguay, une femme qui a eu le malheur d'agiter un petit drapeau uruguayen à sa fenêtre sur l'Avenida de Mayo est blessée par des jets de pierre. Plus tard dans la soirée, plusieurs personnes sont rossées dans la rue lors d'expéditions punitives. On rapporte aussi deux morts par balles.

Après la défaite, la presse argentine cherche des coupables. *Critica* dénonce « un arbitre malhonnête et sauvage ». Considérant les Argentins comme « les triomphateurs moraux du tournoi », le journal pointe le jeu violent des Uruguayens. *La Prensa*, elle, a la dent dure contre l'Albiceleste. « Nous n'avons pas besoin d'hommes qui tombent par terre dès qu'ils reçoivent un coup, ou qui manquent s'évanouir au moindre contact. Ces gonzesses devaient être exclues de l'équipe. » Des rumeurs évoquent des menaces de représailles qui auraient convaincu certains joueurs argentins à lever le pied. Le capitaine uruguayen José Nasazzi se dit lui-même surpris que Luis Monti, pas le dernier à martyriser les chevilles adverses, ait « joué comme un gentleman »[7].

7. Cité par Andreas Campomar, *Golazo ! a history of Latin american football,* Quercus, 2014.

DON'T CRY FOR ME NOR ARGENTINA

Fustigeant « les affronts faits à la patrie et les offenses infligées aux joueurs argentins », la Fédération argentine annonce rompre les relations avec l'AUF. Malgré les tentatives de médiation de Jules Rimet, le divorce est consommé. Le Championnat sud-américain des Nations est mis en sommeil jusqu'en 1935. Et il faut attendre près de deux ans, avant que les deux équipes ne se recroisent sur un terrain, en mai 1932.

Pour l'Uruguay, « sa » Coupe du monde aura été un succès populaire, avec une affluence totale avoisinant les 450 000 spectateurs, soit un quart de la population du pays. Elle est aussi une réussite économique : le tournoi engrange 255 000 pesos de recettes, permettant un bénéfice substantiel malgré la prise en charge des frais des équipes (200 000 pesos). Sportivement, c'est une autre histoire. Après une décennie dorée, l'Uruguay, vexée d'avoir été snobée par l'Italie pour son Mondial, lui rendra la pareille et ne défendra pas son titre en 1934.

Le « Duce » inaugure le football totalitaire

Coupe du monde en Italie. IIe édition (1934)

Italie – Espagne 1-1 (1-0, match rejoué)
31 mai et 1er juin 1934 – Florence
Quart de finale

Des milliers de drapeaux vert-blanc-rouge, mêlés aux oriflammes frappées d'un aigle menaçant, constellent le stade Giovanni Berta. Ce 31 mai 1934, d'innombrables bras droits tendus, fiers et vindicatifs saluent l'entrée des 22 protagonistes dans l'arène surchauffée. Le trio arbitral, comme aimanté, exécute à son tour le même geste martial vers la tribune officielle bondée d'uniformes d'apparat. Les *tifosi* brûlent d'encourager leur sélection opposée à l'Espagne, une formation aguerrie, pour ce prometteur quart de finale de la deuxième édition de la Coupe du monde. À domicile, la Nazionale a l'impérieux devoir de l'emporter. La dictature de Benito Mussolini, scellée depuis l'instauration des « lois fascistissimes » (entre 1925 et 1926), l'envisage telle une énième manifestation d'allégeance. L'orgueilleux potentat se pique d'en faire une vitrine victorieuse censée illustrer la supériorité de son modèle politique sur tout autre. La Roja, bien plus consistante que les États-Unis, expédiés 7-1 au tour précédent, n'entend pas faire de la figuration. Sportivement redoutable, l'adversaire s'honore d'avoir proclamé, en avril 1931, sa deuxième République qu'abhorrent les phalangistes, les fascistes ibériques, déterminés à faire tomber ce régime. L'Espagne républicaine incarne, de fait, le rival idéal, la victime expiatoire susceptible de sentir, sur le terrain, le vent du boulet totalitaire. Depuis sa loge, le Duce, « Guide » suprême de la nation, bras croisés et rictus carnassiers, exige de voir les siens en découdre. La supposée primauté du fascisme est en jeu.

Dès 1930, l'Italie mussolinienne tisse un efficace réseau diplomatique et sportif pour obtenir l'organisation de cette deuxième édition de la Coupe du monde. Benito Mussolini avait regretté d'avoir snobé la première, quatre ans plus tôt, jouée en Uruguay. Un tel évènement constitue une caisse de résonance à nulle autre pareille, fût-il encore balbutiant, car disputé par seize nations seulement. Idéal, toutefois, pour balayer les réticences qu'inspire son implacable régime, en louer ses prétendus mérites, raffermir, sous son impulsion, l'unité tardive du pays (1871) et, pourquoi pas, convertir les hésitants. Plutôt méfiante à l'égard de ce sport inventé par les Anglais, la dictature, avide de propagande, se l'arroge par un subterfuge sémantique. Partout sur la Botte, point question de «*football*», mais de «*calcio*» – littéralement «coup de pied»[8]. Un double sens équivoque, sinon opportun, popularisé par les chantres du régime via ses « Chemises noires », l'omnipotente garde prétorienne, jamais à court

8. Pierre Milza, «Le football italien. Une histoire à l'échelle du siècle», *Vingtième siècle*, revue d'histoire, n°26, avril-juin 1990.

d'arguments expéditifs, la matraque leste si besoin. Ce jeu est un parfait réceptacle de l'exaltation nationaliste amplifiant d'autant les discours du Duce où puissance et performance sont convoquées à l'envi. La Federcalcio, la Fédération italienne, applique à la lettre l'entreprise « d'italianisation » censée évacuer tout « cosmopolitisme » honni. Leandro Arpinati, son président, un intime du « Guide », promeut en 1926 la « Charte de Viareggio », véritable pierre angulaire du *calcio* à l'ère fasciste. La Serie A – le championnat professionnel né en 1929 – bannit tout anglicisme. L'Inter Milan est rebaptisé « Ambrosiana », label certifié conforme par les bruns gardiens de l'orthodoxie mussolinienne. Document refondateur d'un *calcio* sous très haute surveillance, la charte limite, entre autres, le nombre de joueurs étrangers à deux par formation.

Tout l'appareil du parti-État a ferraillé pour décrocher l'organisation du tournoi mondial. Giovanni Mauro, avocat réputé et arbitre international émérite, en est l'habile négociateur. L'entregent et le plaidoyer de l'estimé membre italien du comité exécutif de la FIFA, dirigée depuis 1921 par Jules Rimet, emportent la décision. Le Français donne donc sa bénédiction puisque la Suède, l'autre candidat en lice, finit par se désister. Sans aucune explication. « Le comité exécutif [fera] tout son possible pour prêter un concours énergique et efficace à la réalisation du second Championnat du monde »[9] confirme, d'une langue toute diplomatique, son président. Ainsi donc, le 8 octobre 1932, dix ans après « la marche sur Rome », l'acte constitutif de

9. Jules Rimet, *Histoire merveilleuse de la Coupe du Monde*, Ed. René Kister, 1954.

la « révolution fasciste », la FIFA confie à l'autoritaire Italie la deuxième édition de sa compétition phare, radiodiffusée pour la toute première fois à l'échelle planétaire. « Il suffit de penser (…) aux foules innombrables qui se regroupent autour des haut-parleurs, dans chaque ville ou village des seize nations (…) pour comprendre que demain [va avoir lieu] plus qu'un spectacle de grande envergure, une cérémonie avec une signification profonde » plastronne le général Giorgio Vaccaro, le nouvel homme fort de la Federcalcio. L'ex-chef de la Milice l'affirme sans ambages : « L'organisation de la Coupe du monde sera assurée dans le plus pur style fasciste, dans une ambiance d'enthousiasme créée par le régime ! » Rome exulte en inaugurant, dans la foulée, « l'Exposition fasciste », une pompeuse et colossale autocélébration du régime[10].

Le pays hôte dispose de huit stades flambant neufs sinon récemment rénovés. À l'instar de celui de Rome, renommé « stade du Parti national fasciste », ou encore celui édifié à Turin, sitôt baptisé « stade Mussolini », incluant 70 000 places. L'État a débloqué des millions sans barguigner. L'objectif est double : lutter contre la crise économique et endoctriner tous les athlètes italiens. Benito Mussolini ne se targue-t-il pas d'être « le premier sportif du pays » ? À partir de 1933, Achille Starace, « le chien de garde de la Révolution » – dixit le Duce –, devient l'homme fort du dispositif. Il cumule les fonctions de secrétaire général du Parti national fasciste (PNF) et celles du Comité national olympique

10. « La révolution fasciste », *L'Histoire* collection, n°94, 2021. Près de quatre millions de visiteurs s'y presseront entre l'automne 1932 et la fin 1934.

italien (CONI), un organe aux prérogatives très intrusives auquel toutes les fédérations sportives sont subordonnées. L'aboyeur zélé du « Guide » supervise dans les moindres détails la préparation du « *Campionato mondiale di calcio* », magnifié par force réclames (affiches, timbres, cigarettes…)

Intraitables sur le choix de ses hommes, la Federcalcio et le CONI confirment Vittorio Pozzo à la tête de la Squadra Azzurra. Le sélectionneur turinois, en poste depuis 1929, fut chroniqueur sportif à *La Stampa*, l'influent quotidien régional au sein duquel il a créé la rubrique « *Calcio* ». Adoubé par le pouvoir, cet ex-officier des chasseurs alpins, rompu aux combats en altitude a le profil parfait pour tenir les rênes de la sélection. D'autant que, fait unique, l'hôte désigné par la FIFA a dû valider son ticket pour participer au tournoi obtenu. Sous ses ordres, la Nazionale corrige la Grèce, 4-0, devant le Duce, le 25 mars 1934, à Milan. Une formalité. Les Grecs ayant renoncé au match retour, arguant d'une trop large défaite à l'aller. On apprendra bien plus tard que ces derniers avaient été achetés afin de jeter l'éponge…[11]

Battre l'Espagne. Tel est l'objectif fermement assigné à la sélection de Vittorio Pozzo. Consigne implicite : hisser l'aigle fasciste jusqu'au sommet. Coûte que coûte. Le technicien à la crinière blanche a les coudées franches. Il applique des principes hérités de ses années de conscription. Sous sa férule, le groupe retenu adopte une

11. *Libération*, 1995. Selon l'International federation of football history and statistics (IFFHS), regroupant journalistes et historiens du football, l'Italie aurait acheté les dirigeants grecs. L'argent perçu leur aurait permis de construire l'ancien siège de leur fédération. Accusations fondées sur les témoignages de quatre internationaux grecs de l'époque.

préparation quasi-militaire. Aucune interférence extérieure n'est tolérée. Le tacticien s'appuie sur des joueurs au garde-à-vous. Giuseppe Meazza, jeune attaquant de l'*Ambrosiana*, dont le père fut tué au front durant la « Grande Guerre », en est le premier de cordée. L'orphelin est surnommé « *Balilla* », une référence à Giovanni Battista Perasso, mythique figure génoise à l'origine du déclenchement, en 1746, de la révolte contre les Autrichiens, alors force occupante de la région. Depuis 1931, *l'Opera Nazionale Balilla* (ONB) biberonne la pépinière du régime (8-14 ans), l'antichambre des « Jeunesses fascistes ». Ce sobriquet confère au buteur la confiance des autorités. Il s'inscrit dans l'idéologie promue par le Duce, spectateur de deux des quatre buts qu'il marque contre la Grèce. La vedette, incontournable icône publicitaire, incarne « l'Homme nouveau » célébré sans discontinuer par les doctrinaires fascistes. L'avant-centre en illustre la volonté de dépassement, l'âpreté au combat et une insatiable soif de victoires.

Conscient du défi et à rebours des dogmes fascistes, Vittorio Pozzo incorpore dans sa sélection des ressortissants argentins d'origine italienne. Au mépris de l'intransigeante Charte de Viareggio, irascible pourfendeuse de joueurs étrangers qu'elle entend limiter au profit de joueurs italiens. Leur descendance est une carte maîtresse dans le jeu du stratège transalpin. Leur expérience, un atout majeur. Sur injonction du dictateur, CONI et Federcalcio s'inclinent. Parmi ces « oriundis » prestement naturalisés figure Luis Monti, un milieu de terrain rugueux prompt à toutes les basses besognes. Sous le maillot argentin, il a disputé la finale de la première Coupe du monde, certes perdue (2-4) face à l'Uruguay, le premier organisateur.

Depuis lors, l'infortuné demi-défensif de l'Albiceleste est menacé de mort. L'opprobre public est tenace. Si bien qu'en 1932, il s'engage illico avec la Juventus Turin. Vittorio Pozzo façonne le revanchard en incomparable fantassin. « S'ils peuvent mourir pour l'Italie, ils peuvent aussi jouer pour l'Italie ! » martèle, en boucle, l'entraîneur lorsqu'il évoque ces « rapatriés » tous dévoués corps et âme.

Ce 31 mai 1934, la confrontation entre l'Italie et l'Espagne tient toutes ses promesses. Elle est aussi épique que brutale. Dans son édition du 1er juin 1934, l'envoyé spécial de *L'Auto*, l'ancêtre de *L'Équipe*, évoque « une hallucinante partie de cent-vingt minutes ». Maurice Pefferkorn dépeint une Nazionale conquérante, dynamisée par 50 000 *tifosi* transis. « Les Italiens abordaient avec résolution un combat pour lequel ils s'étaient tout spécialement préparés (...) Ils étaient partis dans l'intention de tout bousculer. Rien ne devait résister à leurs efforts furieux ». Le match est musclé et intense, les Transalpins dans le rôle d'artificier survoltés. « Dès le début de la partie, ils foncèrent tête baissée vers le but espagnol (...) Chacune de leurs attaques était un coup de bélier », relate-t-il, tout ébouriffé. Lorsque Louis Baert, l'arbitre belge, siffle la fin de la première mi-temps, les deux sélections se neutralisent. Les Espagnols ont ouvert la marque grâce à un coup franc de Louis Regueiro, consécutif à une « énième agression » de Luis Monti. La Squadra Azzurra a recollé au score par Giovanni Ferrari, juste avant la pause, en dépit d'une charge illicite et grossière sur Ricardo Zamora, le gardien espagnol à la légendaire casquette.

La seconde mi-temps est identique malgré un but refusé à la Roja pour un hors-jeu litigieux. Sollicité sans répit, le duo Ciriaco Errasti et Jacinto Quincocès, l'habituelle défense axiale du Real Madrid, plie, mais ne rompt pas. « Par leur rapidité d'intervention, ils finirent par déconcerter les maillots d'Azur. Leur ardeur ne s'éteignit qu'avec la fin du match », souligne Maurice Pefferkorn. Indécis jusqu'au bout des prolongations, l'affrontement se solde par un match nul. Pas de vainqueur. Le reporter fustige la hargne déplacée des Azzurri : « Les Italiens n'ont pu gagner parce qu'ils avaient oublié le sujet du football et la grande leçon de sa technique. Ils s'obstinèrent de leurs assauts massifs ». Match à rejouer dès le lendemain, comme stipulé à l'époque par le règlement. Les forfaits sont légion : sept côté ibérique, dont Ricardo Zamora, leur expérimenté gardien ; quatre pour les Italiens. Décimée, soumise à la même pression physique, l'Espagne s'incline 1-0 lors de la seconde manche. Guiseppe Meazza inscrit d'entrée, de la tête, le seul but validé. « Aussi, les Italiens ne jouèrent plus que pour maintenir ce minime avantage », déplore, le 2 juin 1934, le même envoyé spécial. Privée d'un joueur dès l'entame du match – un énième blessé sur la touche, le jeu prohibant tout remplacement –, la Roja est pourtant déterminée à ne pas capituler. Les rouges esquivent la kyrielle d'obstructions adverses et procèdent par contre-attaques. Ils parviennent à égaliser lors d'une rare incursion éclair. Las. Le but est annulé. Toute la partie durant, René Mercet, l'arbitre suisse désigné, se montre encore plus complaisant envers les Transalpins que son collègue belge la veille. « Il était écrit que l'esthétique fougue des Italiens aurait raison de la science espagnole, mais sans doute pouvait-elle s'imposer sans être aidée par la nonchalance de M. Mercet qui sembla admettre, dès le début, que tout était permis aux Italiens », fulmine le journaliste. « Toutes les velléités espagnoles furent sévèrement réprimées par les défenseurs adverses», dénonce-t-il. «La manière est rude. C'est peut-être ainsi que l'on gagne une coupe» tacle, consterné, Maurice Pefferkorn. Dans la même édition, Lucien Gamblin, son confrère, vitupère, depuis Paris, les maints errements de l'homme en noir coupable d'avoir officié à sens unique. «L'arbitre conduisit les opérations avec une telle désinvolture qu'il paraissait être fréquemment le douzième homme de l'Italie». Il vilipende la brutalité inouïe des milieux de terrain transalpins, si peu sanctionnée pendant le match. «Les demis italiens furent les principaux responsables de ce que le jeu fut heurté (...) L'un d'entre eux, Monti, se signala et joua à la perfection le rôle du boucher.» Sitôt rentré à Genève, l'arbitre controversé fut radié à vie par la fédération helvète[12]. Le quotidien ibérique *El Sol* résume l'entourloupe avérée, qu'il estimait prévisible, égard à la constante déférence de la FIFA, en coulisses, aux moindres claquements de bottes des organisateurs. «Que l'Italie soit éliminée avant les demi-finales, et c'est la catastrophe. Il fallait empêcher ceci à tout prix et c'est ce qui a été fait avec les arbitres.»[13]

En demi-finales, le retors Luis Monti expédie Matthias Sindelar, le meneur de jeu autrichien, à l'infirmerie. Sans risquer l'ire du suédois Ivan Eklind, tout aussi distrait que ses deux devanciers. Doublement inédit dans l'histoire du tournoi : c'est à la demande expresse du Duce, que le

12. Jacques Ducret, «Un arbitre suisse sous influence», *Le Temps*, 14 mai 2002.
13. Alain Cayzac et Guillaume Evin, *Tellement plus que du foot !*, Ed. Dunod, 2018.

même arbitre dirige la finale. C'est également la première fois que le même homme en noir ayant officié au tour précédent est désigné pour la finale. Match au terme duquel l'Italie est sacrée, à Rome, le 10 juin 1934, aux dépens de la Tchécoslovaquie (2-1). L'invraisemblable jeu de rôles culmine lors de la remise des récompenses. Le protocole bâclé, Jules Rimet décerne aux vainqueurs la « Victoire ailée », le trophée officiel de la FIFA, en toute hâte. Réduit au silence, le Français cède la place, séance tenante, à un Benito Mussolini incontesté maître de cérémonie. Torse bombé et menton haut, le « Guide », tout à sa gloire, octroie sa « Coppa del Duce » au commando de Vittorio Pozzo, sous un déluge de cris et de saluts fascistes, toutes bannières déployées. L'emblématique vautour est rassasié. L'imposant bronze, en forme de saladier, relègue la gracile sculpture d'Abel Lafleur au rang d'accessoire. En fieffé précurseur, le dictateur italien savoure toute l'instrumentalisation orchestrée. « Durant cette Coupe du monde, le vrai président de la FIFA, c'était Mussolini », conviendra Jules Rimet, l'euphémisme tardif. Pourtant, le dirigeant français du football mondial ne formulera aucun mea culpa. Il ne regrettera jamais d'avoir ainsi participé à la normalisation de l'Italie fasciste dans sa quête de crédibilité internationale. À peine fanfaron, le général Vaccaro, l'un des multiples affidés de Benito Mussolini, l'avait d'emblée pronostiqué : « Le but ultime de la manifestation sera de montrer à l'univers ce qu'est l'idéal fasciste de sport dont l'unique inspirateur est le Duce (…) Je ne sais pas encore comment, mais l'Italie doit gagner ce championnat. C'est un ordre ! »

Quand l'ancienne colonie fait chuter l'Empire

Coupe du monde au Brésil. IVe édition (1950)

États-Unis - Angleterre 1-0
29 juin 1950 - Belo Horizonte
1er tour

Le latéral droit, Harry Keough, était facteur. Le défenseur central, Chris Colombo, menuisier. L'avant-centre, Joe Gaetjens, faisait la plonge dans un restaurant pour payer ses études de comptabilité à Columbia. Le gardien de but, Frank Borghi, conduisait des corbillards dans l'entreprise familiale de pompes funèbres. Quant au sélectionneur, Bill Jeffrey, il était mécanicien pour la compagnie de chemin de fer de Pennsylvanie.

Le 29 juin 1950, à Belo Horizonte (Brésil), une improbable escouade réunie sous la bannière des États-Unis crée la première grosse sensation de l'histoire de la Coupe du monde en battant l'Angleterre 1 à 0. Quelques jours plus tôt, les Yankees ont bien résisté face à l'Espagne, ouvrant le score pour ne céder que dans le dernier quart d'heure (1-3). Mais pour leur deuxième match de poule, on leur prédit le pire face au cousin anglais. « Ce serait juste de les laisser débuter avec trois buts d'avance », plastronne le *Daily Express*.

Après avoir boudé les trois premières Coupes du monde en raison d'un désaccord sur le défraiement des joueurs amateurs – les quatre nations du Royaume-Uni se sont retirées de la FIFA en 1928 pour ne la réintégrer qu'en 1946 –, les inventeurs du football sont enfin sortis de leur « splendide isolement » pour se frotter au reste de la planète. En plus de la tutelle qu'ils exercent pour avoir donné à ce sport des règles et sa plus vieille compétition, la Cup, dès 1871, ils entendent récupérer la couronne qui leur échoit. Depuis 1934, n'ont-ils pas affronté à quatre reprises l'Italie, double championne du monde, sans jamais être battus (3-2 en 1934, 2-2 en 1939, 4-0 en 1948, 2-0 en 1949) ? Il est temps de régulariser tout cela. Mise en sommeil pendant la Seconde Guerre mondiale, qui s'est achevée cinq ans plus tôt, la Coupe du monde s'efforce de repartir de l'avant. Les nations sont encore meurtries par le conflit et le plateau de cette IVe édition en porte les stigmates. Depuis les qualifications jusqu'à la phase finale, de nombreux forfaits sont recensés (Argentine, Belgique, Turquie, France...) tandis que l'Allemagne et le Japon sont toujours interdits de matches internationaux par la FIFA[14].

Surnommés « *the Kings of football* » par la presse sud-américaine, les Anglais débarquent au Brésil en grands favoris, au côté du pays organisateur. Depuis la fin de la guerre, ils présentent un bilan de 23 victoires, 3 nuls et 4 défaites. Chez les bookmakers, leur cote est à 3 contre

14. Le compte rendu du Congrès de la FIFA de 1946 relate : « Le Comité (exécutif), ayant constaté qu'aussi bien en Allemagne que probablement au Japon il n'existe plus d'organisations nationales pouvant assurer des rapports de football de ces deux pays avec le football des autres nations, a décidé provisoirement, en attendant la décision du Congrès, qu'aucune relation sportive n'était possible entre les [fédérations] affiliées à la FIFA et leurs clubs d'un côté et l'Allemagne et le Japon et leurs clubs de l'autre côté. » La RFA sera réintégrée à la FIFA au second semestre 1950.

1, quand les USA émargent à 500 contre 1... Il faut dire que la délégation des Three Lions a fière allure. On y trouve quelques-uns des plus grands talents de la première moitié du XXe siècle : Tom Finney, Stan Mortensen, Billy Wright, Alf Ramsey – futur sélectionneur des champions du monde 1966. Stanley Matthews est là aussi. Celui qui deviendra en 1956 le premier Ballon d'Or n'était initialement pas convoqué pour la grand-messe mondiale et a été rappelé à la hâte. Quand le tournoi débute, il participe alors à une tournée exhibition au Canada organisée par la Fédération anglaise (FA) avec d'autres figures de la First Division comme Johnny Hancocks ou Nat Lofthouse. Face à la pression des journaux, la star de Blackpool (35 ans) est sommée par télégramme de rallier le Brésil par le premier vol.

Sa présence n'est toutefois pas jugée indispensable contre les semi-amateurs américains. Arthur Drewry, un des administrateurs de la FA, a pour coutume de ne jamais changer une équipe qui gagne : le onze qui a battu le Chili pour son entrée dans le tournoi (2-0) est reconduit et Matthews regardera la partie en tribune, en prévision d'oppositions plus relevées. Cette affaire s'apparente à une formalité contre des USA qui ont perdu leurs sept derniers matchs internationaux. Le Nouveau Monde n'est pas un novice, le *soccer* a même connu une période dorée dans les années 1920 avec un premier championnat fédéral, l'American Soccer League, un développement qui a permis aux États-Unis d'aller jusqu'en demi-finales de la Coupe du monde 1930. Mais en raison de luttes intestines, cet ancêtre de la MLS a explosé en 1933. Le jeu au pied y est redevenu un sport mineur et méprisé, réservé aux immigrés ou à des étudiants de bonne famille, un phénomène circonscrit à quelques villes (Saint-Louis, Philadelphie, New York), loin de la popularité drainée par les stars du baseball ou du football américain. Aux JO 1948 à Londres, Team USA s'est fait humilier 9-0 par l'Italie avec la moitié des joueurs qui s'apprêtent à défier les maîtres du jeu. Pour cette Coupe du monde, qui fleure l'improvisation, le sélectionneur Bill Jeffrey s'est vu confier les rênes de l'équipe deux petites semaines avant de s'envoler pour le Brésil. Avant ce match face aux Anglais, il décrit ses joueurs comme « des moutons prêts à se faire égorger »[15]. « Mon objectif était de faire en sorte qu'ils ne nous mettent pas plus de quatre ou cinq buts », confiera le gardien Frank Borghi au *New York Times* des années plus tard.

Dans le stade de Belo Horizonte, où seulement 10 000 spectateurs sont venus assister à cette affiche déséquilibrée, rien ne va se passer comme prévu. Les Anglais prennent d'emblée le contrôle des opérations et touchent les montants à plusieurs reprises dans les vingt premières minutes. Leurs adversaires résistent avec bravoure et réussite. Chaque minute passée est une petite victoire face à l'inéluctable. « L'Angleterre nous était largement supérieure, admettra Walter Bahr, un des "demis" de la bannière étoilée, prof de lycée dans le civil. C'était juste une question de temps pour qu'ils mettent un but et que les vannes s'ouvrent. »[16] Mais ce but ne viendra jamais. À la 38e minute, ce sont même les États-Unis qui prennent l'avantage. Sur un centre-tir de Bahr, Joe Gaetjens coupe la trajectoire et prend à

15. Michael Grant & Rob Robertson, *The Management, Scotland's great football bosses*, Birlinn Limited, 2011.
16. Propos à *Sports Illustrated*, 2014.

contrepied Bert Williams, le portier anglais. Inspiration bien sentie ? Déviation chanceuse ? « Il a plongé vers la balle et l'a effleurée de la tête, racontera son coéquipier Harry Keough au *Guardian* en 2010. Il y avait une chance sur un million qu'elle aille au fond. » Bahr, lui, a entretenu la légende : « Je n'ai pas vu comment ça s'est passé, car mon tir est arrivé dans la mêlée. Est-ce que Joe l'a placée là intentionnellement ou par hasard, je n'en sais rien, mais je sais qu'il voulait la prendre de la tête. C'est le but mystère. »

Difficile de lever le doute : aucun cliché n'immortalise ce but historique. « Nous avons plusieurs photos d'époque, mais aucune du but, glisse Lesly Gaetjens, un des fils de l'avant-centre, installé en Virginie. Il y a quelques années, à l'occasion d'un article pour *ESPN*, nous étions retournés à Haïti avec le cliché d'un but. Mais en analysant les détails avec des amis de mon père, ils m'ont dit qu'il s'agissait de la photo d'un but refusé, pas de celui de la victoire. Personne n'a l'action du but et il y a une raison simple : tous les photographes s'étaient placés à l'autre bout du terrain, où ils attendaient les buts anglais ! »[17] En revanche, les photoreporters sont aux premières loges pour assister aux prouesses de Borghi. Infirmier sur le front pendant la Seconde Guerre mondiale, décoré de la médaille de l'étoile de bronze et de la Purple Heart[18], le gardien américain rêvait de faire carrière dans le baseball. Receveur ou troisième base aux St Louis Cardinals, il a bifurqué vers le *soccer* où

---

17. Entretien avec l'auteur, juin 2022.
18. La médaille de l'étoile de bronze (« bronze star medal »), créée en 1944, est décernée pour récompenser une conduite héroïque ou pour des actions au combat. La Purple Heart est accordée aux soldats tués ou blessés au combat à partir de 1917.

il est aussi maladroit avec les pieds qu'agile avec les mains. Campé sur sa ligne, il dégoûte les attaquants anglais par ses envolées et ses parades à répétition. À la 82e minute, la partie vacille. Stan Mortensen fonce vers le but US, mais le rugueux Charlie Colombo, l'homme qui jouait avec de petits gants de boxe, revient le tacler par-derrière à la limite de la surface. Penalty ? L'arbitre italien juge la faute à l'extérieur et les acteurs du match jureront l'avoir entendu dire « Bien joué, bien joué ». « Colombo n'était pas ce qu'on pourrait appeler un bon joueur de foot, mais c'était un bon défenseur, nuança Keough. Si sa mère avait été dans l'équipe d'en face, il l'aurait sans doute frappée, elle aussi. Il a été très important ce jour-là pour maintenir la défense unie. »

Sur le coup franc, Jimmy Mullen devance Borghi de la tête, mais le gardien parvient à se retourner pour repousser la balle sur le fil. Les Anglais réclament un but, l'arbitre rétorque qu'elle n'a pas franchi la ligne entièrement. Le destin a choisi son camp. « Le match avait été une purge à regarder depuis les tribunes et quand est arrivé le coup de sifflet final, j'ai remercié ma bonne étoile de ne pas y avoir pris part, avouera Stanley Matthews. L'Angleterre a raté un tas d'occasions, donnant l'impression qu'elle n'aurait jamais marqué même si la partie avait duré neuf heures. » Au coup de sifflet final, les inattendus héros sont portés en triomphe par le public brésilien, au premier rang desquels le buteur, Gaetjens. Né en Haïti, il est pourtant un des trois membres de la sélection US à ne pas avoir de passeport américain, avec l'Écossais Ed McIlvenny et le Belge Joe Maca. La FIFA ouvrira une enquête quelques mois plus tard. Laquelle conclura que les trois hommes ont respecté le règlement de la Fédération américaine de l'époque, à savoir qu'une déclaration d'intention de vouloir embrasser la citoyenneté suffisait pour être sélectionné. Quand bien même Gaetjens et McIlvenny n'iront jamais au bout de leur démarche de naturalisation, ils illustrent aux côtés de leurs coéquipiers, descendants d'Italiens, de Portugais ou d'Irlandais, le melting-pot et le rêve américains. « Mon père était parti aux États-Unis pour faire des études et chercher un avenir meilleur, raconte Lesly Gaetjens. Le foot s'est présenté comme une opportunité et, comme il était bon, ils l'ont recruté. Ça ne lui posait pas de problème de jouer pour les USA, il a adoré l'expérience. Mais il adorait Haïti aussi et c'est pour ça qu'il est y revenu à la fin de sa carrière. »

Au sein des journaux du monde entier, la surprise est totale. Le *New York Times* ne reprend pas la dépêche tout de suite, car il croit à une blague. Au Royaume-Uni, quand elles reçoivent le résultat sur leurs téléscripteurs, certaines rédactions pensent à une erreur de transmission. « Le plus grand choc de tous les temps dans le monde du football », dramatise le *Daily Mail*. Le *Western Morning News* constate : « Jamais, sans doute, une équipe d'Angleterre n'a aussi mal joué. » Pour John Macadam dans le *Daily Express*, cette humiliation « marque le point le plus bas jamais atteint par le sport britannique ». Le *Daily Herald*, lui, restera fidèle à l'esprit *british* en publiant une fausse nécrologie au lendemain de la défaite contre l'Espagne quelques jours plus tard (0-1), synonyme d'élimination dès le premier tour : « En souvenir affectueux du football anglais, décédé à Rio le 2 juillet 1950. »

Dans son *Autobiographie*, Sir Tom Finney parlera de « fiasco » et essaiera d'étouffer son abattement : « J'ai le malheur d'avoir vécu trois des moments les plus choquants et déprimants de notre équipe nationale. J'aimerais ne pas avoir à dire lequel j'ai le moins apprécié. Pour l'humiliation absolue qu'elle a constituée, il s'agit de la défaite 1-0 infligée par une équipe sans illusion venue des États-Unis. » Cet échec sonne la fin d'une ère. Il annonce un autre coup de tonnerre, trois ans plus tard, quand le « WM » anglais se fera balayer par le 4-2-4 hongrois des Puskas, Kocsis et Hidegkuti (3-6 à Wembley, puis 1-7 à Budapest), sa toute première défaite à domicile contre une équipe du continent. Le catalyseur d'une profonde remise en question, dont l'accomplissement sera le sacre à la Coupe du monde 1966. Resté au Brésil après l'élimination pour suivre la suite du tournoi en 1950, Matthews avait compris que plus rien ne serait comme avant : « Je me rendis compte que le foot anglais n'avait pas l'exclusivité de l'habileté et du talent. Le Brésil démontrait que nos méthodes d'entraînement étaient devenues, pour être franc, conservatrices et même préjudiciables pour un jeu qui se développait à toute allure. (...) Les standards du foot britannique n'étaient pas mauvais, ils étaient même bons, mais d'autres pays nous rattrapaient ; certains nous avaient même dépassés. Nous restions immobiles, notre caractère insulaire renforcé par l'idée que nous avions inventé ce jeu. »

Dans ce sport qu'elle a codifié et auquel elle a apporté un rayonnement universel en le diffusant dans ses protectorats aux quatre coins de la planète, l'Angleterre tombe de haut face à son ancienne colonie. Une désillusion qui intervient alors que l'Empire britannique est en déclin. Son démantèlement, initié par l'indépendance de l'Inde en 1947, s'accélère à toute allure. Première puissance mondiale au début du XXe siècle, la Couronne est sortie exsangue des deux conflits mondiaux. Pour relancer son économie, elle a contracté un prêt des

États-Unis qu'elle terminera de rembourser en… 2006. Un déclassement symbolisé par ces mots de Winston Churchill pendant la Seconde Guerre mondiale, écrivant à l'émissaire de Franklin D. Roosevelt en Europe qu'il est le « lieutenant dévoué » du président américain[19]. Entre les deux pays, le concept de « relation spéciale » a vu le jour, mais personne n'est dupe. L'ancien souverain, qui se fixait le devoir de protéger ses treize colonies nord-américaines jusqu'à la veille de la Déclaration d'indépendance de 1776, est désormais réduit à un rôle de subordonné dans un renversement spectaculaire. Les USA sont devenus une superpuissance, la seule à détenir l'arme atomique, et leur monnaie domine le monde depuis les accords de Bretton Woods (1944). De leur intervention décisive dans la guerre aux conditions imposées pour bénéficier du plan Marshall (notamment l'obligation d'importer une quote-part de produits américains), ils sont devenus l'indiscutable leader de l'Occident.

De l'autre côté de l'Atlantique, l'exploit de Belo Horizonte passe inaperçu. Il faut dire que quatre jours plus tôt, l'armée communiste de Corée du Nord a franchi le 38e parallèle pour envahir la zone sud sous contrôle américain. Le président Harry Truman s'apprête à annoncer l'envoi de troupes dans ce qu'on appellera bientôt la guerre de Corée. La belle histoire de Walter Bahr et ses compères restera sans lendemain. D'autant que, pour le dernier match de poule, ils sont battus 5-2 par le Chili et ne passent pas le premier tour, eux non plus. Il faudra des décennies à ces précurseurs pour recevoir la reconnaissance qu'ils méritent. En 1976,

19. Winston Churchill à William Averell Harriman, in Warren F. Kimball, *Churchill and Roosevelt. The complete correspondence : Volume 1, Alliance emerging October 1933-Novembre 1942*, Princeton University Press, 1984.

l'année du bicentenaire de la Déclaration d'indépendance, ils sont intronisés au Hall of Fame. Vingt ans plus tard, ils font l'objet d'un ouvrage documenté du journaliste Geoffrey Douglas, *The Game of their lives*, avant de recevoir l'onction de Hollywood. Malgré une belle distribution (Gerard Butler, Wes Bentley…), l'adaptation cinéma, qui se permet quelques arrangements avec la réalité, sera un fiasco au box-office avec 400 000 $ de recettes.

Le développement du *soccer* sera tout aussi cahoteux – ils ne retrouveront une phase finale qu'en 1990 – et jamais éloigné d'arrière-pensées commerciales ou politiques. La venue de Pelé au Cosmos de New York dans les années 1970 porte ainsi la patte de Henry Kissinger. Le secrétaire d'État républicain, ancien gardien de but dans sa jeunesse en Allemagne, s'était déplacé en personne pour demander au Brésilien d'aider à l'essor de son sport aux USA. Le diplomate a organisé des rencontres à la Maison Blanche entre *O Rei* et le président Richard Nixon, puis son successeur Gerald Ford, comme l'ont révélé des documents de la CIA récemment déclassifiés. Kissinger, dont l'action géopolitique demeure controversée, incitera également Ronald Reagan à défendre une candidature pour la Coupe du monde, avec un argument simple : quand on veut être le pays n°1, impossible de négliger le sport le plus populaire dans le monde. Si c'est un échec pour 1986 – le Mexique sera choisi pour suppléer la défection de la Colombie –, les États-Unis emporteront le morceau pour l'édition 1994.

Le héros de Belo Horizonte, Joe Gaetjens, n'a pu assister à cette lointaine succession. Après une expérience mitigée en France (RC Paris, Alès), il rentre s'installer en Haïti où il ouvre un pressing et entraîne des équipes de jeunes.

En juillet 1964, il est victime d'une énième vague de répression lancée par le dictateur François Duvalier. Embarqué par les Tontons Macoute, la sanguinaire milice paramilitaire de « Papa Doc », il n'a plus été revu et son corps n'a jamais été retrouvé. Il avait 40 ans. Le footballeur, pas du tout engagé politiquement, aurait payé l'implication de ses deux frères dans des réseaux visant à renverser le régime du despote. « Selon un rapport de la CIA communiqué plus tard, il aurait été tué le jour même de son arrestation », observe son fils Lesly. À ce jour, le gouvernement haïtien n'a toujours pas reconnu sa responsabilité dans sa mort. Reste la légende, indélébile. « Après sa capture, nous avons dû nous exiler à Porto Rico et ma mère ne parlait pas de tout ça, c'était trop dur pour elle, reprend son fils. Mon oncle Jean a consacré sa vie à essayer de savoir ce qui s'est passé, car il éprouvait de la culpabilité. En vain. Aujourd'hui encore, nous n'avons aucune certitude. Mais quand je vais à Haïti, tout le monde se souvient de Ti'Joe. Quand ils découvrent que je suis de sa famille, les yeux des gens s'éclairent. » Au retour de son aventure française, en 1953, la foule était venue l'accueillir en nombre à l'aéroport de Port-au-Prince avec une banderole : « Le meilleur joueur à Haïti, aux États-Unis et dans le monde entier. »

Un sommet estampillé « guerre froide »

Coupe du monde en Suisse. Vᵉ édition (1954)

RFA - Hongrie 3-2
4 juillet 1954 - Berne
Finale

L'affiche est singulière. Inattendue. La finale de cette cinquième édition de la Coupe du monde, retransmise pour la première fois à la télévision oppose, le 4 juillet 1954 à Berne, la République démocratique et populaire de Hongrie à la République fédérale d'Allemagne (RFA). Le résultat ne fait a priori aucun doute tellement les virtuoses magyars dominent alors le football mondial. En Suisse, l'hôte du tournoi, le sacre annoncé de la Hongrie, inféodée à l'Union soviétique, semble relever de la simple formalité. En cette fin d'après-midi, malgré la pluie torrentielle, les 64 000 spectateurs du stade de Wankdorf n'auraient pour rien renoncé au récital, jamais démenti, que donne à chaque apparition l'Aranycsapat, le renommé « onze d'or », fierté du pouvoir communiste. Championne olympique en titre depuis l'été 1952, la sélection de Gustav Sebes, invaincue en quatre ans et 31 matches, survole le tournoi. L'Allemagne de l'Ouest, son ultime obstacle, ne l'inquiète pas pour lui avoir infligé, dès le premier tour, une cuisante leçon (8-3). Face aux magiques magyars, la RFA, délestée de toute sa partie est depuis la scission, en 1949, des deux Allemagnes, fait figure de faire-valoir. Celle-ci n'était pas supposée disputer pareille suprématie. Exclue d'office de la quatrième édition, jouée au Brésil, elle revient tout juste du purgatoire après avoir été bannie pour l'abomination nazie. Sepp Herberger, son rusé mentor, se veut l'adepte d'un jeu physique et direct, basé sur une défense intraitable. Le statut de challenger inopiné n'est pas pour déplaire à celui que ses joueurs appellent tous sans exception « le chef ». Cette finale de la Coupe du monde s'inscrit en outre dans le pesant climat de « guerre froide » qui règne entre Soviétiques et Occidentaux. Elle est le théâtre de l'affrontement feutré que se livrent les blocs est/ouest désormais campés dans un face-à-face tenace cristallisé par le vigoureux bras de fer autour de la partition de Berlin, défunte capitale de l'Allemagne nazie. La Suisse, soucieuse de son sacro-saint principe de neutralité, inaugure l'antagonisme idéologique hissé à un aussi haut niveau de compétition. Quatre ans plus tôt, à l'exception de la seule Yougoslavie, brouillée avec Moscou, les « pays frères » de l'URSS avaient fermement décliné toute participation.

À l'orée des années cinquante, le Vieux continent se reconstruit. Les frontières font l'objet d'âpres négociations entre les vainqueurs de la Seconde Guerre mondiale. Une ligne tangible se dresse entre Soviétiques et Occidentaux. Le « rideau de fer » prédit dès 1946 par Winston Churchill, l'ex-Premier ministre britannique momentanément congédié du pouvoir, se matérialise. En février 1948, l'URSS fomente le « coup de Prague ». Les camarades tchécoslovaques s'emparent du pouvoir. Le glacis communiste s'installe. Trois mois plus tard, Josef Staline tente de faire main basse sur la totalité de l'ex-capitale du Troisième Reich réduite en cendres, occupée par les alliés et subdivisée en quatre zones préalablement négociées. La manœuvre échoue, mais le « blocus de Berlin » – empêchant tout approvisionnement entre le 24 juin 1948 et le 12 mai 1949, contraignant les Américains à organiser de multiples ponts aériens –, illustre l'appétit vorace du « petit père des peuples ». Pour contrer ses visées, les Occidentaux signent le 4 avril 1949 le Traité de Washington, l'acte de naissance de l'Organisation du traité de l'Atlantique Nord (OTAN), prévoyant notamment aide et assistance mutuelle des pays signataires en cas d'attaque ennemie. La Hongrie ne fait pas exception dans ce vaste jeu d'échecs. Libérée d'un pouvoir supplétif des nazis, elle prête allégeance dès 1949 à l'ombrageux maître du Kremlin. À Budapest, Matyas Rakosi, surnommé « le petit Staline », édicte, à peine revenu de son exil moscovite, une kyrielle d'oukases, des décisions aussi arbitraires que restrictives. Au sein de ce paysage corseté, l'équipe nationale de football diffuse cependant d'inespérés rais de lumière. Revêtir la tunique grenat permet d'esquiver les rigueurs de l'AVO, le KGB hongrois, et la diriger procure sécurité et privilèges. Statut dont bénéficie le camarade Gustav Sebes, le sélectionneur national, bombardé vice-ministre des Sports. L'ex-contremaître des usines Renault de l'entre-deux-guerres s'attelle à bâtir une équipe capable d'instiller la ferveur décrétée par les apparatchiks, les cadres du régime. Il souhaite surpasser son auguste devancière, battue par l'Italie en finale de l'édition française, en 1938 (2-4). L'ex-syndicaliste de Billancourt possède une double casquette : le sélectionneur puise allègrement dans le club qu'il entraîne, le Honved, « défenseur de la patrie », fondé par l'armée. Il supervise aussi l'autre pépinière, celle du MTK Budapest, jalouse propriété de la sécurité intérieure. Le tacticien obtient rapidement des résultats flatteurs. La réputation grandissante de la Hongrie se propage dans toute l'Europe. Le stratège prône un jeu novateur que les autorités de tutelle ont vite fait de baptiser « football socialiste ». Il rompt avec la tactique du « WM », trop traditionnelle, défensive à l'excès, pour préconiser un énigmatique « 4-2-4 ». Un schéma attribuant une totale liberté aux joueurs, à rebours du système politique qu'il représente. Il s'agit d'attaquer et de défendre d'un même élan afin de dynamiser le collectif. Les éléments offensifs priés de permuter sans cesse pour tromper l'adversaire, tourneboulé. Cette tactique révolutionnaire, inspirée de l'Autriche des années trente, préfigure le « football total » porté haut, quinze ans plus tard, par les Pays-Bas. Les individualités hongroises, Sandor Kocsis, Nandor Hidegkuti, Zoltan Czibor et Ferenc Puskas, le capitaine, alias « le major galopant », épuisent les formations les plus réputées. « Les hommes choisis l'ont été pour leur capacité à se fondre dans le système. On était loin d'imaginer que cette façon de faire allait bouleverser la face du jeu et le regard des fans, un peu partout dans le monde », relate Gyula Grosics[20], « la panthère noire », le modèle de Lev Yachine, future icône soviétique. À l'inverse de leurs prestations remarquées, leurs grades – farfelus, car ils ne sont pas militaires de carrière – les protègent de l'arbitraire rampant et de la pénurie du quotidien.

20. Rico Rizzitelli, « Le gardien du temple », *L'Équipe Magazine*, 7 juin 2014.

UN SOMMET ESTAMPILLÉ « GUERRE FROIDE »

La sélection hongroise, désormais rodée, ses principes de jeu assimilés, excelle. Elle s'empare en 1952 de la médaille d'or, gagnée au détriment du Brésil, lors des Jeux olympiques (JO) d'Helsinki. Les comptes rendus fourmillent d'éloges. Point d'orgue : sa splendide victoire acquise aux dépens des Anglais, le 25 novembre 1953, dans un Wembley médusé, convainc les plus circonspects. 105 000 spectateurs assistent, ébahis, à l'humiliation des Three Lions, défaits 6-3 en leur forteresse imprenable. La partition hongroise tutoie l'excellence. Elle alterne passes courtes et longues transversales. Les décrochages répétés de son imprévisible quatuor d'attaquants désorientent les Britanniques. Éberluée, la presse d'outre-Manche s'émeut, dès le lendemain, d'une formule identique : « C'est la fin du monde ! » Rebelote, le 23 mai 1954, à Budapest. L'Angleterre est atomisée 7-1 au Nepstadion, devant les caciques du régime qui savourent la correction infligée aux chantres de l'individualisme. Les résultats probants du « onze d'or » coïncident avec un climat d'ouverture tout relatif. Moscou contraint Budapest à desserrer l'étau séance tenante. Imre Nagy, bien qu'exclu du Politburo (le bureau politique), en 1949, est réintégré, aussitôt promu chef du gouvernement. Quoiqu'étroitement surveillé par l'intransigeant appareil du Parti communiste, il insuffle des réformes. La mort de Staline, le 5 mars 1953, augure un possible dégel. Nikita Khrouchtchev, son successeur, lâche du lest, car il est secrètement occupé à la rédaction d'un rapport fustigeant les crimes de Staline. Sur le terrain, les joueurs hongrois affinent leurs subtiles gammes. Leur parcours en cette Coupe du monde 1954 subjugue tous les amateurs, unanimes. Ils répètent à l'unisson leur partition sans fausse note irrémédiable en dépit d'un tableau complexe. Les Magyars s'imposent 4-2 en quarts de finale, face aux rugueux vice-champions du monde brésiliens, au terme d'un match musclé (trois joueurs expulsés, dont deux Cariocas) clos par une bagarre générale. Poussés jusqu'aux prolongations, ils écartent, en demies, sur le même score, la coriace Uruguay, tenante du titre. Seul bémol à la veille de la finale tant attendue, « le major galopant » fait banquette depuis sa vilaine blessure contre la RFA lors du premier tour, la cheville fragilisée par un tacle meurtrier de Werner Liebrich. Le parcours de l'Allemagne de l'Ouest, certes moins difficile, est appréciable. Elle s'impose contre la Yougoslavie (2-0) avant d'étriller l'Autriche (6-1) en demi-finales. La Mannschaft exsude un esprit de corps indéfectible jusque dans la tempête. Sepp Herberger, sélectionneur taciturne, dissimule un passé trouble. L'homme à l'éternel pardessus gris a occupé d'identiques fonctions entre 1936 et 1942. Son enthousiaste adhésion au parti nazi dès 1933 et ses télégrammes authentifiés au Führer l'attestent. Or, au sein de la récente RFA du conservateur Konrad Adenauer, élu dès 1949, la dénazification, fût-elle nécessaire, s'estompe. Le chancelier démocrate-chrétien (CDU), réélu en septembre 1953, n'a-t-il pas un dénommé Hans Globke pour directeur de cabinet et éminence grise, naguère collaborateur zélé de Wilhelm Frick, le ministre de l'Intérieur nazi ? Le retour à la concorde nationale et la lutte contre l'ennemi communiste, menée par de bruns agents prestement recyclés, constituent les seules priorités qui vaillent. Le miracle économique, symbolisé par une industrie florissante, stimulé par un solide deutschemark, comble l'énorme majorité des concitoyens. Inutile d'en saper les fondements. L'itinéraire tortueux du patron de l'équipe nationale ne saurait lui être objecté sous peine d'embraser la

République fédérale aux milliers de profils sinueux impliqués dans les crimes nazis. Cintré dans sa gabardine, imperméable aux critiques, Sepp Herberger, dont le poste n'a jamais semblé menacé, construit son effectif sur l'ossature du FC Kaiserslautern, le club phare du championnat. Cinq de ses titulaires, dont Fritz Walter, son indispensable relais, rescapé d'un camp de prisonniers grâce à l'intercession d'un soldat hongrois, en sont issus. Aucun n'a cependant oublié la lourde défaite concédée face aux Grenats, quinze jours plus tôt, cachant en réalité un roué tour de passe-passe.

Les retrouvailles en finale produisent des étincelles d'emblée. Les Hongrois mènent de deux buts en moins de dix minutes grâce à Ferenc Puskas et Zoltan Czibor. Loin de se désolidariser, les Allemands répliquent par Max Morloch et Helmut Rahn. Si bien qu'en moins de vingt minutes, les deux sélections se neutralisent. Émoussés par leurs deux précédentes rencontres, les joueurs de Gustav Sebes sont moins véloces. La pluie battante ralentit leurs habituels mouvements altiers. Titularisé malgré sa cheville toujours endolorie, Ferenc Puskas, bien que buteur dès l'entame, paraît emprunté. La confrontation en cours diffère de celle du 20 juin 1954. Et pour cause. Les Magyars se heurtent aux vrais titulaires Allemands, Sepp Herberger ayant fait l'impasse sur le match inaugural en alignant moult remplaçants. La surprise du « chef » porte ses fruits. Les Hongrois sont déboussolés. Les athlétiques Blanc et Noir leur opposent un combat opiniâtre. La pelouse gorgée d'eau ne les déstabilise pas. Ils sont équipés de crampons vissés, qu'Adolphe Dassler, l'ambitieux fondateur d'Adidas, leur a opportunément conçus[21]. Les Hongrois, freinés par un gazon détrempé peu propice à leurs vifs redoublements de passes, glissent, mais insistent. Un tir lointain de Nandor Hidegkuti touche le poteau. À l'heure de jeu, une tête de Sandor Kocsis heurte la barre. La Hongrie domine sans parvenir à marquer. Toni Turek, le portier ouest-allemand, multiplie les parades. Le constant marquage individuel pratiqué par la Mannschaft crispe les attaquants magyars, sevrés d'occasions. L'orchestre grenat se désaccorde. La fatigue pointe sur la pelouse essorée du Wankdorf. Ne reste plus que cinq petites minutes dans le temps réglementaire. RFA et Hongrie s'acheminent vers la prolongation. Lorsque, tout à coup, le numéro douze des Blanc et Noir hérite d'un ballon intercepté sur l'aile. Helmut Rahn, parvenu aux abords de la surface de réparation, expédie une puissante frappe au fond des filets. Les trente mille Allemands présents dans l'enceinte exultent. La tribune de presse s'embrase. « But, but, but, pour l'Allemagne ! », s'écrie, extatique, Herbert Zimmermann, le commentateur ouest-allemand dont la voix, immortalisée, résonnera dans l'ultime scène du film de Rainer Werner Fassbinder, *Le Mariage de Maria Braun* (1979). « Traitez-moi de fou, de zinzin », poursuit le reporter, délivré du sort funeste promis à la novice Mannschaft. Le temps de reprendre ses esprits, Ferenc Puskas égalise. Stupeur. Le bras levé de l'arbitre central met fin au suspense. Hors-jeu signalé. À genoux, le capitaine hongrois frappe du poing d'abondantes flaques saumâtres. Piqués au vif, ses partenaires haussent le rythme

21. Mustapha Kessous, *Les 100 histoires de la Coupe du monde de football*, Presses Universitaires de France, coll. « Que sais-je ? », mai 2014.

pour arracher la demi-heure supplémentaire. Un énième sauvetage de Toni Turek. Ultime dégagement. L'homme en noir, impavide, indique le rond central. « Au coup de sifflet final, je m'en suis pris à l'arbitre », reconnait cinquante ans plus tard, Gyula Grosics, toujours aussi accablé par l'inenvisageable déconvenue. « Ce n'est qu'en entendant l'hymne allemand que j'ai réalisé. Nous n'étions pas préparés à la défaite et, aujourd'hui encore, je rejoue cette finale toutes les nuits »[22] soupire-t-il, inconsolable.

Contre toute attente, la RFA a accompli une authentique prouesse en battant, sur le fil, l'immense favori de la compétition. « Nous avons réalisé le plus grand exploit de l'histoire du football allemand », assure Fritz Walter, le brassard lessivé, juste après avoir brandi le trophée Jules Rimet. Le capitaine décoré rend un hommage appuyé au « chef », l'artisan lustré de cette campagne éclair. « Si nous venons de créer une surprise colossale, c'est parce que notre sélection a suivi Herberger les yeux fermés. Il connaît admirablement son métier, évolue sans cesse, sait faire d'un détail un argument décisif, et possède aussi l'autorité d'un fin psychologue », insiste-t-il dans *L'Équipe*, en juillet 1956. À Munich, la Mannschaft est fêtée par plus de 300 000 personnes. L'hymne *Deutschland über alles* (« l'Allemagne, au-dessus de tous ») retentit à tue-tête sur l'ensemble du territoire pavoisé aux couleurs nationales. Theodore Heuss, le président de la République fédérale, décerne aux héros la Feuille de laurier, la plus

22. Xavier Barret avec Matias Imre, « Grosics, gardien de la mémoire », *France Football*, 31 mai 2005.

prestigieuse des distinctions sportives. L'invraisemblable succès signe la résurrection d'un pays mis au ban de la communauté internationale pour l'horreur des crimes nazis. Le « Miracle de Berne » propulse de plain-pied la RFA, en liesse, dans le concert des nations. « Ce n'était pas seulement un match de foot, mais un acte fondateur pour l'Allemagne »[23] tranchera, bien plus tard, Edmund Stoiber, ex-ministre et ancien leader de la CSU bavaroise, l'alliée régionale de la conservatrice CDU. En 2004, un film au titre éponyme réalisé par Sönke Wortmann, retraçant l'épopée ouest-allemande, enregistre presque quatre millions d'entrées dans une Allemagne un tantinet nostalgique, bien que réunifiée depuis 1990.

Quelques jours après la finale triomphale, les frais champions du monde sont, tour à tour, pris d'une soudaine jaunisse. La mystérieuse épidémie, impossible à masquer, interpelle. Embarrassé, le staff médical de Sepp Herberger avance des explications alambiquées. Tout au plus concède-t-il avoir administré à ses joueurs de simples injections de glucose. La fédération se cramponne à cette version saugrenue et laisse passer l'orage. Cinq décennies plus tard, Horst Eckel, milieu de terrain titulaire lors de la finale, réfute tout dopage. « On ne savait pas ce que c'était, le terme n'existait pas à l'époque. Même aujourd'hui, on ne sait pas ce qui s'est vraiment passé », louvoie « le lévrier », son surnom à l'époque. « Ce qui est vrai, c'est qu'on prenait du glucose soit par voie orale, soit par piqûres (...) N'oublions pas non plus qu'à l'époque la même seringue servait à

23. Vincent Duluc, *Petites et grandes histoires de la Coupe du monde*, Ed. Robert Laffont, avril 2014.

piquer tous les joueurs ! »[24]. En 2010, le Comité olympique allemand lève définitivement le voile sur la supercherie. L'effectif de Sepp Herberger a bel et bien absorbé de la pervitine, une méthamphétamine mélangée à de la cocaïne et à de l'oxycodone, abolissant toute forme d'inhibition et de fatigue, des comprimés qu'ingéraient les nazis malgré leurs effets indésirables. Le « Miracle de Berne » recelait une substantielle part d'artifice.

Point de festivités, en revanche, pour les Magyars privés de couronne. Pour eux, la pilule a un goût amer. Rentrés incognito à Budapest, les fers de lance déchus du « football socialiste » sont rudoyés par Matyas Rakosi en personne, le secrétaire général du PC en passe de redevenir le premier personnage de l'État. Leurs avantages sont suspendus. Certains sont nommément désignés à la vindicte populaire. Ferenc Puskas est dépeint tel « un paresseux s'adonnant au marché noir ». Gyla Grosics, harcelé par l'AVO, est aussitôt écarté pour « espionnage ». La sélection de Gustav Sebes, un soupçon remaniée, dispute dix-huit autres rencontres. Sans revers. Qu'importe. Son unique défaite en cinquante parties est indélébile. Elle a failli lors du match qu'il ne fallait perdre à aucun prix. Revenus entretemps au gouvernement, les communistes les plus orthodoxes affrontent, à l'automne 1956, une véritable insurrection. Les émeutes débouchent, le 4 novembre, sur une brutale invasion des chars soviétiques, prélude à une répression féroce. Les promesses de dégel contenues dans le « Rapport Khrouchtchev » – véritable réquisitoire contre les crimes

24. Jean-Marie Lanoë avec Rainer Kalb, « Eckel et le miracle de Berne », *France Football*, 19 mai 2006.

staliniens habilement fuité dès février – s'évanouissent. En déplacement en Espagne pour y jouer un match de Coupe d'Europe contre l'Athletic Bilbao, plusieurs joueurs du Honved optent derechef pour l'exil. La violente reprise en main sonne le glas des espérances sportives et politiques. Elle achève de disloquer le « onze d'or », contraint de tirer sa révérence. Les notes cristallines du majestueux orchestre grenat s'étant sans doute évaporées, deux ans plus tôt, dans le ciel gris et pluvieux de Berne, un soir funeste de l'été 1954.

Corée du Nord 1966, le pays fantôme

Coupe du monde en Angleterre. VIIIe édition (1966)

12 au 23 juillet 1966

Le mémo, conservé dans les archives du ministère des Affaires étrangères du Royaume-Uni, porte la mention « Confidentiel ». Daté du 24 novembre 1965, il est signé par un certain D. K. Timms. Ce fonctionnaire du Foreign Office alerte ses supérieurs sur l'évènement qui vient de se produire à 10 000 km de là. La Corée du Nord s'est imposée face à l'Australie à l'occasion d'un barrage intercontinental (6-1, 3-1). Avec cette victoire, le pays asiatique devient le 16e et dernier qualifié pour la Coupe du monde 1966, organisée en Angleterre. Une apparition inattendue, héritée d'une situation inédite : la quasi-totalité des pays africains et asiatiques a boycotté les éliminatoires pour protester contre l'attribution d'une seule place pour toute la zone Afrique-Asie-Océanie. Mais surtout, le début d'un interminable casse-tête diplomatique : comme tous les pays de l'OTAN, en cette époque de guerre froide, la Couronne britannique ne reconnait pas le régime de Kim Il-sung. Ce dernier étant affilié à la FIFA depuis 1958, il faut toutefois s'adapter. Jusqu'à présent, le bloc de l'Ouest a accepté la participation des sportifs de l'Allemagne de l'Est – autre État qu'il ne reconnait pas – à des compétitions internationales. Mais c'était à titre individuel, sans possibilité pour ces athlètes d'afficher les couleurs de leur pays. Que faire de cette équipe fantôme ?

« Je crains que nous devions maintenant faire face à un problème difficile, écrit Timms sans se départir de son flegme. Malheureusement, la FA (*la Fédération anglaise*) me dit que la phase finale sera quelque chose d'important. Ils vont faire flotter les drapeaux, jouer les hymnes nationaux, les comités locaux donneront des réceptions pour les équipes concernées. (…) Les Nord-Coréens vont sans doute fermement protester s'ils sont empêchés de jouer leur hymne, d'afficher leur drapeau, etc., alors que les quinze autres pays participants pourraient le faire. » Pragmatique, le fonctionnaire avance que « la façon la plus simple de résoudre le problème » serait de refuser aux Nord-Coréens leurs visas d'entrée. Une piste qu'il referme toutefois aussitôt : « Nous serions accusés d'immiscer la politique dans le sport, de saboter les intérêts britanniques, etc. »

Dès le lendemain, Sir John Lang, le vénérable conseiller au Sport du gouvernement de Harold Wilson, se saisit de ce dossier « embarrassant d'un point de vue diplomatique ». « Nous sommes tous, dans une certaine mesure, assis sur un volcan », écrit-il au Foreign Office, lui enjoignant de « trouver des modalités pour permettre aux Nord-Coréens de prendre part aux matches prévus ». « Il est presque certain, poursuit-il, que le raisonnement de la FIFA serait que, si l'Angleterre n'acceptait pas une équipe (…), la phase finale devrait être jouée ailleurs qu'en Angleterre. Vous pouvez imaginer le tollé que cela provoquerait à travers le monde. » Le message est clair : hors de question de provoquer une crise ouverte, il va falloir manœuvrer avec habileté pour ménager les différentes parties. D'autant que le Royaume a engagé 500 000 £ (équivalant à environ 8 millions d'euros actuels en prenant compte l'évolution du cours de la vie) pour moderniser les sept sites du tournoi. Pendant des mois, une discrète partie d'échecs va s'engager en coulisse, que la récente déclassification des documents gouvernementaux permet de suivre dans le détail.

Deux lignes assez nettes apparaissent aussitôt. D'un côté, le Foreign Office anticipe les conséquences de cette affaire au niveau géopolitique. S'il se résout à accepter la présence des Nord-Coréens sur le territoire, il plaide pour que leur empreinte soit minimale : pas d'emblème, pas de drapeau, pas d'hymne. Le corps diplomatique, mis sous pression par les ambassades de Corée du Sud et d'Allemagne de l'Ouest, redoute de créer un « précédent gênant ». Selon lui, la publicité des symboles nationaux de la « République populaire démocratique de Corée », ainsi que veut être appelé le régime de Pyongyang, pourrait participer à légitimer *de facto* un État dont Londres nie l'existence. Engagé dans la guerre de Corée (1950-1953) au côté de son allié américain, le Royaume-Uni avait envoyé 60 000 hommes défendre le Sud de la péninsule envahi par les troupes du Nord assistées de la Chine et de l'URSS. Dès 1949, il a adoubé la Corée du Sud (« République de Corée » selon sa terminologie), sous influence capitaliste, mais il a toujours ignoré sa voisine communiste.

De l'autre côté, le monde « sportif » défend une approche plus souple. Le président de la FIFA, Stanley Rous, le secrétaire de la FA, Denis Follows, ou encore le ministre des Sports, Denis Howell, mettent en avant le protocole de la compétition et se refusent à toute « discrimination » envers une des équipes qualifiées. Les règles retenues devront s'appliquer aux seize nations engagées, ce qui complique considérablement l'affaire. Trois points cruciaux sont au cœur des débats : la dénomination officielle du pays, l'interprétation de l'hymne, et l'affichage du drapeau. Tour à tour, chacun avance ses pions au fil des réunions, des télégrammes, des courriers et des coups de téléphone. Pour le premier point, une unanimité se dégage rapidement autour du nom de « Corée du Nord », Stanley Rous s'étant chargé de convaincre les intéressés « qu'en Angleterre nous voyions la Corée comme deux pays, celui du Nord et celui du Sud ; comme l'Allemagne de l'Est et de l'Ouest, l'Irlande du Nord et du Sud », comme il le raconte dans ses notes personnelles[25]. Concernant les hymnes, un compromis est trouvé : seuls ceux des matches d'ouverture (Angleterre-Uruguay) et de la finale seront joués, étant entendu pour tout le monde que les chances d'y retrouver les encombrants invités d'Asie sont minimes.

Le problème le plus complexe concerne les drapeaux. Selon le protocole de la Coupe du monde, les couleurs de tous les pays qualifiés doivent flotter pendant la durée du tournoi dans tous les stades de la compétition. Différents scénarios sont échafaudés, plus ou moins alambiqués, limitant l'usage des drapeaux selon les matches ou les régions du pays. Dans une note confidentielle du 9 février,

25. J. Simon Rofe et Alan Tomlinson, « The untold story of FIFA's diplomacy and the 1966 World Cup : North Korea, Africa and Stanley Rous », in *The International History Review*, vol. 42, n°3, 2020.

le Foreign Office suggère par exemple de « ne pas lever de drapeaux pendant le premier tour, présumant du fait que les Nord-Coréens seront éliminés à l'issue de ce tour comme s'y attend la FA, mais d'utiliser les drapeaux et le reste pendant les tours suivants ». Denis Howell y voit un « arrangement bâtard »[26], qui lèserait tous les pays qualifiés. Les Nord-Coréens exprimant leur ferme mécontentement sur ce sujet, le ministre des Sports prévient le sous-secrétaire d'État aux Affaires étrangères, Lord Henry Walston, que cela pourrait les encourager « à chercher le soutien d'autres pays communistes, par exemple l'Union soviétique, la Bulgarie et la Hongrie qui participent aussi à la compétition »...[27] Howell, ancien arbitre, rappelle au Foreign Office qu'il a cédé sur les hymnes et lui demande de respecter « sa part du marché »[28]. Fin mars, ce dernier finit par s'incliner, « avec beaucoup de réticence »[29]. Prenant acte des retours plus symboliques qu'agressifs de la Corée du Sud et de l'Allemagne de l'Ouest, il accepte de lever tous les drapeaux à tous les matches.

Affaire classée ? Pas tout à fait. Dans ses mémoires, Howell raconte que Michael Stewart, secrétaire d'État aux Affaires étrangères, vient le voir quelques semaines avant le début du tournoi pour lui glisser discrètement que des personnalités influentes de l'OTAN s'opposent à la présence

26. John Lang à Edward Bolland, responsable du secteur Extrême-Orient au sein du Foreign Office, en date du 17 février 1966. FO 371/187181, FK 1801/4(D).
27. Compte-rendu de la conversation téléphonique tenue entre Howell et Lord Walston le 10 février 1966. FO 371/187181, FK 1801/1.
28. John Lang à Edward Bolland, en date du 17 février 1966. FO 371/187181, FK 1801/4(D).
29. John Lang à Stanley Rous, en date du 28 mars 1966. FO 371/187181.

de la Corée du Nord. Réponse du ministre des Sports à ces pressions informelles : trop tard pour faire marche arrière. Même chose quand le 24 juin, soit une quinzaine de jours avant le match d'ouverture, la délégation soviétique, informée du protocole, menace de se retirer de la compétition si tous les hymnes ne sont pas joués, « y compris l'hymne nord-coréen »[30]. Le scandale serait énorme. « Bien trop tard pour revoir l'arrangement »[31], estime le Foreign Office, qui tente un coup de poker et s'en remet à l'avis de Stanley Rous, selon lequel « le délégué de la Russie a reçu des consignes de Moscou pour protester au sujet des hymnes, mais pour la forme »[32].

Le 12 juillet, l'URSS est bien sur la pelouse de l'Ayresome Park, à Middlesbrough, pour affronter la Corée du Nord qui dispute là le premier match de son histoire en Coupe du monde. Les jeunes novices, avec leur 1,67 m de moyenne, ne font pas le poids – littéralement – face à leurs cousins communistes. Ils sont balayés 3-0, avec 27 fautes sifflées contre les rugueux Soviétiques. Dans un courrier adressé à John Lang, un des responsables du Foreign Office souffle, un peu vite : « Avec un peu de chance, on devrait bientôt en avoir fini avec les Nord-Coréens. J'ai été content de voir qu'au moins on avait raison de prédire qu'ils n'iraient pas loin dans la phase finale. »[33] Cette correction initiale

30. Denis A. Greenhill, sous-secrétaire d'État adjoint aux Affaires étrangères, à Howard F. T. Smith, responsable du secteur Nord au sein du Foreign Office, en date du 24 juin 1966. FO 371/187181, FK 1801/10.

31. Edward Bolland à Robert J. O'Neill, en date du 28 juin 1966. FO 371/187181, FK 1801/10(B).

32. Edward Bolland à Robert J. O'Neill, en date du 8 juillet 1966. FO 371/187181, FK 1801/11.

33. Edward Bolland à John Lang, en date du 22 juillet 1966. FO 371/187181, FK 1801/12.

reçue par l'*underdog* (l'outsider, le faible) si cher au public britannique sème les germes de l'improbable relation qui va se nouer entre l'équipe nord-coréenne et ce nord-est de l'Angleterre où elle dispute ses trois matches du premier tour. Dès leur arrivée, « les mystérieux hommes de l'Est », comme les qualifient les journaux, aiguisent la curiosité. Le *Daily Sketch* écrit le 2 juillet : « Personne ne sait rien de Han Bong-jin et de ses coéquipiers et ils n'aident pas franchement le public à en savoir plus. Ils gardent secrète leur stratégie tactique. Ils refusent de livrer un pronostic sur le résultat des matches, et même les deux cuisiniers qu'ils ont emmenés avec eux conservent fermement leurs menus sous leurs toques. » Cloîtrée dans son hôtel, la délégation de 74 personnes tue le temps en jouant au baby-foot ou en regardant la télévision. Ça n'empêche pas la population locale de se presser à leurs entraînements, sur les installations de l'usine chimique ICI, à l'affût d'autographes.

Dans cette terre ouvrière, qui a abrité des fleurons mondiaux de l'acier et du fer, le maire Jack Boothby donne le ton lors d'une réception d'avant-tournoi. « Vous portez les mêmes couleurs que Middlesbrough, nous serons derrière vous »[34], annonce l'édile, qui prend l'initiative de faire flotter le drapeau national de ses invités sur l'Hôtel de Ville. Ce ne sont pas des paroles en l'air. Tout le Teesside va s'enticher des petits hommes en rouge. « Cette arrivée en Angleterre, c'était comme la découverte d'un nouveau monde, racontera le défenseur Rim Jung-song[35]. Tout ce qu'on savait, c'est que pendant la guerre des années 1950, l'Angleterre

34. *The Northern Echo*, 6 juillet 1966.
35. Entretien à *L'Équipe*, 3 juillet 2014.

était l'alliée des États-Unis, c'était donc un pays ennemi. Une fois sur place, notre opinion a évolué en voyant l'attitude des gens. Des femmes de chambre aux gens du stade, tout le monde s'est tout de suite montré sympathique. Nous ne parvenions pas à comprendre pourquoi ils se comportaient ainsi. » Bernard Gent a assisté au phénomène de près. Celui qui fut speaker à Ayresome Park pendant des années est embauché cet été-là pour leur servir d'attaché de presse. Le nonagénaire n'a pas oublié « ces garçons timides, qu'il était toutefois facile d'aborder »[36] même si les échanges sont limités par la langue. Selon lui, la relation inattendue qui s'est créée tient à un ensemble de raisons : « Il y avait le côté *underdog* qui suscitait de l'affection, le fait qu'ils avaient des maillots rouges comme nous a vraiment compté même si ça peut sembler anodin. Mais je pense que l'élément qui fait basculer les choses a été l'égalisation contre le Chili, c'était un moment extrêmement fort dans les tribunes. » À la 88e minute de ce deuxième match de poule, la reprise de volée du capitaine Park Seung-zin sauve son équipe d'une élimination et déclenche une liesse folle. « Middlesbrough venait de descendre en troisième division pour la première fois de son histoire, reprend Gent. On n'était plus habitués à voir de bons résultats (*sourire*) alors toute la population s'est mise à les soutenir, c'est devenu "notre" équipe. Cela renforcé par le fait que c'était un honneur pour la région d'accueillir un tel évènement, on y mettait d'autant plus d'enthousiasme. »

À la surprise générale, la Corée du Nord va donc jouer sa qualification lors du dernier match de poule contre

36. Entretien avec l'auteur, juin 2022.

l'Italie. Le défi est immense. Avec ses stars, Rivera, Mazzola, Facchetti, la Nazionale est un des favoris du tournoi. De nouveau, le public de Middlesbrough prend fait et cause pour ses protégés. En début de rencontre, le gardien Li Chan-myung signe plusieurs parades d'exception, annonçant le séisme qui se prépare. L'ambiance monte d'un ton à la demi-heure de jeu, avec la blessure du capitaine transalpin Giacomo Bulgarelli. Réduite à dix, les remplacements étant alors encore interdits, l'Italie accuse le coup et la foule pousse. « Ce stade n'a pas connu une telle ambiance depuis des années », s'exalte le commentateur de la BBC. À la 42e minute, sur un renvoi mal ajusté de la défense, Pak Do-ik trompe Enrico Albertosi d'une demi-volée croisée. Abattus, les joueurs d'Edmondo Fabbri ne reviendront pas. La plus grande surprise de l'histoire de la Coupe du monde vient d'avoir lieu. « La foule de Middlesbrough soutenait ses nouveaux héros, "*KO-RE-A, KO-RE-A*", noyant les cris déclinants de "*IT-AL-IA, IT-AL-IA*", et à la fin du match, on aurait pu penser que Middlesbrough avait gagné la Coupe d'Angleterre », écrit l'envoyé spécial du *Guardian*. Le défenseur italien Franco Janich, qui parlera de « traumatisme », ne remettra jamais les pieds en sélection. Touchée dans son orgueil, pointée du doigt par des parlementaires qui réclament une riposte, la Fédération transalpine décidera d'interdire le recrutement de joueurs étrangers dans son Championnat jusqu'en 1980.

Pour le petit Poucet, la belle histoire continue. En cette *World Cup* où l'on regrette le manque de spectacle – même Stanley Rous, président de la FIFA, s'interroge sur l'avenir du foot si le jeu continue dans cette voie –, alors que le *catenaccio* d'Helenio Herrera domine l'Europe des clubs, le style nord-coréen est une bouffée d'air frais. Une attaque à tout-va, basée sur la vitesse et les projections en nombre. Une capacité aussi à répéter ces efforts inlassablement, de la première à la dernière minute. Le résultat d'une préparation extrêmement rigoureuse, avec au menu courses dans le sable, en montagne, footings de plusieurs kilomètres avec des sacs de sable attachés au pied… Dans son autobiographie, Sir Bobby Charlton leur rendra hommage : « L'impact des Nord-Coréens sur le tournoi fut sensationnel, mais pas totalement imprévisible. Stan Ackerley, un gars de Manchester qui avait évolué dans les équipes de jeunes de United, fut autorisé à jouer pour l'Australie et il avait affronté les Nord-Coréens lors des éliminatoires. Il se souvenait les avoir vus, depuis sa chambre d'hôtel, courir à six heures du matin à travers les collines environnantes dans ce qui s'apparentait à une folie. »

Cette générosité sans calcul concourt à leur popularité, mais leur coûtera cher en quarts de finale. Face au Portugal, le 23 juillet à Liverpool, tout commence pourtant comme dans un rêve. Poussés par le public où 1 000 à 3 000 fidèles ont fait le déplacement depuis Middlesbrough, ils vont mener 3-0 avant d'être soufflés par la tornade Eusebio, auteur d'un étourdissant quadruplé pour lancer la révolte portugaise (5-3). « Dans le staff qui avait fait le voyage en Angleterre, nous étions quatre coaches, mais aucun d'entre nous ne s'occupait du travail défensif. Pour nous, la seule façon de gagner un match était d'aller de l'avant et de mettre plus de buts que l'adversaire », confiera le sélectionneur, Muyng Rye-hyun, dans une interview publiée par *L'Équipe* en 2014.

Après leur élimination, les héros de Middlesbrough sont retournés dans leur pays et dans l'inconnu. Pendant des décennies, le reste du monde n'a plus entendu parler d'eux, ouvrant la porte à toutes les rumeurs, comme celle qui a envoyé certains d'entre eux en camp de redressement pour avoir prétendument un peu trop fêté la victoire contre l'Italie. Kang Chol-hwan, un prisonnier nord-coréen qui a fui le pays et livré son terrifiant témoignage dans plusieurs ouvrages, assure avoir rencontré Pak Seung-jin, buteur contre le Chili et le Portugal, dans le camp de Yodok à la fin des années 1980. Il faudra attendre le XXIe siècle pour avoir des nouvelles. Dans la foulée de l'ouverture de relations diplomatiques entre le Royaume-Uni et la Corée du Nord le 12 décembre 2000, Dan Gordon et Nick Bronner parviennent à tourner un documentaire avec les survivants de l'épopée de 1966, *The Game of their lives.* On retrouve le petit groupe à Pyongyang, avant de les suivre pour un nouveau voyage en Angleterre, trente-cinq ans après, où l'accueil est des plus chaleureux. L'occasion de s'apercevoir qu'ils n'ont pas été oubliés et de mesurer, au gré d'une réception à la Chambre des Communes, combien les choses ont changé. « Le foot, ce n'est pas qu'une histoire de victoire, observe alors Pak Doo-ik. Partout où l'on va, jouer au foot peut améliorer les relations diplomatiques et œuvrer pour la paix. » Bernard Gent observe : « Ça fait partie de l'histoire de Middlesbrough. » Et pas seulement. L'héritage le plus inattendu est intervenu au Mondial 2002. Lors du huitième de finale contre l'Italie, les supporters de Corée du Sud ont affiché dans les tribunes un tifo géant « Again 1966 » (« Encore 1966 »), bâtissant un pont au-dessus du 38e parallèle et d'un demi-siècle de division.

La vraie fausse « guerre du football »

Éliminatoires Coupe du monde au Mexique. IXe édition (1970)

Salvador - Honduras 1-0 ; 0-3 ; 3-2 a.p.
8, 15 et 27 juin 1969 - Tegucigalpa,
San Salvador et Mexico
Qualifications zone CONCACAF

Au Salvador, on l'appelle la « guerre de la Légitime défense ». Au Honduras, la « guerre des Cent heures ». Mais dans le reste du monde, elle est passée à la postérité comme la « guerre du football ». Un slogan abusif, mais accrocheur. C'était d'ailleurs l'effet recherché par Ryszard Kapuściński lorsqu'il titra ainsi un de ses recueils de chroniques[37]. Le grand reporter polonais, témoin de tant d'évènements historiques du XXe siècle, concluait son long récit consacré à ce conflit éclair entre les deux pays voisins d'Amérique Centrale, à la fin des années 1960, par ces mots : « Les deux gouvernements sont satisfaits de cette guerre, car, pendant quelques jours, le Honduras et le Salvador ont la vedette. Les petits pays du tiers-monde, du quart-monde et autres n'ont de chance d'attirer la presse internationale qu'en faisant couler le sang. C'est triste à dire, mais c'est ainsi. »

37. Ryszard Kapuściński, *La guerre du foot*, Plon, 2003. Initialement publié à Varsovie sous le titre *Wojna futbolowa*, éditions Czytelnik, 1978.

De football, il est bien question. Mais de manière accidentelle, par un hasard du calendrier. Réceptacle habituel des sentiments identitaires de tous bords, de la communion bon enfant au nationalisme exacerbé, le ballon rond a servi de catalyseur pour embraser une crise qui couvait sur cette bande de terre coincée entre le Guatemala et le Nicaragua. En ce mois de juin 1969, le Honduras et le Salvador s'affrontent en demi-finales des qualifications de la zone CONCACAF (Amérique du Nord et Centrale). Le match aller se déroule le 8 juin à Tegucigalpa, capitale du premier nommé. La veille, les supporters honduriens sont venus faire un raffut d'enfer devant l'établissement où est installée la sélection salvadorienne. « Beaucoup de gens étaient venus dans la rue de notre hôtel, et sont restés là jusqu'à une heure avancée de la nuit, se souvient encore Salvador Mariona, le capitaine salvadorien. Ils jouaient de la musique, ils criaient, les voitures klaxonnaient en continu, il n'y avait aucun doute qu'ils s'appliquaient à faire beaucoup de bruit pour nous empêcher de dormir. Mais ça n'est pas allé plus loin. »[38] Exténuée, l'équipe visiteuse s'incline néanmoins sur le fil (0-1), sur un but de Leonard Wells.

Qu'à cela ne tienne, une semaine plus tard pour le match retour, on reprend les mêmes et on inverse les rôles à San Salvador. Arrivés sur place deux jours avant la rencontre, les Honduriens et leur vedette José Cardona, attaquant de l'Atlético de Madrid, passent une première nuit à l'hôtel aussi blanche qu'angoissante. Vitres caillassées, jets d'œufs pourris, de rats morts et même d'une bombe artisanale.

38. Entretien avec l'auteur, juillet 2022.

Le bureau de Poste attenant est incendié. Ils se réfugient dans les étages supérieurs, redoutant que le bâtiment soit pris d'assaut. Le lendemain, ils sont exfiltrés par petits groupes chez des compatriotes installés dans la ville. Le jour du match, c'est dans des blindés de la Ire division mécanique du Salvador qu'ils rejoignent le stade Flor Blanca. À l'issue de 90 minutes d'inquiétude conclues par une sévère déculottée 3-0, ils fileront directement vers l'aéroport dans les mêmes véhicules. Les Honduriens n'ont même pas fait illusion dans une ambiance incandescente où leur drapeau est brûlé dans les tribunes. « On a eu terriblement de chance de perdre », réagit à chaud leur sélectionneur Mario Griffin[39], surtout préoccupé de rentrer chez lui entier. Une victoire partout : comme le veut le règlement de l'époque, il faudra jouer un match d'appui.

La nuit qui suit est marquée par de terribles violences dans les rues de San Salvador. Agressions envers des supporters honduriens, rixes, nombreux blessés et même deux morts salvadoriens au milieu de la confusion. La frontière entre les deux pays est fermée à la hâte. Car le déchaînement est identique de l'autre côté : à Tegucigalpa, des magasins tenus par des Salvadoriens sont saccagés, des voitures trahies par leurs plaques d'immatriculation sont embrasées. Les jours qui suivent, la presse se déchaîne avec des relents ouvertement xénophobes. L'escalade prend vite un tour politique et diplomatique. Le 19 juin, le ministre des Affaires étrangères du Honduras, Tiburcio Carias Castillo, écrit un courrier à son homologue salvadorien, Francisco José Guerrero, pour dénoncer les « sérieux incidents » dont

39. Cristóbal Villalobos Salas, *Fútbol y fascismo*, Altamarea, 2020.

ont été l'objet les ressortissants de son pays en marge du match du 15 juin. Au même moment, Guerrero adresse lui aussi une note à Castillo pour déplorer la « violence massive et disproportionnée » sur les Salvadoriens vivant au Honduras.

Depuis plusieurs semaines, les autorités honduriennes coordonnent l'expulsion de centaines de familles salvadoriennes. Des paysans installés là de longue date, pour la plupart de manière illégale, venus chercher les terres qu'ils ne trouvent pas dans leur pays. Plus petit État d'Amérique centrale (environ 21 000 km², soit un peu moins que la Sardaigne), le Salvador et ses 3,5 millions d'habitants souffrent d'un insoluble manque d'espace. Cela a poussé nombre d'entre eux à traverser la frontière pour squatter et exploiter les innombrables terrains inutilisés au Honduras, près de six fois plus vaste (112 000 km²) pour une population inférieure (2,6 millions). À la fin des années 1960, ils sont ainsi environ 300 000 Salvadoriens établis dans le pays limitrophe. Dans le même temps, le Honduras est de plus en plus contrarié par le Marché commun centraméricain créé au début de la décennie. Il estime que cette zone de libre-échange profite essentiellement à son voisin.

Face au risque d'une crise sociale, mais aussi à la crainte d'être renversé, le contesté Osvaldo Lopez Arellano prend les devants. Au printemps 1969, le président hondurien décide subitement d'appliquer une loi sur la réforme agraire, votée en 1962, mais jamais mise en œuvre. Ce texte est supposé aider les petits propriétaires terriens face aux grands groupes, comme la multinationale américaine United Fruit qui règne en maître sur la culture de bananes, en favorisant la distribution de terres à des paysans du pays. L'objectif est aussi d'apporter une réponse, opportuniste, à ce que la classe politique présente comme une menace de « colonisation », les Salvadoriens sans papiers représentant plus de 10% de la population. L'article 68 de cette loi réserve ainsi l'attribution de terres par l'État aux « Honduriens de naissance », mais prévoit aussi d'exproprier tout occupant ne possédant pas de titre de propriété. Le 7 juin, soit la veille du premier match entre les deux pays, plusieurs centaines de familles sont renvoyées au Salvador.

Le rythme va considérablement s'accélérer tout au long des mois de juin et juillet, avec le concours de milices civiles (comme la redoutable « Mancha Brava ») qui participent à ces expulsions manu militari sous l'œil complice de la police. Des hommes de main chauffés par le climat de plus en plus délétère et anti-immigrés. « Pendant ces semaines, les émissions de radio et les journaux des deux pays ont fait un travail vraiment diabolique en encourageant la haine », observe dans son autobiographie le prêtre Guadalupe Carney, un missionnaire américain naturalisé hondurien[40]. Dans ce contexte, chaque partie de foot entre les deux pays est présentée comme un combat pour la patrie, un terreau idéal pour la propagande. Dans son ouvrage, Kapuściński cite ainsi un journal salvadorien pour narrer le suicide d'une jeune fille de 18 ans, Amelia Bolanios, qui se serait précipitée dans le bureau de son père pour retourner son revolver contre elle, juste après la défaite du Salvador lors du premier match. S'en seraient suivies des

40. Guadalupe Carney, *Solo diganme Lupe. Autobiografia del Padre Guadalupe Carney, sacerdote de los pobres*, Communication Center, 1985.

obsèques nationales, retransmises en direct à la télévision, avec la sélection au grand complet unie derrière le cercueil. Une histoire saisissante, mais introuvable dans le reste de la presse. « Cette jeune femme était morte dans des circonstances très différentes, rien d'aussi violent, et surtout qui n'avaient rien à avoir avec le match », déplore Salvador Mariona, qui avoue : « La mort d'une fille de 18 ans est toujours tragique, mais je ne sais même plus si des représentants de l'équipe étaient présents à son enterrement. »

Ce qui est incontestable, en revanche, c'est l'hostilité féroce qui se déchaîne. « Au lendemain [du deuxième match, le 15 juin], le règne de la terreur a commencé dans tous les villages à l'encontre des milliers de paysans salvadoriens, consigne l'abbé Carney dans son livre. La Mancha Brava, avec les autorités locales, a volé, battu et menacé la vie des Salvadoriens dans presque tous les villages. » L'homme de foi raconte les scènes dont il a été le témoin par dizaines : brimades, pillages, viols, sommations de « quitter le territoire ou mourir ». Selon lui, « plus de 25 000 » Salvadoriens ont fui le Honduras « entre le 17 juin et le 14 juillet ». Il y en aura bien plus au final : le ministère de l'Intérieur du Salvador fera état en novembre 1969 de 42 500 expulsions sur l'année, sans négliger toutes celles passées à travers les comptages officiels - les spécialistes estiment le nombre total entre 60 000 et 130 000. Cet afflux imprévu provoque de vives inquiétudes à San Salvador, où la majorité des terres sont aux mains des « 14 familles », une oligarchie qui s'est partagé les *latifundia*[41] du pays depuis le XIXe siècle,

41. Vastes domaines agricoles qui se caractérisent par une culture archaïque et un rendement souvent faible.

notamment pour la culture du café. Comment intégrer ces dizaines de milliers de paysans de retour forcé, sans remettre en cause cette répartition historiquement inégalitaire des terres ? La révolte paysanne de 1932, violemment réprimée avec 24 000 morts en quelques jours selon un décompte officiel, est encore dans toutes les mémoires.

Le président de la République, le général Fidel Sanchez Hernandez, a senti le danger. Le 24 juin, alors que l'Assemblée législative salvadorienne vote à l'unanimité une motion pour dénoncer « la violation des Droits de l'Homme et de la dignité nationale de la part du gouvernement du Honduras », le militaire interpelle l'Organisation des États américains (OEA). Il demande l'ouverture d'une enquête par la Commission interaméricaine des Droits de l'Homme, la priant de venir constater le « génocide » en cours. Ladite Commission jugera une telle appellation infondée, mais l'OEA dépêche sur place des émissaires du Guatemala, du Nicaragua et du Costa Rica pour tenter de circonscrire le feu. Le 26 juin, le Salvador rompt en effet ses relations diplomatiques avec son voisin, « compte tenu des graves incidents qui se sont produits et continuent de se produire dans votre République, à savoir meurtres, agressions, viols, pillage, persécution et expulsions à grande échelle », précise le ministre des Affaires étrangères à son homologue hondurien.

Le lendemain, 27 juin, se tient le match d'appui entre les deux pays, sur terrain neutre. Les candidats pour accueillir cette affiche explosive ne sont pas légion. Le Guatemala et le Costa Rica ont décliné. C'est finalement le Mexique qui accepte. Dans le stade Azteca qui recevra le Mondial un an plus tard, le Salvador arrache la victoire grâce à un but de

Mauricio « Pipo » Rodriguez en prolongation (3-2 a.p.). « Les supporters du Honduras sont placés d'un côté du stade, les supporters du Salvador de l'autre, séparés au milieu par 5 000 policiers mexicains armés de grosses matraques, écrit Kapuściński. Le foot contribue à enflammer, dans les deux pays, les humeurs hystériquement chauvines et patriotiques dont tout pouvoir oligarchique a besoin pour déclencher une guerre et renforcer son autorité. » À leur retour au pays, les vainqueurs sont fêtés par des centaines de supporters à l'aéroport d'Ilopango. Ils sont aussitôt reçus au palais présidentiel par Sanchez Hernandez, accompagné de son ministre de la Défense. « Vous représentez le courage, le patriotisme et la dignité du peuple salvadorien, s'enflamme le chef d'État[42]. J'étais certain qu'aucun d'entre vous, là-bas au Mexique, n'oublierait la tragédie que vivent les Salvadoriens au Honduras. Notre douleur est adoucie par ce triomphe historique. »

La confrontation sur le terrain sportif est terminée, mais cela ne stoppe pas la crise en marche. Début juillet, la tension est de plus en plus forte le long de la frontière. Plusieurs incidents éclatent, des forces salvadoriennes prennent position. Très discrets jusque-là dans cette région qu'ils considèrent pourtant comme leur arrière-cour, les États-Unis interviennent enfin du bout des lèvres. Le 9 juillet, dans un mémo pour Richard Nixon où il souligne « le danger que ça dégénère en conflit armé », le conseiller à la sécurité nationale Henry Kissinger suggère au président américain d'envoyer un message aux deux chefs d'État pour

42. *El Diario de Hoy*. 30 juin 1969. Cité par Chester Urbina Gaitán, « Militares, utilización política y nacionalismo. El Salvador y la guerra del fútbol de 1969 », in *EFDeportes.com*, revue numérique, XIV, n°137, 2009.

appeler à une résolution pacifique de leur différend, tout en privilégiant de s'en remettre aux tentatives de médiation des organisations centraméricaines telle l'OEA[43]. Le strict minimum, en somme. Il faut dire qu'en cet été 1969, la Maison Blanche a plutôt les yeux rivés vers le ciel, la mission Apollo 11 s'apprêtant à réussir le premier alunissage de l'histoire de l'humanité. Par ailleurs, sept ans après la crise des missiles de Cuba et alors que la tentation communiste plane sur toute l'Amérique latine, la première puissance mondiale ne veut pas prendre parti et risquer de s'aliéner un des deux pays, fragilement tenus par des régimes militaires.

Le 14 juillet, peu après 18 heures, le Salvador lance les hostilités sans prévenir. Il envoie cinq FG-1D Corsair et quatre Mustang F-51 bombarder l'aéroport Toncontin de Tegucigalpa et celui de La Mesa à San Perdo Sula, deux lieux stratégiques du commandement hondurien. Dans le même temps, ses troupes terrestres franchissent la frontière et s'enfoncent dans le territoire ennemi. La guerre des Cent heures vient de commencer – trois semaines après leur dernière opposition balle au pied donc, contrairement à une légende tenace selon laquelle les combats auraient démarré au lendemain du match. Elle met aux prises deux armées de quelques milliers de soldats tout au plus, équipées d'engins aériens vieillissants de la Seconde Guerre mondiale. Parce qu'il n'a pas vraiment le choix, le Salvador a misé sur une attaque express, sur le modèle d'Israël pendant la guerre des Six Jours en 1967. Moins puissant et moins bien organisé, le Honduras tarde à répliquer, mais

43. Memo de Henry Kissinger à Richard Nixon, 9 juillet 1969. National Archives, Nixon Presidential Materials, NSC Files, Box 786, Country Files, Latin America, Honduras-Salvador Dispute.

atteint des cibles douloureuses pour son rival (réserves de carburant et de munitions). Finalement, le conflit s'arrêtera au bout de quatre jours, laissant le curieux sentiment qu'il visait davantage à affermir le pouvoir des dirigeants en place qu'à assouvir de quelconques visées territoriales. Suffisant, toutefois, pour faire 2 000 à 6 000 morts et plus de 15 000 blessés.

Avec retard, les efforts de l'OEA ont fini par porter leurs fruits. L'organisation négocie un cessez-le-feu pour le 18 juillet à partir de 22 heures. Mais le Salvador refuse de retirer ses troupes. Il faut une réunion de crise à Washington entre les différents ministères des Affaires étrangères de l'hémisphère Nord et la menace de sanctions économiques pour que Fidel Sanchez Hernandez rappelle ses hommes, un retrait achevé le 3 août. La tension restera vivace entre les deux pays, qui signeront un traité de paix le 30 octobre… 1980. Un mois plus tard, les deux sélections disputeront leur premier match l'un contre l'autre depuis 1969, comme si le foot ne devait être jamais loin dans la symbolique.

Au fil des trois parties de l'été 1969, pourtant, l'affrontement sur le terrain n'a pas versé dans le combat. « À aucun moment il n'y a eu de violence sur la pelouse, que ce soit de notre côté ou du leur, assure Salvador Mariona. Après le match à Mexico, on nous a impliqués dans ce conflit alors qu'on n'avait rien contre le Honduras. On n'avait pas la plus petite rancœur envers leurs joueurs, au contraire. Beaucoup d'entre nous nous connaissions et étions très amis, alors on ne voyait pas pourquoi on aurait dû adopter un état d'esprit belliqueux ou se mettre à donner des coups. Tout s'est joué à la régulière, et dans le strict cadre du football. » L'ancien défenseur en veut pour preuve les réactions à l'issue du match d'appui. « J'ai donné l'accolade et consolé tous les compagnons honduriens, car certains étaient en larmes, d'autres s'étaient écroulés de peine sur la pelouse, relate-t-il. Eux comme nous jouions pour une chose précise : devenir la première nation d'Amérique centrale à disputer une Coupe du monde. On jouait pour l'histoire, mais sportive. »

Après avoir écarté le Honduras, les Salvadoriens s'imposent en finale de ces qualifications de la zone CONCACAF contre Haïti, en faisant de nouveau la décision lors d'un match d'appui (2-1 ; 0-3 ; 1-0 a.p.). Au Mondial mexicain, ils seront sortis dès le premier tour sans inscrire le moindre but (0-3 face à la Belgique, 0-4 devant le Mexique, 0-2 contre l'URSS). Mais cet épisode est resté gravé en eux. Unis à jamais dans cette malnommée « guerre du football ». « C'était une appellation complètement erronée, regrette Mariona. Les raisons de cette guerre n'avaient rien à voir avec le foot et nous n'avons eu aucune responsabilité dans ces évènements. D'ailleurs, à aucun moment les autorités politiques ou sportives ne sont intervenues pour nous mettre la pression ou pour essayer de nous stimuler davantage en nous promettant une prime en cas de victoire. » Depuis un quart de siècle, en dépit des tensions persistantes entre leurs dirigeants (le différend sur la frontière entre les deux pays ne fut tranché qu'en 1992 par la Cour internationale de Justice de La Haye), les internationaux honduriens et salvadoriens de 1969 ont conservé des liens d'amitié. En 2001, après un dramatique tremblement de terre qui avait frappé le Salvador, ils avaient répondu présent pour une série de matches de bienfaisance afin de récolter des fonds.

Un but fantoche parmi les spectres de Santiago

Éliminatoires Coupe du monde en RFA. X^e^ édition (1974)

Chili - URSS 2-0 par forfait
21 novembre 1973 - Santiago
Barrage intercontinental retour

Halo spectral, une lueur blafarde jaunâtre éclaire, les soirs de match, un rectangle de béton planté au pied du virage nord de l'Estadio Nacional de Santiago. Ce pan de tribune gris comme laissé à l'abandon juste derrière le but, tranche avec les quelque 48 000 sièges rouge vif et la piste d'athlétisme bleu azur qui bordent la pelouse de l'antre de la sélection nationale chilienne. Un grillage de près de deux mètres de haut et des vitres en plexiglas transparent interdisent aux spectateurs l'accès à cette quinzaine de gradins condamnés, couverts de planches fendues de bois vermoulu. Au-dessus du vétuste escalier frappé du chiffre 8, dont la peinture n'en finit pas de craqueler, sur un muret anciennement blanc, délavé et rongé par la rouille, est gravée une phrase en lettres majuscules noires. Ou plutôt un cri : *« UN PUEBLO SIN MEMORIA ES UN PUEBLO SIN FUTURO »* (« UN PEUPLE SANS MÉMOIRE EST UN PEUPLE SANS AVENIR »). Plaie béante à ciel ouvert, ce « Secteur 8 » est sanctuarisé.

En hommage aux près de 40 000 personnes qui furent détenues, torturées et, pour plusieurs centaines d'entre elles – leur nombre est à jamais inconnu –, exécutées dans l'enceinte par la junte militaire au pouvoir[44], entre le 11 septembre et la mi-novembre 1973. Habité par les fantômes des victimes du régime dictatorial d'Augusto Pinochet, le stade reste également hanté par un but fantoche.

Le 21 novembre 1973, deux mois après avoir décroché un match nul (0-0) à Moscou en barrage aller de qualification pour la Coupe du monde 1974, le Chili doit recevoir l'URSS, finaliste de l'Euro 1972, à l'Estadio Nacional. La Roja donne le coup d'envoi. Dix-sept secondes lui suffisent pour ouvrir la marque, après que son quatuor offensif a remonté le terrain au petit trot, en dix passes. Trouvé au cœur de la surface, le capitaine Francisco Valdes, libre de tout marquage, contrôle, enchaîne deux touches de balle jusqu'à la ligne de but et catapulte le ballon au fond des filets d'une lourde frappe du droit (1-0).

En dépit d'un hors-jeu flagrant, les joueurs soviétiques ne protestent pas. Pour la simple et bonne raison qu'ils ne sont pas sur la pelouse, mais à plusieurs milliers de kilomètres de là. Bien que l'équipe de l'URSS soit en tournée en Amérique du Sud, leur fédération a refusé de faire le déplacement au Chili. Faute d'adversaire pour réengager, l'arbitre chilien Rafael Hormazabal siffle la fin de ce simulacre, que l'écrivain uruguayen Eduardo Galeano qualifiera de « match

44. Selon les différents rapports sur les violations des Droits de l'homme commises sous la dictature de Pinochet (11 septembre 1973 – 11 mars 1990), plus de 38 000 personnes ont été torturées et près de 3 200 ont été tuées ou portées disparues.

le plus pathétique de l'histoire du football». Troisième de «sa» Coupe du monde en 1962 après avoir dominé la Yougoslavie (1-0) en petite finale dans ce même stade, le Chili, éliminé au premier tour en Angleterre en 1966 et non qualifié pour la phase finale au Mexique en 1970, sera donc du voyage en République fédérale d'Allemagne (RFA). Sans avoir vraiment eu à combattre.

Pourtant, à l'été 1973, rien ne laissait augurer une telle mascarade. Le 5 août, en battant le Pérou (2-1) en match d'appui du groupe 3 de la zone Amsud, la Roja rejoint en barrage intercontinental l'URSS, première du groupe 9 de la zone Europe grâce à son succès face à la France (2-0), le 26 mai. L'ambiance est alors au beau fixe entre les futurs adversaires, deux pays amis, quasi-frères : le Chili du socialiste Salvador Allende, chef du gouvernement démocratiquement élu de la coalition de gauche Unité populaire en 1970, est alors, avec le régime castriste de Cuba, le plus fidèle allié de l'URSS en Amérique latine.

Le match aller est programmé à Moscou le 26 septembre; le retour à Santiago le 21novembre. Le 11 septembre, les joueurs de la sélection chilienne ont rendez-vous au centre d'entraînement Juan Pinto Duran, à Santiago, pour récupérer leur paquetage avant de s'envoler le soir-même vers l'Europe où la Fédération a programmé plusieurs matches de préparation. Mais ce vol de nuit sera annulé. Ce jour-là, au petit matin, des hurlements d'avions de chasse Hawker Hunters déchirent le ciel de la capitale chilienne. Allende est victime d'un coup d'État militaire fomenté par le général Pinochet. Retranché au palais de La Moneda bombardé par l'armée, le président chilien de 65 ans se suicide, selon la version officielle[45].

Dans les rues, la répression est féroce : l'armée procède à des milliers d'arrestations arbitraires. Communistes, socialistes, sympathisants de gauche, opposants au nouveau régime ou soupçonnés comme tels sont parqués par milliers à l'Estadio Nacional, entassés dans les gradins et les entrailles du stade. Les vestiaires sont convertis en cellules et salles de tortures, des exécutions sommaires sont rapportées.

Les joueurs, qui se sont présentés au centre d'entraînement Juan Pinto Duran situé à dix kilomètres de La Modena, sont invités à rentrer prestement chez eux. « On nous a donné notre équipement et un sac blanc sur lequel était inscrit en lettres noires "Équipe nationale de football du Chili" », témoigne le capitaine Francisco Valdés (décédé en 2009) dans le livre d'Axel Pickett, *El Partido de los valientes*, laissant entendre que ce sauf-conduit de fortune leur avait probablement sauvé la vie. « Nous entendions des coups de feu et nous étions régulièrement arrêtés à des checkpoints militaires, où les soldats nous hurlaient dessus en nous braquant leur arme sous le nez, poursuit le milieu offensif de Colo Colo. J'ai dû leur montrer le sac et leur dire : "Hé, je suis Chamaco Valdès de l'équipe du Chili !" » Soutien affiché d'Allende, le milieu de terrain Leonardo Véliz reste cloîtré chez lui pendant trois jours, avant de découvrir l'ampleur du massacre et « les cadavres dans les rues ».

La junte ayant cadenassé les frontières et interdit à ses ressortissants de quitter le pays, la sélection chilienne est

45. Reconnue par la famille de Salvador Allende, la thèse du suicide a été validée en 2012 par la justice chilienne après une expertise médicale de la dépouille du dirigeant socialiste, exhumée en mai 2011.

clouée au sol. Mais, après quelques jours d'atermoiements, elle obtient finalement le feu vert des autorités militaires, grâce aux relations de son soigneur Jacobo Helo. Également médecin personnel du général Gustavo Leigh, chef des forces aériennes de la junte, il a convaincu le galonné que la Roja pouvait être un instrument de propagande efficace pour glorifier l'image du nouveau régime à l'international.

Sommés de garder le silence sur la situation politique intérieure sous peine de représailles à peine voilées envers leurs familles, les footballeurs chiliens décollent, le 15 septembre au soir, du petit aéroport de Los Cerrillos, « car l'aéroport principal avait été fermé par les militaires, se souvient Leonardo Véliz. L'avion devait rapidement prendre de l'altitude car on redoutait d'être abattus par des francs-tireurs. Avant d'embarquer, les militaires ont vérifié nos affaires. J'avais pris le risque d'emporter dans mes bagages ma musique préférée, des artistes marqués à gauche, comme le groupe Quilapayun, Patricio Manns ou Victor Jara qu'on écoutait dans les *peñas* folkloriques où se réunissaient des sympathisants de Salvador Allende. J'ai eu la chance qu'ils ne tombent pas sur ces cassettes. »[46] Victor Jara aura moins de chance. Barricadé avec des étudiants à l'Université technique de Santiago le 11 septembre, l'artiste communiste est arrêté le lendemain. Reconnu par des soldats, il est roué de coups et torturé. Son cadavre défiguré et criblé de balles sera retrouvé dans un terrain vague quelques jours plus tard, les mains broyées.

Loin des leurs et coupés des nouvelles de leur pays, les joueurs chiliens, après plusieurs escales et deux victoires

46. Entretien avec l'auteur, juin 2022.

en matches de préparation contre une sélection aztèque (2-1) au Mexique et le club de Neuchâtel Xamax (1-0) en Suisse, atterrissent à l'aéroport Cheremetievo de Moscou, le 24 septembre. La peur au ventre. Alors que l'URSS vient de rompre ses relations diplomatiques avec le Chili, ils craignent pour la vie de leurs proches et redoutent d'être retenus en otages et de servir de monnaie d'échange contre la libération de prisonniers politiques détenus au Chili.

En réalité, ils sont surtout retenus une bonne partie de la nuit à l'aéroport moscovite par les services de l'immigration. Tatillons, les zélés douaniers soviétiques épluchent la paperasse et cherchent des poux dans la tignasse du défenseur Elias Figueroa et dans les poils de la moustache touffue de Carlos Caszely. « On ne ressemblait soi-disant pas aux photos de nos passeports », sourit l'ancien attaquant de Colo Colo à la moustache grisonnante désormais plus clairsemée. « On a dû attendre plusieurs heures avant de pouvoir enfin quitter l'aéroport, complète Leonardo Véliz. À l'hôtel, on a été traités sans le moindre égard, le personnel ne faisait rien pour régler les problèmes de communication dus à la barrière de la langue. »

L'accueil est aussi glacial que la météo. Le 26 septembre, c'est sous –5 °C et les huées des 60 000 spectateurs d'un stade Lénine chauffé à blanc que les Chiliens, arc-boutés en défense, tiennent tête aux vice-champions d'Europe en titre (0-0) emmenés par le futur Ballon d'Or 1975, Oleg Blokhine. Seul journaliste chilien présent, Hugo Gasc, du très droitier quotidien *El Mercurio,* écrira que l'arbitre brésilien Armando Marques, « un anticommuniste enragé (…) nous a considérablement aidés ». L'homme en noir fit notamment preuve d'une grande mansuétude envers

Elias Figueroa, défenseur central de l'Internacional Porto Alegre, qu'il avait l'habitude de côtoyer sur les terrains du Championnat du Brésil. « En tant que Sud-Américain, l'arbitre a été soupçonné de nous avoir avantagés, mais pas du tout », réfute catégoriquement Caszely.

El Mercurio salue un « match nul triomphal » qui présage une seconde manche incertaine et explosive, le 21 novembre, à l'Estadio Nacional. Avant leur retour, les Chiliens ont droit à un aperçu des protestations qui commencent à s'élever dans le monde pour dénoncer les exactions du régime de Pinochet, notamment en Europe. Persona non grata en Italie où l'Inter Milan a argué de « raisons politiques » pour annuler un match amical prévu contre la Roja, le Chili fait un crochet par la France pour jouer contre le Paris FC de Jean Djorkaeff au Parc des Princes. Le 29 septembre, le club parisien étrille la formation entraînée par Luis Alamaos (5-0), grâce à un quintuplé de François Félix devant une assemblée de 5 000 spectateurs, modeste, mais bruyante, notamment « dans le virage Auteuil [où] une poignée de manifestants clament, banderoles à l'appui, leur hostilité au nouveau régime chilien », relate *L'Équipe* du 1er octobre 1973.

Reçus en grande pompe par le ministre de la Défense nationale, le vice-amiral Patricio Carvajal, à Santiago, les joueurs de la Roja découvrent, derrière les discours officiels, la réalité sordide. Inquiet de ne pas avoir de nouvelles d'un de ses oncles, propriétaire d'une usine de métallurgie, « disparu » depuis plusieurs jours, Leonardo Véliz apprend ainsi qu'il est détenu à l'Estadio Nacional. « J'ai traîné autour du stade pour tenter d'avoir de ses nouvelles, raconte-t-il. Des conscrits supporters de Colo Colo m'ont reconnu.

Grâce à eux, j'ai su qu'il était vivant. » Sain et sauf, son oncle sera libéré quelques jours plus tard.

Alors que la presse internationale se fait l'écho de la répression sanglante au Chili et rapporte avec force détails les crimes et actes de tortures commis à l'Estadio Nacional (brûlures de cigarette, électrocution des parties génitales, simulations d'exécution…), la Fédération soviétique exige, le 12 octobre, de jouer le match retour dans un pays neutre. En réponse, la FIFA maintient le match à Santiago, mais consent à y dépêcher une délégation, du 23 au 25 octobre, pour examiner si la situation sur place est compatible avec la tenue de la rencontre. « Si un seul prisonnier est détenu à l'Estadio Nacional, le match retour se disputera à Lima (Pérou), Buenos Aires (Argentine) ou Montevideo (Uruguay) », prévient l'instance internationale.

Durant leur séjour, le Brésilien Abilio D'Almeida et le Suisse Helmut Käser, respectivement vice-président et secrétaire général de la FIFA, encadrés par un quarteron de hauts gradés chiliens bedonnants, visitent l'Estadio Nacional au pas de charge. Flanqués du président de la Fédération chilienne, Francisco Fluxa, ils ne poussent pas bien loin leurs investigations, se bornant à vérifier les dimensions du terrain, l'état de la pelouse ou le bon écoulement de l'eau dans les douches… « Cela a duré dix minutes maximum. Il n'y avait pas de prisonniers politiques, parce qu'on les avait cachés », confiera, dans le documentaire *The Opposition*, Francisco Fluxa, en 2014, deux ans avant sa mort, un sourire glaçant aux lèvres. « Dès l'aube, personne ne put sortir et aller dans les gradins », témoignera en 2002 le père Enrique Moreno Laval (décédé en 2018), détenu durant 17 jours sous le « Secteur 4 » pour avoir aidé une famille à fuir le pays, dans le documentaire *Estadio Nacional.* « Toutefois, à travers les fentes, nous avons pu apercevoir ces gros messieurs qui traversaient le terrain et donnaient l'impression que tout était normal. »

Après avoir, sous bonne escorte, jeté un œil sur le centre-ville de Santiago et sur l'hôtel appelé à héberger la délégation soviétique, les émissaires de la FIFA tiennent une conférence de presse accorte, en présence du ministre de la Défense Carvajal, auquel ils offrent une épingle à cravate et une broche dorée siglée FIFA que le vice-amiral pourra ajouter à sa collection de breloques. « Nous avons trouvé que le cours de la vie était normal (…), les gens avaient l'air heureux et les magasins étaient ouverts », indiquent MM. D'Almeida et Käser, apportant leur pierre à la légitimation du régime de Pinochet.

En conclusion de leur rapport, ils estiment que le match retour pourra donc bien se jouer « dans des conditions normales et régulières », après avoir obtenu l'assurance des autorités chiliennes que l'Estadio Nacional, présenté comme un simple « centre d'orientation » où est vérifiée l'identité de dissidents présumés, sera rapidement évacué. Le 30 octobre, les soldats font place nette et exfiltrent discrètement les quelque mille sept cents prisonniers politiques encore retenus dans les coursives du stade pour les transférer dans différentes prisons de la capitale. Ce même jour, la junte publie un Livre blanc, dans laquelle elle accuse la presse internationale de déformer la réalité.

Circulez, il n'y a rien à voir. Le 2 novembre, le Comité d'organisation de la Coupe du monde de la FIFA confirme à une large majorité (15 voix pour, 3 contre et 3 abstentions) le stade de Santiago. La Fédération soviétique tonne contre un rapport « biaisé et partial ». Le lendemain, dans un câble adressé à la FIFA particulièrement virulent, elle dénonce « l'atmosphère sanglante de terrorisme et de répression qui règne au Chili » et réitère sa demande de jouer dans un pays tiers, arguant qu'« aucun sportif soviétique ne peut décemment jouer dans un stade souillé du sang des patriotes chiliens ».

Le 4 novembre, *El Mercurio*, exhibant le rapport de MM. D'Almeida et Käser comme un blanc-seing, trompète en une que « la FIFA informe le monde que la vie au Chili est normale ». Alors que les pays du CONMEBOL font bloc autour du Chili, les États satellites de l'URSS montent au créneau pour soutenir leur Grand Frère. Citée par David Goldblatt dans *The Ball is round*, la Fédération est-allemande ira même jusqu'à interpeller les dirigeants de la FIFA en leur demandant si elle aurait eu l'idée d'organiser des rencontres à Dachau…

Les positions entre les deux fédérations sont irréconciliables. Seule l'ultime médiation tentée par la FIFA les 9 et 10 novembre proposant comme point de chute alternatif une autre enceinte chilienne, l'Estadio Sausalito à Viña del Mar, fait consensus entre les deux pays : « *No !* », « *Niet!* » ; en bref, c'est non. Répondant à un ultimatum de la FIFA, la Fédération soviétique officialise son refus de faire le déplacement à l'Estadio Nacional dans un câble laconique, le 12 novembre : « Impossible de jouer un match au Chili stop ».

Si Leonardo Véliz admet que les Soviétiques avaient « de bonnes raisons de ne pas vouloir jouer dans une enceinte utilisée comme un camp de concentration où des prisonniers politiques avaient été torturés ou fusillés »,

« les considérations morales » avancées par l'URSS pour justifier son refus de jouer au Chili laissent encore sceptique son coéquipier Carlos Caszely. « Pour moi, ils avaient peur de se faire éliminer », estime l'attaquant de la Roja. Une hypothèse partagée par l'ancien défenseur soviétique Ievgueni Lovchev. « Si nous avions gagné largement à l'aller, nous serions sans doute allés au Chili », déclara-t-il en 2014 au site dailysports.ru, rappelant que les joueurs au maillot frappé CCCP n'avaient pas eu voix au chapitre. « Mais après le nul à Moscou, les dirigeants ont dû se dire qu'il y avait un risque de perdre à Santiago et n'ont pas voulu prendre le moindre risque, poursuit le défenseur du Spartak Moscou. En tant que joueurs, on nous a privés de l'opportunité de nous qualifier pour la Coupe du monde. C'était honteux. Mais nous étions des simples pions. On nous a dit que le Politburo avait décidé de refuser de participer au barrage retour. »

Prenant acte du boycott de l'URSS, la FIFA applique à la lettre l'article 22 du règlement de la Coupe du monde : « Si une équipe ne se présente pas à un match – hormis cas de force majeure reconnu par le comité d'organisation –, elle sera considérée comme ayant perdu (…) sur le score de 2-0. » Certains soupçonnent le président de la FIFA, le très conservateur Anglais Stanley Rous, d'avoir laissé pourrir la situation, en espérant secrètement que l'élimination de l'URSS entraînerait par solidarité le boycott des pays de l'Est qualifiés pour la phase finale (RDA, Pologne, Bulgarie, Yougoslavie). Lequel, par effet domino, aurait ouvert la voie à un éventuel repêchage de l'Angleterre, éliminée après avoir terminé deuxième du groupe 5 de qualification de la zone Europe derrière… la Pologne.

Entérinant le forfait de l'URSS, la FIFA informe les arbitres officiels désignés pour la rencontre, l'Autrichien Erich Linemayr et les juges de touche uruguayen Ramon Barreto et argentin Luis Pestarino, qu'ils ne doivent pas se rendre à Santiago. Pourtant, le pouvoir chilien décide d'organiser une parodie de match le 21 novembre, avec la complicité d'un arbitre local, Rafael Hormazabal.

À 18h30, sous un soleil tombant, penauds dans leur tunique rouge, short bleu et chaussettes blanches, les joueurs de la Roja pénètrent sur la pelouse, leur capitaine Chamaco Valdès en tête tenant un dérisoire fanion protocolaire à la main à échanger avec… personne. Alignés en rang d'oignon dans le rond central, tous saluent timidement les quelque 15 à 20 000 spectateurs parsemés dans les gradins de l'Estadio Nacional, écoutent l'hymne national et s'appliquent à jouer la saynète du «but fantôme», digne d'un sketch des Monty Python. Une pantomime saluée par le tableau d'affichage électronique du stade affichant fièrement « Chili 1 – Union soviétique 0 » sous un panonceau lunaire : « La jeunesse et le sport unissent aujourd'hui le Chili. »

«Nous avons participé à une farce. C'était honteux, peste encore Carlos Caszely. Entrer sur un terrain sans rival face à nous, c'était le théâtre de l'absurde ! Tout était scénarisé : qui devait passer le ballon, qui devait marquer le but.» « Il n'a pas existé de plus grande bouffonnerie dans l'histoire que de décider de marquer un but contre une équipe "fantôme" », abonde Leonardo Véliz, qui eut l'impression ce soir-là d'être un pantin manipulé par un système totalitaire. « Les vrais fantômes étaient dans les tribunes, ceux de tous ces Chiliens qui ont perdu la vie en raison de leurs divergences idéologiques. »

La pantalonnade est suivie d'une fessée. Invités à jouer un match de gala et les utilités en l'absence de la formation soviétique, les Brésiliens du FC Santos, sans Pelé, jouent les trouble-fête et laminent la Roja (5-0).

Le 5 janvier 1974, avant le tirage au sort de la phase finale, la Commission d'organisation de la Coupe du monde entérine officiellement la disqualification de l'URSS par 13 voix contre 5 (RDA, Hongrie, Yougoslavie, Finlande et URSS). « Avec les remerciements du général Pinochet », titre ironiquement le quotidien communiste français *L'Humanité*, qui reproduit le télégramme de félicitations adressé par le dictateur à la FIFA pour avoir préservé « l'indépendance du sport par rapport aux facteurs politiques ».

Invitée au grand concert des nations footballistiques, la Roja sera éliminée dès le premier tour de la Coupe du monde 1974, finissant troisième du groupe 1 après une défaite contre la RFA (0-1) et deux nuls face à la RDA (1-1) et l'Australie (0-0). « Défendre les couleurs du Chili en Coupe du monde signifiait beaucoup de joie, mais aussi beaucoup de souffrance, résumera Leonardo Véliz dans *The Opposition*. Car cet uniforme représentait un gouvernement qui avait fait couler énormément de sang. Rouge. Comme la couleur de nos maillots... » Si les prestations sportives de la Roja ne permirent pas de faire rayonner le Chili, de nombreux exilés chiliens saisirent cette opportunité pour dénoncer la dictature d'Augusto Pinochet. Avec pour seule arme le slogan « *Chile Si – Junta No* » (« Oui au Chili - Non à la Junte »), ils parvinrent notamment à interrompre brièvement le match contre l'Australie le 24 juin, en pénétrant sur la pelouse du stade olympique de Berlin au début de la seconde période, en trimbalant un imposant drapeau chilien sur lequel étaient inscrits *« Chile Socialista ! »* (« Chili Socialiste ! »). Devant les caméras du monde entier.

Un « duel fratricide » mouvementé

Coupe du monde en RFA. X^e^ édition (1974)

RDA - RFA 1-0
22 juin 1974 - Hambourg
1er tour

La gestuelle enfantine, il sacrifie, appliqué, au rituel imposé. Ce 5 janvier 1974, les étiquettes se dévoilent à intervalles réguliers. Dans le vaste auditorium de la radio publique sise à Francfort, Detlef Lange, onze ans, procède au tirage au sort de la dixième édition de la Coupe du monde qu'organise l'Allemagne de l'Ouest. Les officiels retiennent leur souffle tout protocolaire. Le traditionnel exercice suit son cours lorsque l'assistance, stupéfaite, fend tout à coup le silence. Le chanteur de la chorale de Berlin a eu la main facétieuse. Du chapeau sort un novice dont le nom résonne, selon l'usage, presque aussitôt, dans toute la salle recouverte d'épaisses tentures. Aucun doute possible. Sur l'immense tableau figurent, inopinément accolés, les acronymes des « frères ennemis » d'outre-Rhin. RFA-RDA. Le tonnerre d'applaudissements peine à dissimuler des sourires factices figés sur des moues interloquées. La République fédérale d'Allemagne (RFA) doit affronter la République démocratique allemande (RDA), le 22 juin

1974, à Hambourg, en clôture du premier tour du tournoi. Helmut Schön, le stratège de la Mannschaft, le surnom de la sélection ouest-allemande, et Franz Beckenbauer, son expérimenté capitaine, s'efforcent, assis côte à côte, rictus appuyés, de n'en rien laisser paraître. Peine perdue. La presse internationale s'empare dans la foulée de la rencontre qualifiée sur-le-champ de « duel fratricide ». Le match entre les deux Allemagnes devient l'attraction principale de l'évènement planétaire à venir. Vingt-cinq ans après leurs créations quasi-simultanées, les deux nations vont devoir en découdre, un fait sans précédent lors d'une telle compétition. Sur le terrain diplomatique, les relations est/ouest témoignent cependant d'une période de réelle accalmie imprégnée par « la détente ». De part et d'autre de l'imposant Mur de Berlin, érigé treize ans plus tôt sur injonction expresse de Moscou pour contrer toute fuite chez l'ennemi de classe, les contacts se traduisent par de solides avancées. Le dialogue officiel entre la RFA et la RDA, stimulé par un changement de majorité politique acquis, à Bonn, en octobre 1969, a débouché sur une reconnaissance mutuelle, à l'hiver 1972. Six mois durant, de la cérémonie de Francfort au rendez-vous prévu à Hambourg, les sources de crispations ne vont toutefois pas manquer de jalonner les coulisses de ce match unique aux multiples facettes.

En Bavière, la place forte du Bayern Munich, lauréat de la Coupe d'Europe des clubs champions qui forme l'ossature de la sélection ouest-allemande, la décontraction confine à la suffisance. « Nous sommes dans le groupe le plus facile », lâche avec dédain, l'attaquant Uli Hoeness. En Allemagne de l'Est, les joueurs, au statut d'amateurs, sont partagés entre la crainte et l'allégresse. Privés de toute parole publique, ils jubilent en secret de bientôt pouvoir se mesurer aux professionnels aguerris de l'ouest, champions d'Europe en titre, couronnés à l'été 1972 aux dépens de l'Union Soviétique (3-0). Quarante ans plus tard, certains des protagonistes confirment l'ambivalence alors ressentie[47]. « Notre première réaction a été : ça va être explosif ! », se souvient Jürgen Croy, le gardien de la sélection dirigée par Georg Buschner. « Cela a fait l'effet d'une bombe. C'était une rencontre qu'on attendait depuis longtemps », se rappelle Jürgen Sparwasser, l'agile capitaine du FC Magdebourg. « On allait enfin pouvoir montrer au monde qu'on avait des joueurs et que notre équipe était bien meilleure que ce qu'en disaient nos propres compatriotes », se remémore Gerd Kische, le défenseur central du Hansa Rostock. L'excitation des joueurs – parmi lesquels des étudiants, un électricien, un ingénieur et un boucher – tranche avec l'inquiétude des autorités de tutelle. Manfred Ewald, le président de la confédération des sports, songe même à annuler la participation de son pays. « La première question qu'on m'a posée est : "Est-il possible de retirer notre équipe de la compétition ?" J'ai répondu que c'était faisable, mais que ça coûterait énormément d'argent », rétorque Günter Schneider, le secrétaire général de la fédération est-allemande. Son supérieur tergiverse. Pas question pour lui de servir de bouc-émissaire en cas d'éventuel fiasco sportif. Le cadre exige des assurances. « Là-dessus, le président de la confédération des sports m'a demandé si je pouvais lui

47. Sauf mentions contraires, les citations sont extraites de *1974 : quand la stasi se mêle de foot*, un documentaire d'Annette Heinrich et Christian Hestermann (2014).

garantir que notre équipe allait remporter le match », relate le préposé au football. L'apparatchik consulte. Le débat fait rage au sein du Parti socialiste unifié (SED), détenteur du pouvoir. La RDA n'est certes pas un cador du football européen, même si elle a obtenu, en 1972, la médaille de bronze aux Jeux olympiques (JO) de Munich, un tournoi disputé par les seuls amateurs. Le FC Magdebourg, l'un des clubs les plus huppés du pays, vient de gagner la Coupe d'Europe des vainqueurs de Coupe face au réputé AC Milan (2-0). Trop peu, estime le Politburo, l'organe suprême du régime, pour rivaliser avec l'arrogant voisin, sommé, à domicile, d'égaler ses légendaires aînés distingués en 1954. À la différence des disciplines individuelles, le ballon rond ne présente pas de gages suffisamment fiables pour marteler les prétentions sportives et idéologiques de la République démocratique. Défricher le terrain, le 22 juin 1974, sans risquer une sérieuse déconvenue relève de l'exercice un brin périlleux. Les caciques du parti unique redoutent une correction infâmante. « Nous, les footballeurs, on était un peu les "ratés" de service », raille avec autodérision, l'attaquant Joachim Streich, le recordman et meilleur buteur de la défunte sélection (98 capes, 53 buts). « Pour le gouvernement, ce qui comptait, c'étaient les médailles. Or, il est plus facile d'en distribuer dans les autres sports qu'en football », persifle, un tantinet accablé, Jürgen Croy. Leur fédération est si frileuse qu'elle refuse obstinément de disputer tout match contre l'équipe A de la Mannschaft malgré plusieurs sollicitations officieuses. « On avait tout fait pour éviter les rencontres avec la RFA. Toutes les propositions avaient été déclinées. Il s'agissait de ne pas se ridiculiser. On craignait ce match », concède l'attaquant

Hans-Jürgen Kreische. Difficile, cette fois, pour les hiérarques du SED, de se dérober. Un forfait serait vécu comme un véritable aveu de faiblesse.

Le contexte international de « détente » entre les blocs est-ouest ne plaide pas pour un retrait. L'antagonisme entre Soviétiques et Occidentaux a baissé en intensité. Le Mur de Berlin, construit dans la précipitation à partir de la mi-août 1961, balafre toujours le paysage et peuple les consciences. Juchés sur leurs miradors, les sinistres *Vopos*, les garde-frontières de l'est, poursuivent leurs sales besognes, tirant à vue sur quiconque oserait franchir les limites imparties. Or, entretemps, Bonn a connu un mini-séisme politique. Willy Brandt accède au pouvoir, en octobre 1969, devenant le premier chef du Parti social-démocrate (SPD) à rejoindre la Chancellerie. L'homme de gauche, fervent détracteur du Mur lorsqu'il était gouverneur de Berlin-Ouest, a malgré tout choisi d'impulser une réorientation significative de sa politique extérieure à l'égard de l'URSS et de ses vassaux. La normalisation visée se nomme *Ostpolitik*, l'ouverture à l'Est, illustrée, entre autres, par un voyage officiel en Pologne, le 7 décembre 1970, au cours duquel le chancelier Brandt s'agenouille devant le mémorial rendant hommage aux centaines de milliers de victimes juives du ghetto de Varsovie. Il y reconnaît également le tracé de la frontière Oder-Neisse séparant la Pologne de la RFA, des actes qui lui valent, le 10 décembre 1971, l'attribution du prix Nobel de la paix. Sitôt ce périple effectué, le chef du gouvernement évoque son autre voisin immédiat en termes désormais apaisés. « Il existe deux Allemagnes en Europe », dit-il, manière implicite de reconnaitre la RDA, un tabou auquel s'étaient toujours refusés ses prédécesseurs de la CDU, la droite conservatrice. Le rapprochement entre les deux Allemagnes se concrétise, le 21 décembre 1972, via la signature du Traité fondamental. La diplomatie volontariste de Willy Brandt est d'emblée entérinée au cours du scrutin de novembre 1972. Fait inédit, le SPD obtient la majorité absolue au Bundestag, la chambre où siègent les députés, tandis que, le 18 juin, la Mannschaft a remporté, à Bruxelles, le Championnat d'Europe des Nations. Les relations entre Bonn et Berlin-Est se stabilisent. Or, la machine se grippe subitement un mois et demi avant le début de la Coupe du monde. L'un des très proches conseillers du chancelier Brandt, introduit à ses côtés depuis longtemps, est convaincu d'espionnage au profit de la RDA. « L'affaire Günter Guillaume » est retentissante. L'agent de la Stasi, appréhendé le 25 avril 1974, avoue sa trahison. Le chef du gouvernement est contraint à la démission, le 6 mai, remplacé au pied levé par Helmut Schmidt, le ministre de l'Économie. L'incendie menace tout l'édifice diplomatique. Erich Honecker, le leader communiste intronisé en mai 1971, éclaboussé par le scandale, fait profil bas. Dès lors, il reconsidère le délicat face-à-face du 22 juin 1974, l'envisageant tel un contre-feu susceptible de circonscrire le tumulte. La présence du Chili dans le même groupe, gouverné par la sanguinaire dictature Pinochet, est balayée d'une chiquenaude. Peu lui importe que le grand-frère soviétique en ait argué pour refuser de jouer à l'automne 1973 son match retour de barrage intercontinental, à Santiago, face au même Chili, le menant, de facto, à se priver de l'édition de la Coupe du monde ouest-allemande (*voir chapitre précédent*). La Stasi, l'omnipotente police politique récupère le dossier dare-dare. Erich Mielke, son patron, amateur de football, soumet le 14 mai 1974, un plan élaboré en deux parties. Son nom de code : *Aktion Leder*, soit « Opération ballon ». La délégation touristique, censée faire le voyage à l'ouest, est triée sur le volet. Ses 1 500 supporters, truffés d'indicateurs stipendiés, doivent être membres du parti unique, avoir plus de 25 ans, n'avoir aucun contact en RFA et être mariés. Des conditions impératives destinées à décourager toute velléité de passage chez l'opulent voisin. L'équipe nationale - tout son encadrement inclus - fait l'objet d'une surveillance accrue. Écoutes téléphoniques et filatures redoublent. Des informateurs sont illico infiltrés dans l'entourage familial de tous les joueurs. Certains, quand ils n'en sont pas déjà membres, sont contactés par la Stasi. Ainsi de Gert Kische qui refuse de coopérer en dépit des risques encourus. Contraint de donner le change, il abreuve son officier-traitant de force banalités. « Il fallait manœuvrer habilement. Mais, pour être franc, j'avais la chance d'avoir un ami de mon père très haut placé dans le parti. Il m'a donné quelques tuyaux de la façon dont il fallait procéder ». Sur les quarante membres de la délégation sportive, treize sont des collaborateurs de la police politique. Parmi eux, cinq internationaux. Anonymes. « Je me doutais bien qu'il y avait des informateurs dans l'équipe, mais, aujourd'hui encore, j'ignore de qui il s'agissait », jure mordicus Jürgen Croy.

Les questions sécuritaires dominent aussi de l'autre côté du Mur. Les autorités, sous pression, veulent coûte que coûte éviter tout nouvel acte terroriste. Elles demeurent traumatisées par la sanglante prise d'otages du 5 septembre

1972, en plein JO de Munich. Un commando palestinien, baptisé « Septembre noir », émanation du Front Populaire de Libération de la Palestine (FPLP), avait exigé la libération de 200 prisonniers palestiniens contre la vie sauve de onze athlètes israéliens. L'opération s'était soldée par la mort de dix-sept personnes, dont la totalité de la délégation israélienne. Les forces de sécurité ouest-allemandes sont en outre destinataires d'une lettre de menace annonçant un attentat à la bombe pour le match RFA-RDA. La Fraction armée rouge (RAF) signe la missive. Elle ne désarme pas malgré l'arrestation des principaux membres de la « Bande à Baader », le noyau dur des militants radicaux d'extrême-gauche. À Malente, l'atmosphère pesante rejaillit sur des joueurs retranchés. Sur le site hébergeant la Mannschaft, toute sortie est interdite. La visite des épouses est prohibée. Les chambres sont dépourvues de téléviseur. « Garder 40 hommes sous le même toit en permanence, c'est difficile », insiste, quatre décennies plus tard, Franz Beckenbauer, alias « Kaiser Franz ». Les pensionnaires sont à vif. « Nos loisirs ? Le ping-pong et regarder par la fenêtre comme si c'était une télé », fulmine encore Wolfgang Kleff, la doublure de Sepp Maier. La promiscuité alimente les tensions entre ceux du Bayern Munich et les autres internationaux, le milieu Günter Netzer en particulier, révélé au Borussia Mönchengladbach, le grand rival abhorré des Munichois. En privé, Helmut Schön, technicien à l'ancienne, déplore le manque de cohésion de son effectif. Sévère, il ne cesse de fustiger des vedettes caractérielles. Le groupe saisit alors l'occasion de se ressouder en défiant le traditionnel principe de gratuité observé en sélection. Il réclame de substantiels émoluments. Les murs ont des oreilles. « Nous avons eu vent du bonus que toucheraient les joueurs des Pays-Bas s'ils remportaient le titre. Cette prime se montait à plus de 100 000 Marks. Tout est parti de là », précise Paul Breitner. Pas de gratification, pas de match. Le tonitruant bras de fer fuite sur la place publique. La fédération, sidérée, opte pour une fin de non-recevoir avant de négocier au plus serré. L'arrière latéral du Bayern Munich, lassé d'être présenté comme l'aiguillon de la fronde, est déterminé à lever le camp. « Je voulais tout plaquer parce qu'on me faisait passer pour le mercenaire de service », vitupère l'ex-étudiant en licence de sociologie dont les inclinaisons maoïstes exaspèrent le « Kaiser », son policé capitaine. « Il était assis sur ses valises fermées. On les lui a fait rouvrir et il est resté », sourit, énigmatique, l'intransigeant libéro. La fédération finit par céder au chantage des mutins sans révéler le détail des négociations. « Les deux parties ont fait des concessions acceptables », affirme, lapidaire, un Franz Beckenbauer de marbre, torse bombé, au cours d'un point-presse impromptu. « En neuf ans d'équipe nationale, je n'ai jamais rien touché. Au contraire, je devais payer de ma poche », allègue l'un des plus gros salaires de la Bundesliga, le championnat ouest-allemand.

Depuis Quickborn, où séjourne la sélection de la RDA, les clôtures tiennent les curieux à bonne distance selon les ordres de la Stasi. Les joueurs n'ont aucun contact avec les riverains, à l'exception de furtives séances d'autographes ou d'achats au supermarché local dont ils sont friands, bluffés par la profusion de marchandises. « Ils avaient manifestement reçu la consigne de parler le moins possible et d'être très disciplinés », souligne Uwe Langeloh, l'adjoint au sport de la commune et interlocuteur direct de la colonie est-allemande. Motivée par son succès contre l'Australie (2-0) et son résultat nul face au Chili (1-1), elle a pris en assurance. Georg Buschner, son tacticien, préfère temporiser. « Nous ne sommes pas ici pour gagner la Coupe du monde, mais pour apprendre », répète-t-il, inlassable. Il n'empêche. Ses joueurs refusent maintenant d'être toisés par ceux de la RFA loin d'être impériaux malgré leurs victoires face aux mêmes compétiteurs. « Quand on participe à une Coupe du monde, on veut gagner. On avait suffisamment confiance en nous pour ne pas penser qu'on allait prendre une raclée », certifie Joachim Streich. « On avait assez d'ambition pour profiter de cette énorme chance qui nous était donnée », ajoute Jürgen Croy. La délivrance parvient quelques heures avant le choc attendu. À l'instar des Allemands de l'ouest, ils se savent d'ores et déjà qualifiés pour le deuxième tour compte tenu du résultat nul entre le Chili et l'Australie (0-0). « On nageait en pleine euphorie avant même que le match ne commence », raconte, la joie intacte, Joachim Streich. « C'était une atmosphère incroyable. Nous étions qualifiés ! Du coup, nous étions très détendus », savoure Gerd Kische. « C'est la seule fois de ma carrière où j'ai vu chanter des joueurs dans l'autocar qui les emmenait pour un match aussi crucial », rigole Jürgen Sparwasser, l'attaquant virevoltant. Laisser filer la partie ? Impossible. « On participait à la Coupe du monde en RFA, on jouait contre la RFA, c'était le match du siècle », assure Joachim Streich.

Aux abords comme à l'intérieur du Volksparkstadion, la tension est palpable. Des tireurs d'élite sont disséminés sur le toit du stade de Hambourg. Dans la tribune officielle, le climat est frisquet. Le chancelier Schmidt prend place aux côtés du seul représentant de la RDA présent, Günter Schneider, le dirigeant de la fédération de football. Erich Honecker, son homologue, n'a pas daigné faire le court déplacement. Ironie de l'Histoire : la rencontre se déroule trente-trois ans jour pour jour après le coup d'envoi de « l'opération Barbarossa », le nom de code de l'invasion de l'Union Soviétique par les armées nazies. Qu'importe. Le vestiaire est-allemand bruisse de consignes. Interdiction de fraterniser avec l'adversaire. Aucune poignée de main tolérée. Pas d'échange de maillots. Ni d'accolade. Motus et bouches cousues. Sur le gazon, les coéquipiers de Bernd Bransch, le libéro et capitaine des bleus de RDA, contiennent la Mannschaft. La première mi-temps est timide. Mis à part une faute litigieuse dans la surface de réparation, non sanctionnée, sur Paul Breitner, il n'y a pas grand-chose à signaler. Mais bientôt, Gerd Müller, l'avant-centre du Bayern Munich, se manifeste par un tir heurtant le poteau. Côté RDA, Hans-Jürgen Kreische gâche une rare situation à la demi-heure en expédiant, à trois mètres des cages, le ballon dans les airs. Scénario similaire lors des vingt premières minutes de la seconde période. Les spectateurs frôlent l'ennui. Un quart d'heure à tenir pour les bleus apprentis dont l'emblème dessine marteau et compas. Jürgen Croy relance à la main sur Heinrich Hamann. L'arrière-droit, libre de tout marquage, file dans son couloir à toutes enjambées, lève la tête et allonge aussi sec, haut, dans la profondeur. D'une astucieuse course croisée, Jürgen Sparwasser parvient à se faufiler entre trois défenseurs ouest-allemands, contrôle le ballon comme il le peut pour frapper en déséquilibre. La foule assoupie sort de sa torpeur pour acclamer l'unique but d'une rencontre sans grand relief. La sensation n'en est pas moins forte. « C'était un moment historique », martèle Joachim Streich ; « une terrible déception », objecte Wolfgang Kleff. Les amateurs ont disposé des professionnels. « Nous sommes témoins que les Allemands de l'est sont sortis sous les applaudissements de Hambourg. Ils le méritaient pour le match exemplaire joué au plan de la solidarité. C'est en équipe que la RDA a gagné un match, perdu, de sa faute, par la RFA des nababs du ballon rond », écrit, catégorique, le lendemain, *L'Équipe*[48]. Fair-play, ignorant les directives de la Stasi, Berti Vogts, défenseur du Borussia Mönchengladbach, fait discrètement passer aux vainqueurs un panier contenant les tuniques de tous ses coéquipiers. Mieux, cette victoire vaut à l'Allemagne de l'Est de ravir à l'Allemagne de l'Ouest la première place du groupe. Une performance qui lui vaut pourtant un tableau plus corsé. La RDA, confrontée au second tour à de sérieux prétendants, sera éliminée (défaites contre le Brésil [0-1] et les Pays-Bas [0-2], match nul face à l'Argentine [1-1]). Tandis que la RFA se qualifiera en battant des formations plus modestes (Yougoslavie [2-0], Suède [4-2] et Pologne [4-2]). « Ce revers contre la RDA a été salutaire même si sur le moment elle nous a fait mal », justifie, sans ciller, Franz Beckenbauer. « Ils avaient besoin de ce revers pour retrouver leur meilleur football », analyse, magnanime, Jürgen Sparwasser. L'ancienne coqueluche du football est-allemand ayant raccroché les crampons franchira clandestinement la frontière, en 1988, un an avant la chute

48. Jacques Etienne et Gérard Ernault, « Beckenbauer : les doutes de l'Allemagne de l'Ouest », *France Football*, juin 1974.

du Mur de Berlin, prélude à la dislocation du système communiste. La Mannschaft s'imposera, elle, en finale le 7 juillet devant les fringants Pays-Bas (2-1), remportant le trophée si convoité. Au soir de la défaite surprise du 22 juin, Helmut Schön, né à Dresde avant-guerre, s'était illico employé à dissiper les soupçons, démentant tout arrangement en amont de ce qui fut l'unique rencontre à aussi haut-niveau entre les deux Allemagnes. « Croyez-moi, nous n'avons pas subi volontairement cette défaite afin de jouer dans un groupe moins relevé pour le deuxième tour. La RDA nous a battus à la régulière ». Selon un rapport officieux issu des archives de la Stasi, un seul ressortissant est-allemand, anonyme, parvint à faire défection. Balle au centre.

Ce n'est qu'un début, continuons le COBA !

Coupe du monde en Argentine. XIe édition (1978)

Italie – France 2-1
2 juin 1978 – Mar del Plata
1er tour

« Ils voulaient enlever Hidalgo ! » Le titre claque en une de *L'Équipe*, ce 24 mai 1978. En ce jour du départ de l'équipe de France pour l'Argentine, hôtesse de la XIe Coupe du monde, les visages sont tendus à Roissy au moment d'embarquer dans le Concorde. La veille, le sélectionneur des Bleus, Michel Hidalgo, a été victime, en Gironde, d'une rocambolesque tentative de rapt, entre son domicile de Saint-Savin-de-Blaye et la gare de Bordeaux, où il devait prendre le train de 11 h 47 pour Paris.

Vers 10 h 30, alors qu'il papote avec son épouse Monique, une Citroën GS blanche percute l'arrière de leur voiture et force le couple à s'arrêter sur le bas-côté d'une route de campagne, à hauteur du village de Cézac. La suite, Hidalgo la raconte le soir-même au *20 Heures* de TF1 de Jean-Pierre Pernaut : « On m'a demandé de descendre et de suivre quelqu'un qui me menaçait avec un pistolet jusqu'au petit bois qui se trouvait à cinquante mètres. (…) Je pensais qu'il ne me restait que peu de temps à vivre. Comme dans un réflexe, j'ai attrapé le canon du revolver, il est tombé par terre, je l'ai pris avant lui, il s'est sauvé et ils sont tous remontés en voiture pour s'enfuir. » Le technicien de 45 ans aux yeux céruléens en est quitte pour une peur bleue. Le pistolet de calibre 38 de son assaillant n'était pas chargé.

Dans l'après-midi, un coup de fil anonyme revendique « la tentative de détournement de Michel Hidalgo » à l'AFP : « Nous comptions par cette action à caractère purement humanitaire : 1) attirer l'attention sur l'hypocrite complicité de la France, principal fournisseur de matériel militaire à l'Argentine, qui, par sa participation au *Mundial*, cautionnera les charniers de Videla ; 2) demander la libération (...) de tous les prisonniers survivants et la réapparition des 20 000 disparus, sachant que leur extermination est en cours, afin de faire place nette pour les Jeux du cirque. »

À une semaine de son coup d'envoi, la Coupe du monde s'invite dans la rubrique « Faits divers », après avoir noirci les pages « Politique internationale ». Depuis que la FIFA lui a attribué, en 1966, l'organisation de la Coupe du monde 1978, le pays est en effet passé sous la coupe du général Jorge Rafael Videla, meneur du coup d'État qui a renversé Isabel Peron, le 24 mars 1976. La junte militaire a mis le pays à sa botte et mène une « politique antisubversive » bâtie sur la torture et l'élimination de masse (politiques, syndicalistes, religieux, journalistes, universitaires...). Pour mener à bien cette « guerre sale », les tortionnaires argentins ont été formés à bonne école par des militaires français qui leur enseignent les méthodes utilisées contre le FLN lors de la Guerre d'Algérie[49]. Cette répression

49. Voir l'enquête détaillée de Marie-Monique Robin dans *Escadrons de la mort, l'école française*, La Découverte, 2004.

sanglante, le général Iberico Saint-Jean, gouverneur de la province de Buenos Aires, la résumera d'une formule glaçante : « D'abord nous tuerons tous ceux qui font de la subversion, puis nous tuerons leurs collaborateurs, puis leurs sympathisants, puis les tièdes, enfin nous tuerons les indifférents. »[50]

Le pouvoir a conscience que le *Mundial*, et plus globalement le football, « âme nationale du pays » selon le mot de l'écrivain argentin Nicolas Casullo, sont un filon à choyer. Ainsi, le jour du coup d'État, tous les programmes radio et télé sont interrompus pour céder la place à une litanie de messages martelés par un porte-parole de la junte, entrecoupés de marches militaires. Tous, sauf le match amical de l'Albiceleste, victorieuse en Pologne (2-1), dont la retransmission en direct sur Canal 7 ne sera pas coupée.

Pour le « Processus de réorganisation nationale », terminologie officielle adoptée par le régime totalitaire, la Coupe du monde est vue comme un remarquable instrument de propagande destiné à légitimer le régime aux yeux des deux milliards de téléspectateurs escomptés. Rien n'est trop grand pour faire briller le tournoi. « Le bénéfice politique que peut en tirer l'Argentine n'est pas chiffrable », confie le contre-amiral Carlos Alberto Lacoste, cheville ouvrière de l'organisation, alors que les sommes englouties donnent le tournis. L'État flambe près de 10 % de son budget national pour l'évènement, soit 700 millions de dollars (près de 2 milliards d'euros actuels !), avec l'édification, entre autres, de trois nouveaux stades à Mar del Plata, Mendoza et Cordoba.

50. Selon les organisations humanitaires, en sept ans au pouvoir, la « guerre sale » menée par la junte a fait 30 000 morts et disparus et provoqué l'exil de 500 000 Argentins.

« L'organisation de la Coupe du monde est une décision politique », souligne le général Antonio Merlo, président de l'Autorité autonome du *Mundial* 1978, alléché par la perspective de « faire venir 35 000 touristes qui pourront être les propagandistes d'une vision de l'Argentine différente de celle qui a été décrite dans le monde »[51]. Car, à l'étranger et plus particulièrement en France, traversée par un puissant courant de contestation, l'image du pays est loin d'être reluisante.

Alors que l'équipe de France laboure encore les terrains de la campagne de qualification pour le *Mundial* argentin à l'été 1977, l'idée d'un boycott germe dans l'Hexagone chez une poignée de militants des Droits de l'Homme en Argentine exilés, regroupés au sein du Comité de Soutien aux Luttes du Peuple Argentin (CSLPA). Soutenus par des organisations humanitaires et le mouvement « Quel corps ? », qui dénonce le sport comme outil d'aliénation, ils créent un Comité pour le boycott de l'organisation par l'Argentine de la Coupe du monde de football (COBA).

Leur combat est relayé par l'écrivain Marek Halter, auteur de plusieurs tribunes dans les journaux alertant l'opinion sur la tragédie en Argentine, où sa cousine et son mari, sociologues, ont été enlevés et exécutés. Le 19 octobre 1977, dans *Le Monde*, son écrit se fait cri « pour lutter contre la barbarie », adressé « à tous les sportifs et à leurs supporters qui doivent se rendre en Argentine : "Refusez de cautionner par votre présence le régime aussi longtemps qu'il n'aura pas libéré les prisonniers politiques et arrêté les massacres." »

51. La compétition fut un échec sur le plan touristique ; les organisateurs n'atteignirent qu'un tiers environ de cet objectif.

La FFF, elle, est focalisée sur le choc France-Bulgarie du 16 novembre 1977. Les hommes de Michel Hidalgo doivent impérativement gagner leur ultime rencontre du groupe 5 de qualification de la zone Europe pour participer à leur première phase finale de Coupe du monde depuis 1966. Grâce aux Verts de Saint-Étienne, finalistes de la Coupe d'Europe des clubs champions en 1976, le football français a repris des couleurs. La FFF, qui a vu éclore près de 1 500 clubs depuis la finale de Glasgow perdue contre le Bayern Munich (0-1), espère une qualification des Bleus pour convertir 800 000 nouveaux adeptes et franchir la barre des deux millions de licenciés[52].

Ce 16 novembre 1977, malgré la distribution à l'entrée du Parc des Princes de tracts condamnant les crimes de la dictature militaire argentine, les 45 000 supporters de l'équipe de France sont loin de ces considérations humanitaires. Quand Christian Dalger scelle la victoire des Bleus (3-1) à la 89e minute, une cascade d'« Argentine ! Argentine ! » déversée des tribunes par une foule ivre de joie se mêle au ruisseau de larmes versées par Michel Hidalgo, encapuchonné dans un k-way bleu, et porté en triomphe par ses joueurs.

« Oui ! À nous l'Argentine », exulte le lendemain *L'Équipe*, saluant le retour de « la France en Coupe du monde après douze années d'amère pénitence ». Dans son télégramme de félicitations, le président Valéry Giscard d'Estaing adresse aux Bleus « (ses) vœux pour la suite de votre participation à cette grande compétition internationale. »

---

52. La FFF ne franchira la barre des 2 millions de licenciés qu'en 1994.

Utilisant cette qualification comme caisse de résonance, le COBA multiplie les actions, à Paris comme en province, grâce à un maillage de deux-cents comités locaux. Pour dénoncer « la Coupe immonde » et la mascarade du *Mundial*, le Comité tire à plus de 100 000 exemplaires plusieurs numéros de *L'Épique*, un pastiche du quotidien sportif *L'Équipe* accusé de passer sous silence les exactions de la junte. À la mi-janvier 1978, avant le tirage au sort de la phase finale à Buenos Aires, le COBA lance officiellement un « appel pour le boycott de l'organisation par l'Argentine de la Coupe du monde ». « L'équipe de France (...) jouera-t-elle à 800 mètres du pire centre de torture du pays ? », interroge le texte, en référence à la distance qui sépare l'Estadio Municipal de Buenos Aires – où la France doit affronter l'Argentine, le 6 juin –, de l'École de mécanique de la marine, le plus important des 350 à 500 centres clandestins de détention et de torture disséminés dans le pays. S'appuyant sur un rapport alarmant d'Amnesty International estimant alors qu'entre 8 000 et 10 000 personnes ont été assassinées, 8 000 ont été emprisonnées et 15 000 ont « disparu », le COBA exhorte au boycott, « seule réponse conséquente et responsable. On ne jouera pas au football entre les camps de concentration et les chambres de torture ! »

Agacé par ces vagues de protestations, le régime de Videla s'attache à les endiguer. Tentant d'infiltrer le COBA, il fait aussi appel à une agence de communication américaine, Burson-Marsteller, chargée de donner de l'Argentine une image respectable et de vanter ses charmes touristiques, des chutes d'Iguazu à Ushuaïa. « Pour la modique somme de 1,1 million de dollars, les publicistes new-yorkais ont expliqué aux tortionnaires argentins comment blanchir leur façade sanglante à l'occasion de la Coupe du monde », dénonce *Libération*, le 5 février 1978. Ce ripolinage grossier suffira pourtant à convaincre de nombreux participants au *Mundial* peu regardants sur le respect des Droits de l'Homme. « Sur place, nous ne ressentons pas le climat [de sombre situation] décrit, écrira Michel Platini[53]. La Coupe du monde a fait entrer l'Argentine et son peuple dans une ère de liesse et de félicité collectives à l'image des affiches souriantes qui constellent les murs. »

La FFF ferme pudiquement les yeux sur la situation intérieure argentine pour justifier la participation de l'équipe de France. « Si la Fédération internationale ne veut pas voler en éclats, il lui faut maintenir sa ligne actuelle : ne pas se mêler du régime politique des pays qui en sont membres », argue le président de la FFF, Fernand Sastre, dans *Le Matin* du 24 décembre 1977. Une position derrière laquelle se retranche le gouvernement. « Jamais un seul instant je n'ai imaginé le boycott, expliquera en 2008 sur France Culture Jean-Pierre Soisson, ministre de la Jeunesse, des Sports et des Loisirs d'alors. J'ai toujours laissé le mouvement sportif libre de décider de lui-même. Ils voulaient participer à la Coupe du monde, ils l'ont fait. »

En décembre 1977, la disparition médiatisée de deux religieuses missionnaires françaises à Buenos Aires, sœur Alicia et sœur Léonie (Alice Domon et Léonie Duquet), interpelle l'opinion française sur les crimes de la dictature argentine. Intellectuels (Roland Barthes, Jean Lacouture,

53. Sauf mention contraire, les citations de Michel Platini sont extraites de *Ma vie comme un match*, Robert Laffont, 1987.

Marguerite Duras), cinéastes (Bertrand Tavernier, Joris Ivens), acteurs (Daniel Gélin, Michael Lonsdale) et rares journalistes (Alain Krivine, Dominique Duvauchelle…) s'engagent pour le COBA et signent une pétition de 150 000 noms remise au quai d'Orsay en mai 1978. Las, le soutien politique se cantonne aux groupuscules d'extrême-gauche : Ligue communiste révolutionnaire, Organisation communiste des travailleurs… Alors que les partis du programme commun de la gauche (PCF, PS, MRG) s'étaient levés comme un seul homme pour dénoncer « les mesures anti-démocratiques prises par les militaires argentins » au lendemain du coup d'État de 1976, aucun n'appuie l'appel au boycott du COBA.

Pour Georges Marchais, la lutte finale passe après la phase finale. Le 17 novembre 1977, dès le lendemain de la qualification des Bleus, le secrétaire général du PCF affirme que « la France doit aller en Argentine. Quand on pose le problème des (…) Droits de l'Homme dans certains pays, il faut faire très attention, car, hélas, on risquerait, à l'Est comme à l'Ouest, de ne pas aller dans beaucoup de pays. » Les communistes français sont cordialement invités à ne pas agiter le chiffon rouge par leur grand-frère soviétique. Chargée d'accueillir les JO à Moscou en 1980, déjà en proie à des rumeurs de boycott, l'URSS n'aurait rien à gagner d'une bataille diplomatique avec l'Argentine, d'autant que celle-ci est son premier partenaire commercial en Amérique latine.

Tout en reconnaissant que « des avis hostiles à la participation de la France ont été émis au PS », son premier secrétaire François Mitterrand estime, en février 1978, que « notre équipe étant préparée à cette compétition qui enthousiasme des millions de jeunes, nous devons accepter l'échéance». De leur côté, les partis de droite bottent en touche, considérant que la politique doit être strictement dissociée du sportif. Ces positions timorées sont à lire à l'aune d'une campagne des législatives de mars 1978 dont le résultat s'annonce serré : sur un sujet aussi populaire que le football, aucun parti ne veut risquer de se mettre à dos une partie de l'électorat, fervent partisan de la participation de la France au *Mundial* dans les enquêtes d'opinion[54].

À l'approche de la Coupe du monde, la pression s'accentue sur l'équipe de France. Dominique Rocheteau, qui n'a jamais caché sa sympathie pour l'extrême-gauche, est l'un des rares joueurs à s'interroger publiquement. Tout en se déclarant contre le boycott «qui n'aurait rien apporté à ceux qui sont prisonniers et qui souffrent», l'attaquant de Saint-Étienne n'est pas dupe. «Il est certain que le régime argentin va utiliser cette Coupe du monde à des fins politiques et que si son organisation est une réussite, ce sera un moyen de se faire reconnaître aux yeux du monde, craint-il dans l'hebdomadaire *France Foot 2* avant la compétition. C'est dans ce sens que je suis un peu gêné et que j'ai l'impression d'être un peu complice en servant à cautionner le régime.» Michel Platini, lui, s'offusque. «Ceux qui demandent de ne pas y aller ne sont pas sérieux, peste le joueur nancéen dans *Le Nouvel Observateur*, le 29 mai 1978. J'irais à la nage à Buenos Aires s'il le faut.»

54. Un sondage de la Sofres paru dans *Le Nouvel Observateur* du 14 janvier 78 indique que 65 % des personnes interrogées se prononcent contre le boycott («peu importe le régime politique de l'Argentine (...), la France doit aller jouer la Coupe du monde»), 20 % pour et 15 % sont sans opinion.

SPHÈRE D'INFLUENCES

Leur préparation n'est pas un océan de quiétude pour les Bleus. Invitant la population à inonder les joueurs de cartes postales pour les sensibiliser aux crimes de la junte, Amnesty International mène une campagne d'affichage choc, montrant un téléviseur projetant l'ombre d'un supplicié, pistolet sur la nuque, sur un terrain de football où s'égaient des joueurs : «… lorsque vous applaudirez le onze de France, les acclamations couvriront les bruits des personnes que l'on torture… » Plusieurs incidents perturbent l'avant-match des Bleus contre l'Iran (2-1), le 11 mai 1978 à Toulouse : des intrus saccagent la pelouse du Stadium municipal en déversant du désherbant, les murs sont souillés de graffitis hostiles à l'Argentine et à l'Iran, et un engin artisanal désamorcé est découvert dans une tribune après une alerte à la bombe au téléphone.

Dix jours avant leur départ pour l'Argentine, les joueurs, réunis en stage au Touquet, sont la cible de coups de fil anonymes, de lettres d'insultes ou de menaces… Simone Signoret adresse même, le 16 mai, dans les colonnes du *Matin*, une «lettre ouverte aux femmes des joueurs» : «Évitez-leur la même aventure que celle que leurs aînés ont risquée en 1936 à leur retour d'Allemagne nazie (après les JO de Berlin), celle de l'indifférence. Puisque vous les aimez, puisque nous les aimons, qu'ils nous aident.»

Ce courrier du cœur n'émeut pas Platini. «C'est bien la première fois que (…) la madone des Droits de l'Homme (…) s'intéresse au football, glisse perfidement, le meneur de jeu des Bleus, en retour à l'expéditrice. Son coup de cœur, pour estimable qu'il soit, n'est pas suffisant pour nous faire reculer.»

Troublé par son kidnapping avorté, Michel Hidalgo, lui, songe brièvement à jeter l'éponge. Avant de se raviser.

« Je crois qu'on a besoin de continuer notre action pacifiste, de réunir les gens plutôt que les diviser », justifie-t-il sur TF1. Le 24 mai, avant de s'envoler pour Buenos Aires, le patron des Bleus consent à rencontrer furtivement l'Association des parents et amis des Français disparus ou détenus en Argentine ou en Uruguay, à Roissy. Ses représentants lui remettent un bout de papier où sont griffonnés les noms de 22 Français (17 hommes et 5 femmes) dont la France est sans nouvelle. Vingt-deux, comme le nombre de joueurs sélectionnés pour le *Mundial*, chacun étant invité à « adopter » une de ces victimes du régime de Videla ou d'Augusto Pinochet. « Vous aurez tous en quelque sorte votre "double" malheureux, leur confie le président de l'association Denis Le Moullac. Pensez à elle ou à lui pendant votre séjour et essayez d'obtenir de ses nouvelles et, par un geste, de lui manifester votre présence fraternelle. » « À l'aéroport, on avait un peu bousculé les femmes des joueurs, se souvient Jean-Pierre Lhande, alors trésorier de l'association, dont le frère Michel Lhande faisait partie de la liste des détenus en Argentine. On leur avait donné une petite carte avec les coordonnées de l'association, en leur disant : "Voici notre numéro de téléphone. Si jamais votre mari ne revient pas d'Argentine, on fera tout notre possible pour vous aider à le retrouver." Ça les avait bien remuées. »[55]

« Nos sportifs [partis en Argentine] ne sauraient être impliqués dans des affaires politiques », indique, le 26 mai à l'Assemblée nationale, Olivier Stirn, le secrétaire d'État auprès

55. Entretien avec l'auteur, juillet 2022.

du ministre des Affaires étrangères, dans un souci de protéger l'équipe de France. Hidalgo, qui se définit comme « un messager de la paix », poursuit discrètement sa mission de bons offices. Le 30 mai, accompagné des présidents de la FFF et de la Ligue professionnelle, Fernand Sastre et Jean Sadoul, il remet la liste des 22 ressortissants français à l'ambassadeur de France à Buenos Aires, François de La Gorce, en marge d'une réception à l'ambassade. Cette démarche sera tellement discrète qu'elle ne donnera aucun résultat.

Surveillé de près par la police argentine qui l'a interrogé plusieurs heures à son arrivée à l'aéroport Ezeiza de Buenos Aires, le philosophe Bernard-Henri Lévy est venu rendre compte de la terreur généralisée qui règne dans le pays pour *Le Nouvel Observateur* et le magazine américain *New Republic*. Muni d'une fausse accréditation de journaliste sportif, le jeune penseur exalté sollicite Dominique Rocheteau pour réfléchir à une action collective que pourraient mener les Bleus. Rendez-vous est pris à l'Hindu Club, l'hôtel où réside la sélection. « Malheureusement, nous ne sommes pas très nombreux. Il y a Battiston, Guillou, Baratelli et moi. Sur vingt-deux, c'est peu…, note avec une pointe de regret Rocheteau[56]. Toute cette histoire est en train de tomber à l'eau. (…) C'est dommage. Du coup, nous ne savons pas trop quoi faire. Quelqu'un a suggéré de porter un brassard noir à l'occasion du premier match pour manifester notre désapprobation à l'égard du régime. Pourquoi pas ? »

Le 2 juin contre l'Italie (1-2), sur le terrain de Mar de Plata, seul Marius Trésor porte un brassard. Blanc. Celui

56. Sauf mention contraire, les citations de Dominique Rocheteau sont tirées du livre *On m'appelait l'ange vert…*, le cherche-midi, 2005.

du capitaine, difficilement visible sur son maillot blanc. Les manches de ses dix coéquipiers sont immaculées. L'opération « brassard noir » est tombée à l'eau, faute de combattants. Le quatuor a échoué à rallier d'autres tricolores à son panache noir. « Des quatre joueurs décidés à se mobiliser, seul Jean-Marc Guillou est sur le terrain », poursuit Rocheteau qui assiste au match dans les tribunes avec Patrick Battiston, Dominique Baratelli étant, lui, sur le banc. « En un mot, c'est raté. Ce genre d'action n'a d'intérêt que si elle est collective », conclut l'attaquant stéphanois.

Ce jour-là, le vestiaire tricolore a préféré s'unir autour d'une autre action collective, nettement plus terre à terre. Tous les joueurs, à une ou deux exceptions, s'appliquent à masquer voire à recouvrir de cirage noir les trois bandes blanches d'Adidas de leurs chaussures, avant d'entrer sur le terrain. Cette action vise à protester contre... le montant de la prime de match individuelle que leur alloue l'équipementier de l'équipe de France, passée pour le *Mundial* « de 1 500 francs par match (*835 euros actuels*) à 1 600 francs (*890 euros*) après négociation. C'est dérisoire ! C'est pourquoi on a réagi », explique Jean-Marc Guillou[57]. Sortie de l'intimité du vestiaire, cette polémique bassement mercantile autour de « l'affaire des chaussures » fait les gros titres dans les journaux français et balaie les discrètes velléités humanitaires. « Il est regrettable que ce que j'appelle "un incident" ait pris les proportions d'une affaire d'État, déplore Rocheteau. Ce qui m'a gêné le plus, c'est qu'on a finalement oublié ce qui me touche le plus personnellement : la

57 Dans *France Foot* 2, 9 juin 1978.

situation en Argentine à propos du régime et de la junte militaire. » « Le football des bons sentiments est mort en Argentine », résume *France Foot 2*.

Le 25 juin 1978 marque le triomphe de l'Albiceleste. Alors que des cadavres de centaines de milliers de *papelitos* bleu et blanc jonchent la pelouse de l'Estadio Monumental, «*ARGENTINA CAMPEON !*» scintille sur l'écran lumineux du stade, quand le général Jorge Rafael Videla, moustache lustrée, remet « sa » Coupe du monde au capitaine Daniel Passarella. Un sacre boycotté par les finalistes néerlandais. Tombés avec les honneurs (1-3 a.p.), ils refusent le déshonneur de recevoir leur médaille des mains du dictateur.

« Parmi les 22 joueurs de l'équipe de France de 1978, aucun n'a cherché à nous joindre pour prendre des nouvelles des disparus. Seul Dominique Rocheteau nous a manifesté son soutien. On n'a jamais eu de nouvelle des dirigeants de la FFF », constate avec dépit Jean-Pierre Lhande. Depuis quarante-quatre ans, ce Franco-Argentin poursuit inlassablement le combat pour connaître la vérité sur le sort de ces citoyens français prisonniers ou disparus sous la dictature argentine. Fin juillet 1978, un premier détenu, Gérard Barrero, est libéré. Un mois plus tard, un député argentin proche de la junte militaire contacte l'association. « Il nous a fait savoir que l'amiral Emilio Eduardo Massera (*commandant en chef de la marine argentine*) nous proposait de libérer quatre prisonniers français en échange d'un entretien avec le président Valéry Giscard d'Estaing, raconte Lhande. Par l'entremise du conseiller diplomatique de l'Élysée Jean-David Lévitte et de l'avocat de l'association, Maître Jacques Miquel, une rencontre a été organisée entre les deux dirigeants dans le plus grand secret. » Cette entrevue porte ses fruits. Début septembre, quatre Français sont effectivement libérés à Buenos Aires : Gérard Guillemot, Michel Benasayag, Hector Abrile et Huberto Sanchez. « Notre contact nous avait laissé entendre que d'autres libérations pourraient suivre, à condition de rester discrets. Hélas à l'époque, certains se sont répandus dans les médias, cela a tout fait capoter », regrette encore Lhande. Tous les jeudis, les défenseurs des Droits de l'Homme, appuyés par des personnalités politiques ou culturelles, maintiennent la pression et manifestent devant l'ambassade d'Argentine à Paris, à l'image du mouvement des Mères de la place de Mai à Buenos Aires. En mars 1979, au cours d'un énième rendez-vous au Quai d'Orsay, les membres de l'association apprennent que le ministre du Budget, Maurice Papon, doit s'envoler le jour-même pour une visite officielle en Argentine. « On a foncé à Roissy pour voir Papon et lui demander d'aborder la question des prisonniers et des disparus lors de son voyage diplomatique », explique le septuagénaire. Officiellement parti pour signer une convention fiscale entre les deux pays, et plus officieusement pour négocier des contrats d'armement, le ministre obtient la libération de Béatrice Viviane Jacob et l'assouplissement des conditions de détention de Michel Lhande et Michel Ortiz. Lesquels seront finalement libérés en 1983 à la chute de la dictature, après sept années dans les geôles argentines.

Sur la liste des 22 personnes remise aux Bleus avant le *Mundial*, « sept n'ont jamais été retrouvées : Maurice Jeger, Jean-Yves Claudet, Marcel Amiel, Robert Boudet, Françoise Dauthier, Alice Domon et Marie-Anne Erize, égrène Jean-Pierre Lhande. Et deux corps ont été identifiés grâce à leur ADN : celui de Léonie Duquet en 2005, et d'Yves Domergue en 2010. »

Une raclée en forme d'affaire d'État

Coupe du monde en Argentine. XIe édition (1978)

Argentine - Pérou 6-0
21 juin 1978 - Rosario
2nd tour

Un dictateur qui s'invite dans le vestiaire de l'équipe adverse juste avant le coup d'envoi, accompagné d'un ex-secrétaire d'État américain. Des soupçons de corruption, avec à la clé coups de fil mystères et accusations. Un narcotrafiquant du cartel de Cali présenté comme un intermédiaire. Des opposants politiques qui disent avoir servi de monnaie d'échange sur fond d'opération Condor. Plusieurs milliers de tonnes de blé généreusement offertes au pays battu, quinze jours après le match. Un responsable du régime victime d'un attentat à son domicile au moment du quatrième but. Depuis bien longtemps, l'Argentine-Pérou (6-0) de la Coupe du monde 1978 est accompagné d'une tenace odeur de soufre. De cette rencontre, on retient surtout l'écume : l'attitude indolente de certains Péruviens, le score-fleuve qui permet au pays organisateur de se qualifier pour la finale au goal-average, et bien sûr ce décor poisseux, les années de plomb de la junte militaire au pouvoir depuis son putsch deux ans plus tôt (1976-1983).

L'histoire est plus complexe, plus touffue. Riche de personnages inattendus, de rebondissements au fil des ans, de mystères persistants. Près d'un demi-siècle plus tard, si des éléments et des témoignages nouveaux ont permis d'étoffer certaines pistes, si chacun se fait son intime conviction à l'examen des pièces sur la table, personne ne sait *vraiment* ce qui s'est passé en prélude à cette drôle de soirée du 21 juin 1978 au stade de Rosario. Une précision pour commencer : une bonne partie des évènements qui vont suivre découlent du format et du calendrier choisis pour cette XIe édition. Derrière un premier tour classique, la FIFA a eu l'idée de faire une seconde phase de groupes, avec deux poules de quatre équipes dont le premier est directement qualifié pour la finale. Pas de quarts de finale, pas de demi-finales. À la veille de la dernière journée de ce second tour, l'Argentine et le Brésil, qui se sont neutralisés trois jours plus tôt (0-0), partagent le même nombre de points en tête du groupe B. La Seleção est devant d'un souffle, au goal-average (+3 contre +2). Si le Brésil vient à battre la Pologne et que l'Argentine s'impose devant le Pérou, le ticket pour la finale se jouera donc à la différence de buts…

Là où l'affaire prend un tour singulier, c'est que la première rencontre est programmée à 16h45, la seconde à 19h15. Une iniquité flagrante, qui permet à l'Albiceleste de débuter son match en connaissant déjà le score de son grand rival, et donc le nombre de buts précis dont elle a besoin. Les récriminations auriverde n'y changeront rien. « Il y a six mois que ces horaires ont été établis, personne n'a réclamé, rétorque alors João Havelange, le patron de la FIFA. Ce n'est pas le moment de le faire. » Avant le tirage au sort du tournoi, en janvier, il avait en effet été décidé que toutes les rencontres du pays hôte auraient lieu en nocturne et à un horaire différent des autres, pour éviter des stades clairsemés et permettre à la population locale de suivre son équipe. Quand ils pénètrent sur la pelouse du stade Gigante de Arroyito, Daniel Passarella et ses partenaires savent l'étendue de leur mission. Dans le vestiaire, alors qu'ils se préparaient en silence, ils ont entendu des cris sur le dernier but du Brésil, vainqueur 3-1 de la Pologne. « Ça a été un coup, rapportera le sélectionneur argentin César Luis Menotti[58]. Même moi, qui leur avais transmis la foi et la confiance, j'ai douté pour la première fois. Ce n'est pas la même chose de sortir pour gagner un match que de sortir pour l'emporter avec quatre buts d'écart. » Une condition indispensable pour faire son retard au goal-average (+2 contre désormais +5 au Brésil).

La suite l'a occulté, mais la première occasion est en faveur du Pérou. Après une dizaine de minutes de jeu, Juan José Muñante trompe Ubaldo Fillol d'un tir croisé. Le gardien argentin est sauvé par son poteau. D'abord crispés, les amphitryons vont se libérer, poussés par l'ambiance frénétique du stade de Rosario. Si l'on s'en tient aux choses du terrain, une certitude : les joueurs de Menotti sont galvanisés. Passée l'ouverture du score à la 21e minute de Kempes, qui terminera meilleur buteur de la compétition (6 buts), il n'y a plus qu'une équipe sur le terrain, surmotivée, déchaînée. Six buts donc, mais au moins autant d'occasions nettes dont deux finissent sur les poteaux. « On savait que ce serait tout ou rien, souffle Menotti en conférence de presse d'après-match. Les Péruviens nous ont peut-être aidés,

58. *El Gráfico*, 2003, cité dans un article du 6 décembre 2019.

mais s'ils ont finalement plié au point d'être submergés par moments, c'est en raison de la qualité de notre jeu. »

Si l'on s'en tient toujours au terrain, impossible en effet de ne pas relever l'attitude résignée, ou douteuse c'est selon, des Péruviens. À partir de la vingtième minute, pris à la gorge, ils peinent à aligner plusieurs passes, ne parviennent plus à s'aventurer dans la surface adverse. C'est cette passivité qui, la première, va alimenter la controverse et le doute. À leur décharge, il faut rappeler qu'ils sont déjà éliminés au coup d'envoi et n'ont plus rien à défendre, si ce n'est leur honneur. Après un premier tour remarqué, ils apparaissent émoussés, n'ont pas mis un but depuis le début du second tour (0-3 face au Brésil, 0-1 contre la Pologne). Le sélectionneur Marcos Calderon aligne quasiment son onze-type, mais fait quelques choix surprenants. Il titularise au poste de latéral gauche Roberto Rojas, qui n'a pas joué la moindre seconde depuis le début du tournoi. En début de deuxième période, il sort José Velasquez, un des plus remuants, pour faire entrer Raul Gorriti, 0 minute au compteur lui aussi. Pour amener du sang neuf? Les faire participer à l'évènement ? Possible. Décédé en 1987, Calderon n'a pas donné sa version des faits, contrairement à tant d'autres ces vingt dernières années.

Son choix le plus controversé reste d'avoir maintenu Ramon Quiroga dans le but. Né en Argentine, le gardien a été naturalisé à la hâte l'année précédente, car la sélection andine se cherche un spécialiste de haut niveau. Mais la veille du match, six cadres de l'équipe viennent trouver leur sélectionneur : ils ne veulent pas que Quiroga soit aligné, qui plus est à Rosario, sa ville natale. Calderon accepte. Le lendemain, lors de la causerie d'avant-match, il annonce les titulaires : dans le but, Quiroga ! « La veille au soir, Marcos a reçu un coup de fil qui l'a mis de mauvaise humeur, relatera le gardien remplaçant, Ottorino Sartor[59]. Jusque-là, il était très enthousiaste, mais après il a changé. Je ne sais pas qui l'a appelé ni ce qu'on lui a demandé. » Le technicien n'est pas le seul à être contacté dans sa chambre d'hôtel. Le défenseur Rodulfo Manzo racontera s'être vu proposer, par une voix avec un accent argentin, 50 000 dollars par tête si lui et ses coéquipiers acceptent de lever le pied. Même expérience vécue par le milieu German Leguia, mais cette fois… pour favoriser une qualification du Brésil : « J'ai dit au groupe qu'on m'avait proposé 10 000 dollars pour chaque joueur, plus deux billets d'avion pour le Brésil. Ils ont refusé, m'ont traité de traître. »[60]

Au lendemain de cette cuisante humiliation, Quiroga envoie une lettre ouverte au quotidien *Clarin*, vantant les mérites d'un « adversaire qui n'a cessé d'aller de l'avant » et assurant que « cela ne signifie pas qu'un seul joueur péruvien l'y ait aidé ». Avec le temps, cette belle solidarité a volé en éclats en même temps que la chape de plomb posée sur cette soirée. « Je ne pourrai jamais prouver que Manzo (*impliqué sur au moins deux buts*) ou un autre ont touché de l'argent, mais il y a un bon Dieu et lui, il sait, lâche Quiroga à *L'Équipe* en 2014[61]. Plusieurs de ceux qui n'ont pas eu un comportement très clair ou ne se sont pas beaucoup battus ce soir-là sont morts. Roberto Rojas s'est tué dans un accident de voiture. Marcos Calderon, à qui on avait demandé à la mi-temps de changer de défense parce

59. Entretien à *Trome*, 15 mars 2008.
60. Entretien à *Trome*, 15 mars 2008.
61. Entretien à *L'Équipe*, 1er juillet 2014.

que les attaquants argentins faisaient ce qu'ils voulaient, est mort dans un accident d'avion. Et personne ne sait ce qu'est devenu Manzo. Les saloperies, tu les payes sur la terre. » En 2018, pour le 40e anniversaire du tohu-bohu de Rosario, c'est au tour de José Velasquez de vider son sac dans le journal péruvien *Trome*. « C'est une réalité que les dirigeants ont été achetés, lâche l'ancien milieu[62]. Qu'il n'y ait pas de preuves ne veut pas dire que ça n'a pas eu lieu. Six joueurs aussi ont été achetés, mais je ne peux en citer que quatre : Manzo, Gorriti, Muñante et Quiroga. » Des accusations corroborées anonymement par d'autres joueurs, un règlement de comptes qui rappelle combien la sélection était coupée en deux à l'époque, minée par la rivalité entre les 9 internationaux du Sporting Cristal et les 8 de l'Alianza Lima.

Si arrangement il y a eu, il s'est peut-être décidé à l'étage supérieur, ainsi que l'avance Velasquez. La thèse est d'autant plus crédible qu'une scène incroyable s'est déroulée quelques minutes avant le coup d'envoi. Alors qu'ils sont en train de se mettre en tenue – certains sont même en slip –, les Péruviens voient débarquer dans leur vestiaire le général Jorge Videla, chef de la junte militaire qui dirige l'Argentine. « Il nous a tenu un discours où il en appelait à la fraternité latino-américaine, tout en nous souhaitant bonne chance, racontera le capitaine Hector Chumpitaz[63]. Moi, j'ai pris ça comme un coup de pression. Videla était un personnage qui faisait un peu peur. » Son coéquipier German Leguia complète : « Puis il nous a

62. Entretien à *Trome*, 13 mars 2018.
63. Matias Bauso, *78, historia oral del Mundial*, Sudamericana, 2018.

lu un communiqué de Francisco Morales Bermudez (*alors dictateur du Pérou*) qui disait que nos pays avaient toujours collaboré, qu'ils nous avaient défendus... Il était en train de te dire que si l'Argentine ne terminait pas championne, tout allait exploser. »[64] Le dictateur est accompagné de l'amiral Emilio Massera, autre dirigeant de la junte, mais aussi de Henry Kissinger. L'ex-secrétaire d'État américain effectue alors une visite de cinq jours en famille en tant qu'« invité du président Videla », comme le signale un mémo secret envoyé par l'ambassade de Buenos Aires à Washington[65]. Un joueur confiera à Ricardo Gotta, auteur d'un livre-enquête sur le Mondial 1978 (*Fuimos campeones*) : « On est quelques-uns à s'être chié dessus. »

Cette visite surprise traduit l'importance de cette Coupe du monde pour la junte militaire. Peu après son coup d'État, Videla avait décrété le tournoi « d'intérêt national » (loi du 2 juillet 1976) et créé une structure ad hoc, l'Autorité autonome du *Mundial* 78, placée sous la tutelle de haut-

64. Entretien à Radio Programas de Perú, mars 2018.
65. À propos du soutien de Henry Kissinger et des États-Unis à la dictature argentine, on peut citer une conversation tenue entre celui qui est alors secrétaire d'État et William Rogers, secrétaire assistant pour l'Amérique latine, le 26 mars 1976, soit deux jours après le coup d'État de Jorge Videla. Rogers conseille : « Pour le moment, nous ne devrions pas nous précipiter ni couvrir ce nouveau régime. (...) Je pense que nous devons nous attendre à une grosse répression, probablement beaucoup de sang à venir sous peu. Je pense qu'ils vont devoir sévir très durement contre les terroristes, mais aussi contre les opposants des syndicats et leurs sympathisants. » La position de Kissinger sur la junte militaire est tout autre : « Quelles que soient leurs chances, ils auront besoin d'un peu de soutien. (...) Parce que je veux les soutenir. Je ne veux pas donner l'impression qu'ils sont harcelés par les États-Unis. » Quelques jours plus tard, l'administration Ford accordera à l'Argentine 49 millions de dollars d'aide à la sécurité. Le compte-rendu de la conversation entre Kissinger et Rogers, classé secret défense jusque-là, a été déclassifié en mars 2016.

gradés dont le vice-amiral Carlos Alberto Lacoste. Dans un pays sous tension, tourmenté par la répression contre tout ce qui est présenté comme « subversif », qui torture et tue dans l'ombre, qui vit dans la peur et pleure ses disparus *(voir le chapitre précédent)*, le pouvoir veut utiliser le football pour laver son image désastreuse et calmer un peuple mortifié. En témoignent ces mots du dictateur lors de la cérémonie d'ouverture, le 1er juin, rétrospectivement d'un cynisme confondant : « Je demande à Dieu, notre seigneur, que cet évènement soit réellement une contribution à l'affirmation de la paix. Cette paix que nous désirons tous, pour tout le monde, et pour tous les hommes du monde. » Quelques jours plus tôt, le général avait reçu la sélection de Menotti au palais gouvernemental avec un discours autrement plus martial : « Messieurs, comme le commandant qui harangue ses troupes avant le combat, j'ai voulu à travers cette visite vous exhorter à être vraiment des vainqueurs. »[66] L'analogie avec la guerre est limpide, l'objectif est clair. Il faut gagner coûte que coûte. Les faits de jeu favorables tout au long de la compétition en seront une manifestation parmi d'autres. Au moment du 4e but contre le Pérou, une bombe explose au domicile de Juan Alemann, secrétaire d'État aux Finances, qui n'a cessé de critiquer le coût somptuaire (700 M$) de ce tournoi inutile à ses yeux.

À propos du 6-0, le milieu argentin Osvaldo Ardiles dira : « Est-ce que la dictature a pu arranger le match ? Bien entendu. S'ils ont été capables de faire disparaitre 30 000 personnes, pourquoi se seraient-ils arrêtés devant

66. *Mundial 78 La historia paralela*, documentaire de Gonzalo Bonadeo, Diego Guebel et Mario Pergolini, 2003.

un simple match de foot ? »[67] Le capitaine péruvien, Hector Chumpitaz, racontera avoir reçu un coup de fil dans sa chambre – encore un – de la part de son chef d'État, Morales Bermudez. « Le président m'a appelé, explique-t-il alors à ses coéquipiers[68]. Il m'a dit qu'il voulait qu'on essaie de battre l'Argentine, mais qu'il sait bien que ce sera une mission difficile. Il nous envoie des salutations fraternelles, quel que soit le résultat que nous ferons. Il me l'a répété deux fois. » Une entente entre les deux États dans (et sur) le dos des joueurs ? Pour Fernando Rodriguez, c'est plus qu'une hypothèse. Ce narcotrafiquant repenti, fils et neveu de deux barons du cartel de Cali, a raconté dans un livre-confession paru en 2007 (*El hijo del ajedrecista*) le dessous de nombreuses affaires dont il a été le témoin privilégié. Selon lui, le cartel – du fait de ses connexions haut placées dans les milieux les plus variés en Amérique latine – a servi d'intermédiaire pour organiser un rendez-vous entre représentants argentins et péruviens. Avec force détails, il précise ainsi qu'un accord a été passé au siège de la Fédération péruvienne deux jours avant le match. Assistaient notamment à cette réunion le président et le trésorier de cette fédération, un émissaire de la Fédération argentine et le vice-amiral Lacoste, tête pensante de Videla sur le *Mundial* 1978. Rodriguez avance que l'accord, visant à assurer la qualification des hommes de Menotti pour la finale, prévoyait que chaque joueur péruvien touche 50 000 $. Il ajoute qu'il fut aussi décidé ce jour-là d'un don de blé de l'État argentin au Pérou.

67. Diego Borinsky et Pablo Vignone, *Asi jugamos. Los 25 partidos mas trascendentes de la Argentina en los Mundiales, relatados por sus protagonistas*, Sudamericana, 2014.
68. *Tiempo Argentino*, 26 février 2012.

Ce don a bel et bien existé. On en trouve la trace dans le Bulletin officiel du 11 juillet 1978. Le décret n° 1 463, daté du 6 juillet et signé par Videla, par le ministre de l'Économie et par celui des Relations extérieures, prévoit l'« octroi d'un crédit extraordinaire non remboursable à la République du Pérou pour l'acquisition (...) de 4 000 tonnes de blé en vrac ». Cette offrande, est-il précisé, s'inscrit dans « l'Accord international sur le blé de 1971 » par lequel la République d'Argentine « s'est engagée à contribuer sous forme de don (...) pour une quantité totale de 23 000 tonnes par an ». Impossible, évidemment, de savoir si cette livraison a un quelconque lien avec le match entre les deux pays. On peut juste remarquer que dans le cadre d'un programme d'aide aux pays en voie de développement, l'Argentine, alors premier producteur céréalier d'Amérique du Sud, a choisi de faire bénéficier le Pérou de 4 000 t de blé, quinze jours après leur affrontement en Coupe du monde.

Les suspicions d'un arrangement politique entre les deux dictatures militaires ont été renforcées bien plus tard, avec des contours autrement plus dramatiques. Début 2012, l'ancien député et sénateur péruvien Genaro Ledesma fait une déposition fracassante devant un juge qui enquête sur l'enlèvement et le transfert illégal, fin mai 1978, de treize opposants au régime militaire de Morales Bermudez (1975-1980). Alors que le Pérou connaissait une grève générale, Ledesma, leader syndical et candidat à la députation à l'époque, avait été arrêté et expulsé vers l'Argentine en compagnie de douze autres contestataires à la dictature (représentants de gauche, militaires réfractaires, journaliste). Envoyés dans le camp de Jujuy puis dans une prison de Buenos Aires sous l'œil et les coups des militaires locaux, ils seront finalement exfiltrés (France, Mexique, Suède…) sous la pression internationale alors intense pendant le Mondial.

Face au juge Norberto Oyarbide, en 2012, Ledesma accuse : « On a échappé au sort que Morales Bermudez et Videla avaient prévu pour nous et pour lequel ils s'étaient mis d'accord, à savoir lancer une personne à la mer depuis un avion (*les fameux "vols de la mort"*). Videla en a profité pour nous accueillir en tant que prisonniers de guerre à la condition que le Pérou favorise la victoire de l'Argentine à la Coupe du monde de foot. Videla y accordait de l'importance, ils avaient besoin de ce succès pour redorer la mauvaise image de l'Argentine dans le monde. » Cette procédure, plus de trente ans après les faits, vit le Secrétariat des Droits Humains de la Nation argentine reconnaître que ce pacte passé entre les deux despotes « faisait partie de l'opération Condor », un constat partagé par le juge chargé de l'affaire. Une information historique. Jusqu'alors, le Pérou avait toujours nié avoir participé à cette funeste alliance entre dictatures sud-américaines pour éliminer les opposants politiques et discrètement soutenue par les États-Unis. Un double lien confirmé par un document secret de la CIA du 22 août 1978, déclassifié depuis. Sous le titre « Un bref aperçu de l'Opération Condor », on y trouve cette précision : « Les membres d'origine incluaient les services [de renseignements et de sécurité] du Chili, de l'Argentine, de l'Uruguay, du Paraguay, du Brésil et de la Bolivie ; le Pérou et l'Équateur sont récemment devenus membres. »

Emprisonné en 2012, Videla est décédé en 2013. Morales Bermudez, lui, a échappé à un procès pour cette affaire après que la Cour constitutionnelle eut jugé qu'il y avait prescription, les crimes contre l'humanité n'étant imprescriptibles au Pérou que depuis 2003, soit bien après les faits. Aujourd'hui centenaire, il a en revanche été condamné à perpétuité en Italie pour sa participation au plan Condor et pour avoir ordonné des séquestrations, tortures et assassinats. Mais le Pérou a toujours refusé de l'extrader pour qu'il purge sa peine. Dans une interview publiée en 2014, l'ex-dictateur s'était brièvement exprimé sur le 6-0 du *Mundial* 1978 : « J'ai essayé d'en savoir plus. Je ne veux pas donner de noms ou de détails, mais il s'est passé beaucoup de choses. Pas très saintes. Qui ont occasionné cette situation. Ce n'était pas strictement une histoire de football. Videla les a intimidés. Il s'est passé quelque chose et il semble qu'un peu d'argent a circulé. Dans ce genre d'histoires, il n'y a pas de moyen d'enquêter, seulement une conviction même si personne ne peut le prouver. Mais pour être étrange, ce fut complètement étrange. »[69] Quarante-quatre ans plus tard, ça l'est toujours.

---

69. *El Comercio*, 8 février 2014.

L'affligeant « pacte » austro-allemand

Coupe du monde en Espagne. XIIe édition (1982)

RFA - Autriche 1-0
25 juin 1982 - Gijon
1er tour

La République fédérale d'Allemagne (RFA) affronte l'Autriche pour un duel aux allures de match couperet. L'ultime rencontre du groupe 2, incluant l'Algérie et le Chili, envisagée comme une simple formalité avant le début du *Mundial* espagnol, revêt un caractère décisif. Au coup d'envoi, la RFA, archi-favorite au moment du tirage au sort, n'est pas qualifiée pour le deuxième tour malgré sa victoire contre le Chili (4-1). Elle est devancée par son adversaire du jour, ainsi que par l'étincelante Algérie contre laquelle elle a subi, à la surprise générale, une vexante défaite lors du duel inaugural (1-2), neuf jours plus tôt. Étrennant leur toute première participation qui coïncide avec les vingt ans de l'Indépendance (5 juillet 1962), les Fennecs ont dominé les champions d'Europe en titre d'une technique efficace et raffinée, snobant le mépris germanique d'avant-match. « Nous dédierons notre septième but à nos femmes, le huitième à nos chiens » avait fanfaronné Paul Breitner. « Si nous perdons, je n'aurai plus qu'à prendre le premier train pour Munich», avait renchéri Jupp Derwall, le sélectionneur confit de suffisance. Exit la forfanterie gondolée. Rappelés à l'humilité la plus élémentaire, les marioles d'outre-Rhin sont dans l'obligation de remporter cette dernière rencontre de poule pour poursuivre le tournoi. De son côté, l'Autriche, victorieuse de l'Algérie (2-0) et du Chili (1-0), peut se permettre une défaite – par un ou deux buts d'écart –, sans risquer l'élimination. La veille, malgré leur succès face aux Chiliens (3-2), les Algériens n'ont pu sécuriser leur qualification faute d'avoir bonifié leur différence de buts. L'équation n'a qu'une inconnue, de taille : les protagonistes vont-ils se départager à la loyale ? Dans la matinée, la délégation autrichienne, drapée dans son orgueil national, a éconduit les observateurs subodorant la tentation d'une éventuelle entente entre les «cousins germains». Impossible. Insultant, répond-elle sèchement aux rares impudents. Cette partie cruciale recèle un surcroît de volonté, excipe, vindicatif, l'ensemble du staff. Georg Schmidt, l'un des deux co-sélectionneurs, martèle sans relâche le message. Son groupe «a toujours une motivation naturelle et supplémentaire quand il s'agit d'affronter l'Allemagne de l'Ouest». Celle qui l'a battue par deux fois durant les éliminatoires comptant pour cette douzième Coupe du monde. Parachevant la démonstration, l'artilleur en chef Hans Krankl ne se lasse pas de rappeler son but victorieux ayant scellé, le 21 juin 1978, le «Miracle de Cordoba», match au terme duquel l'Autriche s'était imposée sur le fil devant la RFA (3-2), l'écartant *in fine* de l'édition argentine.

Les dénégations autrichiennes s'évanouissent aussi rapidement qu'elles avaient été énoncées. La Mannschaft mène 1-0 au bout de dix minutes. Horst Hrubesh, le colosse au visage rubicond, esseulé dans la surface de réparation, convertit de la tête un centre millimétré de Pierre Littbarski. Dans la foulée, une frappe enroulée de Wolfgang Dremmler manque d'aggraver le score. Les adversaires montrent bien peu d'empressement pour tenter d'égaliser. Les Autrichiens sont passifs. Peu de mouvements offensifs. Ils trottinent, rivalisent d'approximations. Semblent se satisfaire du résultat. Pas l'ombre d'une vraie occasion durant cette piètre première mi-temps. Un euphémisme. Le premier quart d'heure passé, la RFA, apparemment comblée par son unique but d'avance qui la qualifie pour le second tour, stoppe toute initiative d'envergure dans la surface opposée. Le ballon circule comme à l'entraînement, éloigné de toute zone de danger. Les deux formations jouent au ralenti. Un pastiche de football avéré. La foule perçoit les manigances. Le silence réprobateur plombe d'abord le plus vieux stade d'Espagne, érigé sur un ancien moulin à eau, tandis que les vingt-deux acteurs s'ingénient à brasser de l'air. Une colère sourde ne tarde pas à monter des travées éberluées. L'ennui grandissant, conjugué à une *Realpolitik* au ras du gazon, stimule les huées des 45 000 spectateurs indignés par le vil procédé consistant, en contrebas, à bouter l'Algérie sans jouer à la régulière. Bob Valentine, l'arbitre écossais, renvoie les protagonistes alanguis aux vestiaires sous une bronca franche et massive. Agacé par l'indigence crasse de cette première période, Michel Denisot, qui commente la partie sur TF1 en duo avec Henri Michel, questionne sans détour l'ex-capitaine du FC Nantes, international français à 58 reprises et tout jeune retraité. Un arrangement entre les deux équipes est-il possible ?

– Henri Michel : « Cela me paraît impensable. Il y a quand même l'orgueil national. Et je suis certain que les joueurs respectent et le football et les gens qui viennent voir cette compétition. »

– Michel Denisot : « Je souhaite que vous ayez raison. »

– H. M. : « Il est certain qu'on imaginait un match beaucoup plus engagé. On se rend compte que, vu les circonstances, les données psychologiques et la qualification au bout telle qu'elle se présente, les deux équipes ont l'air de se contenter de ce résultat. »

La deuxième mi-temps a repris depuis un quart d'heure. Aucun changement de pied. Une lenteur imperturbable, accablante, entrecoupée d'échanges rigolards et complices entre adversaires débonnaires.

– M. D. : « C'est très étonnant, on voit Karl-Heinz Rumenigge discuter avec Bruno Pezzey (*défenseur autrichien*) à la bonne franquette, ça ne me paraît quand même pas tout à fait normal. J'ai l'impression de voir un match amical… »

– H. M. : « Le public qui scande "Algérie ! Algérie !", pour réveiller les deux équipes… »

– M. D. : « Il a le mouchoir blanc à la main, c'est extraordinaire ! Henri, tout à l'heure, je vous avais demandé s'il pouvait y avoir des arrangements entre les deux équipes. Je n'ai aucune raison de suspecter qui que ce soit, mais s'ils l'avaient fait, ils n'auraient pas fait autrement… »

Le commentateur de TF1 s'étonne de la sérénité rieuse de Jupp Derwal dont la formation ne compte qu'une faible marge d'avance. Le simulacre continue. Un festival de passes en retrait. Les deux équipes s'observent en chiens de faïence, jouent la montre, conservant le ballon jusqu'à la caricature.

– M. D. : « Si ça continue, on va rendre l'antenne tellement c'est triste… »

Exaspérée par la tournure des évènements, la majorité de l'enceinte manifeste son courroux. Les joueurs sont bruyamment conspués. À intervalles réguliers, fuse des tribunes le slogan vengeur : « Algérie ! Algérie ! »

– M. D. : « On a battu le record de décibels en sifflets depuis le début de la Coupe du monde. C'est un évènement tout de même de voir cette réaction du public. »

– H. M. : « Quand on voit ce qui se passe sur le terrain, on se met un peu à douter. »

– M. D. : « Je doute de plus en plus. Un but soulagerait peut-être un peu les consciences. Ce serait en tout cas plus habile. Si les Autrichiens avaient un peu plus de conviction, ils pourraient être plus actifs et tenter d'égaliser, jouer le jeu tout simplement. Pour l'instant, ils n'en donnent pas l'impression. »

La Mannschaft confisque la balle, usant et abusant de passes redoublées dans sa seule moitié de terrain. Faute de mieux, Horst Hrubesch, sevré de ballons, se tient hagard, mains sur les hanches, seul, dans le camp autrichien. Tout le stade invective les figurants. « Dégagez ! Dégagez ! », lancent les plus furieux ; « Embrassez-vous ! Embrassez-vous », embrayent les plus moqueurs. Des billets de pesetas sont jetés pour fustiger le vol préjudiciable aux Fennecs.

– M. D. : « C'est un scandale (…) Il faudrait leur enlever leur licence à ces vingt-deux là. Encore une demi-heure à tenir, ça se passe quand même sous les yeux des spectateurs du monde entier qui auront leur opinion sur ces deux équipes. On n'en dira pas plus, on en a peut-être déjà assez dit. »

– H. M. : « Tout le monde est arrêté… »

– M. D. : « Ils feraient peut-être mieux de rentrer aux vestiaires tout de suite. Qu'ils nous fassent au moins rire maintenant. Il n'y a peut-être que l'arbitre qui pourrait secouer un peu ce match en faisant lui-même une faute. S'il sifflait un pénalty pour l'Autriche, ça obligerait tout de même les Allemands à sortir du sommeil dans lequel ils se complaisent, tout autant que les Autrichiens, d'ailleurs. On s'ennuie ferme… »

La parodie perdure, illustrée par un pénible concours de passes à dix. Nombre de ballons sont dégagés en touche, le plus loin, le plus haut possible. Toujours rien à signaler à l'exception d'une brève escarmouche entre Walter Schachner, l'attaquant autrichien, et Hans-Peter Briegel, l'athlétique défenseur de la RFA.

– M. D. : « Une partie du public commence à quitter le stade et je la comprends. J'espère que vous restez fidèles devant votre récepteur, vous avez du mérite… »

Désignant sa cuisse, la moue grimaçante, Karl-Heinz Rummenigge est remplacé à vingt minutes du terme, regagnant à pas comptés le banc de touche sous un concert de lazzi. Tout juste rentré, Lothar Matthäus, volontaire, est houspillé par ses partenaires, l'enjoignant de temporiser.

– M. D. : « Mieux ne vaut pas être capitaine jusqu'au bout de cette équipe allemande dont le comportement est minable. Moins longtemps vous serez sur la pelouse M. Rummenigge, moins votre prestige en souffrira. »

– H. M. : « C'est désolant ce que nous voyons, ça ne ressemble à rien et sûrement pas à un match de football. »

Excédés, certains supporters algériens tentent soudain d'escalader les grilles pour investir l'aire de jeu. Ils sont vite contenus, matraqués sans ménagement par les forces de l'ordre. Sur le terrain, Bob Valentine, impassible, s'abstient de sanctionner les rares fautes évidentes commises devant lui. Comme si rien ne devait interrompre ce singulier ballet d'hypocrites.

– M. D. : « L'après-midi noir du football de la Coupe du monde, nous y sommes, à Gijon. C'est à croire que tout le monde est dans la combine. C'est le match de la honte. Le football n'a pas bonne mine cet après-midi. Il nous reste encore un quart d'heure de pénitence. Nous boirons le calice jusqu'à la lie. La police espagnole se déchaîne sur les supporters algériens, c'est une honte… »

– H. M. : « Je me tais puisque je n'ai rien à dire. En principe, je suis là pour commenter la technique. Comme il ne se passe rien, je me tais. »

– M. D. : « La technique de la complicité, du coup fourré contre l'équipe d'Algérie… »

– H. M. : « Je n'avais jamais vu ça, je ne croyais jamais le voir et je le vois. (…) C'est une mascarade… »

– M. D. : « Il reste encore dix minutes à ces pitres (…) Il ne faut pas avoir beaucoup d'amour-propre, voire pas du tout pour faire ça (…) C'est un match entre deux équipes complices dont le seul objectif est de préserver leur qualification. »

Plus dynamiques que les acteurs de ce match faisandé, les policiers espagnols, redoutant les réactions de spectateurs lésés, se déploient fissa tout autour du terrain, faisant monter d'un cran la vindicte des tribunes. Canettes et bouteilles s'abattent sur le gazon en ordre dispersé.

– M. D. : « À mon avis, ils feraient mieux d'aller sur le terrain pour faire une enquête. »

– H. M. : « Encore sept minutes à souffrir… »

– M. D. : « On reverra de beaux matches, mais ce sera une tache qu'on ne pourra pas enlever. »

– H.M. : « Les Allemands peuvent dire qu'ils mènent 1-0, qu'ils conservent le ballon. Les Autrichiens, la même chose, qu'à 0-1, ils sont qualifiés… »

– M.D. : « Oh, là, là, que c'est nul… »

Le coup de sifflet final, couvert par des vagues ininterrompues de quolibets, ponctue l'invraisemblable exercice de mime, du jamais vu au cours d'un tel tournoi. Rendant l'antenne, Michel Denisot, affligé, conclut : « C'est la négation du sport à laquelle nous avons assisté entre l'Allemagne et l'Autriche (…) Elles ont poussé la complicité jusqu'à se mettre d'accord – officiellement ou officieusement, on ne le saura peut-être jamais – pour préserver ce résultat de 1-0 leur permettant de se qualifier. Elles font marron les Algériens, éliminés de la sorte. Nous plaignons l'Algérie et plus encore les deux équipes qui nous ont livré une partie scandaleuse cet après-midi. »

Sur plusieurs chaînes européennes, la réprobation le dispute à la consternation. Robert Segger, le commentateur autrichien d'ORT, suggère à ses compatriotes d'éteindre leurs écrans, s'abstenant délibérément de commenter la dernière demi-heure. Sur ARD, dont le standard téléphonique croule sous les invectives, son confrère allemand Eberhard Stanjek taille en pièce la pantomime sur le point de s'achever. « On ne peut pas appeler ça du football. Ça n'a rien à voir avec un match de Coupe du monde. Vous pouvez dire ce que vous voulez, mais la fin ne justifie pas de tels moyens ». Accablé, il choisit lui aussi le silence. « Vous m'autoriserez maintenant à ne plus commenter ce que nous voyons sur le terrain, car ce que les deux équipes nous offrent est un moment honteux ». Sur ITV, la chaîne britannique, Hugh Johns ne décolère pas pendant que les joueurs échangent leurs maillots, bras dessus, bras dessous, de larges sourires aux lèvres. « C'est l'un des matches les plus honteux auxquels j'ai pu assister. » Sitôt le lamentable jeu de dupes terminé, Mahieddine Khalef, le sélectionneur des Fennecs, relativise, philosophe, l'ironie mordante. « C'est un grand honneur de voir ces deux grandes équipes se mettre d'accord pour nous éliminer. » Dans la soirée, le responsable de la délégation lésée exprime, sur Antenne 2 (devenue France 2 en 1992), sa profonde désillusion. « Je suis très déçu par l'attitude de l'Autriche pour laquelle nous avions beaucoup d'estime.

Il est regrettable que deux grands pays puissent se qualifier aux dépens d'un petit pays qui a lutté sportivement pour se qualifier », dénonce vertement Hadj Sekkal, sur le plateau de l'émission *Mundial magazine*. Le patron de la Fédération algérienne vilipende le truquage grossier commis, sans vergogne, en mondovision. « Les deux pays ont porté un rude coup à l'éthique sportive. L'Algérie, quoique première avec quatre points (*à cette époque, la victoire vaut deux unités*) au même titre que l'Autriche et la RFA, repart chez elle la tête haute pour avoir respecté le sport ». Réclamation est déposée en bonne due forme auprès de la FIFA qui se déleste instamment du brûlant dossier. Elle promet un examen minutieux. Sans plus attendre, Hermann Neuberger, l'un de ses éminents vice-présidents, également patron de la Fédération allemande, n'hésite pas à s'exonérer de la neutralité qu'exige pourtant sa fonction. « L'Allemagne avait tout à fait le droit de jouer la prudence et la sécurité », soutient-il, sans ciller, pris en flagrant délit de conflit d'intérêts.

Le lendemain, la presse écrite, tout aussi ulcérée, relaye le tollé. *L'Équipe* titre : « 22 cartons rouges ». En une de *Bild*, le tabloïd ouest-allemand, une sentence définitive : « Honte à vous ». « Deux voyous » barre en gros caractères celle de *Marca*, le quotidien sportif madrilène. *El Comercio*, journal des Asturies, choisit d'intégrer son compte rendu dans sa rubrique faits divers, la manchette sans appel : « 45 000 personnes grugées par treize Autrichiens et treize Allemands ». Pourfendant le complot instigué, plusieurs de ces quotidiens torpillent en pages intérieures la connivence entre les deux sélections en convoquant l'*Anschluss* – l'annexion de l'Autriche par l'Allemagne nazie, en mars 1938, sans résistance, avec la complicité passive de l'élite viennoise au pouvoir. Unanimes, les articles s'offusquent du « pacte de non-agression » manifeste entre les deux nations. La réaction des principaux intéressés se mesure à l'aune de l'imposture inouïe. « On voulait se qualifier, pas jouer au football », rétorque, laconique, Wolfgang Dremmler. « La réaction des gens est stupide. Nous ne sommes pas venus ici pour faire le spectacle, mais pour gagner le tournoi », profère, sans scrupule, couteau entre les dents, Paul Breitner, le maoïste défroqué. Deux heures après la rencontre, près de 500 supporters – toutes nationalités confondues –, l'ire intacte, massés devant l'hôtel des Allemands, chahutent les joueurs à leur descente du car malgré l'imposant cordon policier déployé. Passant outre les consignes de leurs dirigeants, les internationaux aspergent derechef les protestataires de replètes bombes à eau depuis leur chambre du huitième étage. La foule, surchauffée, riposte par des jets de tomates avant d'être finalement dispersée par la Guardia Civil. Quid des Autrichiens ? Ils ne prennent pas davantage de gants pour se défiler. « Je me fous du reste et je me fous des Allemands », reprend de volée Hans Krankl, la subtilité consommée. Hans Tschak, membre de la même délégation, tutoie, cynique, le racisme intégral. « Bien-sûr que le match a été tactique. Si 10 000 fils du désert dans le stade veulent déclencher un scandale, cela prouve juste qu'ils ont trop peu d'écoles chez eux », ose-t-il, toute honte bue. Le même individu réitère son couplet xénophobe, entretenant à dessein la confusion entre l'irruption inadmissible d'un émir sur la pelouse, durant

France-Koweït (4-1)[70], et les légitimes récriminations des Fennecs. « Je ne comprends pas la protestation algérienne. Qu'est-ce que c'est que ces deux, trois cheikhs qui sortent de leur désert après trois cents ans pour venir fourrer leur nez partout ?! S'ils font sécession, nous nous passerons d'eux », éructe-t-il dans la version hebdomadaire de *Bild*. L'Association professionnelle des entraîneurs de la RFA, plutôt embarrassée, reconnaît sans ergoter le répugnant subterfuge. Elle fait parvenir, le 30 juin 1982, une lettre d'excuses à la fédération algérienne. Harald Schumacher, le gardien de but germanique, fait amende honorable. Il évoque, explicite, une « combine » dans *Coup de sifflet*, son autobiographie parue en novembre 1987. Il rapporte les tenants et les aboutissants de la supercherie. « Il n'y avait pas à proprement parler eu d'accord formel entre les Autrichiens et nous, mais une sorte d'entente tacite. Breitner m'avait expliqué à mots plus ou moins couverts : “1-0, ça nous suffit, basta !” »

Vingt ans plus tard, Hans-Peter Briegel, le sélectionneur en poste de Bahreïn, admet enfin l'incontestable forfaiture.

70. À la 79e minute du match, Alain Giresse marque à l'issue d'un une-deux avec Michel Platini, portant le score à 4-1. Mais les adversaires des Tricolores protestent. Ils prétendent s'être arrêtés de jouer après avoir entendu un coup de sifflet. L'arbitre soviétique Myroslav Stupar accorde le but, parfaitement valable. Quand soudain – fait sans précédent –, le cheikh Fahad al-Ahmed al-Jaber al-Sabah, le frère de l'émir du Koweït, s'invite, furibard, sur la pelouse. S'ensuivent quinze minutes de palabres inouïes au terme desquelles l'arbitre annule le but à la grande fureur du sélectionneur français, Michel Hidalgo, encerclé par des membres de la Guardia civil. Maxime Bossis marquera un quatrième but en toute fin de rencontre. Myroslav Stupar sera radié à vie par la FIFA, plus clémente envers le Koweïtien qui écopera d'un blâme et d'une faible amende.

« Je le regrette, mais l'Allemagne a triché et l'Algérie aurait mérité de se qualifier », affirme-t-il début janvier 2007, à *Al-Ittihad*, un journal des Émirats arabes unis (EAU). Une déclaration reprise par *Bild* qui provoque des remous dès sa publication. L'ex-défenseur rétropédale et atténue ses propos. « J'ai juste dit qu'on menait 1-0 et qu'ensuite on a arrêté de jouer. » Le passé composé « a triché » a entretemps disparu du texte initial. Mystère. Aussitôt interrogés, ses anciens partenaires restent droits dans leurs crampons d'antan. « C'était vraiment moche comme spectacle, mais il n'y a pas de raison de s'excuser », s'obstine sur le fond Horst Hrubesh. « Ce n'était pas de la triche. Ce résultat qualifiait les deux équipes », maintient, buté, Karl-Heinz Rummenigge, le baron appointé du Bayern Munich. Goguenard, Manfred Kaltz, l'ex-latéral du Hambourg SV, esquive le sujet sans toutefois démentir : « Il faut dire que c'était assez comique. » Les Autrichiens sollicités font état de versions contradictoires. « L'entente est survenue à la mi-temps entre quelques stars des deux équipes. Moi, je n'en savais rien. Je ne l'ai appris que plus tard lorsque je me suis plaint auprès de mon entraîneur d'avoir reçu peu de ballons », assure, formel, Walter Schachner, au quotidien bavarois *Süddeutsche Zeitung*. Ce que réfute illico Bernd Krauss, l'un de ses anciens coéquipiers. « Il n'y avait pas de raison de passer un accord. Ça se règle tout seul sur le terrain. À 1-0, tout le monde s'est mis à calculer. Le jeu des passes en retrait a commencé. On se demandait même pourquoi Briegel et Schachner continuaient à se démener… » Les médias algériens mentionnent l'imbroglio sportif et diplomatique sans insister davantage. Prescription, au rayon affaires classées. Beaucoup d'autres difficultés à traiter en priorité. La controverse réapparaît, en juin 2018, dans les colonnes du *Sunday Post*. Bob Valentine, l'arbitre ayant officié le 25 juin 1982, décrit à l'hebdomadaire écossais une partie d'une totale inanité. « C'était comme un échauffement. À un moment donné, il y a eu un corner. Le ballon a rebondi sur un panneau publicitaire avant de revenir vers moi. Je l'ai renvoyé vers le poteau. Un joueur allemand m'a dit : "Doucement, monsieur l'arbitre !" » Il décline sur-le-champ toute responsabilité à propos de l'attitude des deux sélections et de leur ostensible refus de jouer. « Beaucoup m'ont dit que j'aurais dû faire quelque chose. Or, je ne pouvais pas arrêter le match, convoquer les deux capitaines et leur dire : "Écoutez, maintenant il va falloir tacler un peu plus fort, messieurs." Ce n'était pas mon job », plaide-t-il, le règlement brandi. « Mon boulot, c'était de gérer le terrain, c'est-à-dire pas grand-chose, pour être honnête… »

Le pacte austro-allemand de Gijon n'en continue pas moins de révulser Nordine Kourichi. Quatre décennies plus tard, le naguère défenseur central des Fennecs évoque son dégoût. Il avait observé la combine depuis la tribune officielle du stade El Molinon, en compagnie de Mustapha Dahleb, l'élégant meneur de jeu du onze algérien, alors sous contrat avec le Paris Saint-Germain (PSG), et de Daniel Hechter, l'ancien président du club de la capitale. « Nous savions que ce n'était pas le grand amour entre les Allemands et les Autrichiens. Or, une fois le but marqué, tous sont restés derrière, à l'exception de Walter Schachner, le seul qui soit resté combatif. Nous étions sidérés. On avait beau rouspéter, on ne pouvait rien y faire »[71], déplore l'ex-pensionnaire des Girondins de Bordeaux. « Nous étions évidemment très déçus de ne pas nous qualifier. Nos dirigeants ont fait ce qu'ils devaient faire en saisissant la FIFA. Mais, nous savions qu'ils ne pesaient pas lourd par rapport à leurs homologues autrichiens et allemands. » L'enquête promise fit long feu. Les deux sélections incriminées ne furent jamais sanctionnées au motif qu'aucune disposition textuelle ne le permettait. Pas de délit constitué sans faute prédéfinie, argua l'instance internationale. Fâcheux et béant vide juridique. Le cas de l'Algérie bernée créa, de fait, un précédent sur lequel forger une jurisprudence. Maigre consolation. Dans son infinie sagesse, l'organe suprême du football mondial, jaloux de son pouvoir discrétionnaire, réforma son règlement lacunaire une fois l'épreuve achevée, le « match de la honte » dûment homologué. À l'avenir, les ultimes rencontres de groupes se dérouleront le même jour, à la même heure, pour éviter pareille entourloupe.

71. Entretien avec l'auteur, juin 2022.

Des « camarades » sous tension

Coupe du monde en Espagne.
XIIe édition (1982)

Pologne – URSS 0-0
4 juillet 1982 – Barcelone
2e tour

L'attaquant polonais affiche une mine réjouie teintée d'une déception toute personnelle. Dans le studio de télévision improvisé, la qualification tout juste obtenue face à l'URSS, Zbigniew Boniek tient à être l'un des premiers joueurs à venir s'exprimer devant ses compatriotes. L'ailier droit et ses partenaires accèdent aux demi-finales dont il sera privé, la faute à un carton jaune reçu pour « contestation ». Frustrant, mais accessoire, songe-t-il à cet instant. Dans un Camp Nou plutôt clairsemé, sa sélection est parvenue, le 4 juillet 1982, à neutraliser l'Union soviétique au terme d'un match nul viril et prévisible (0-0). La rencontre, disputée dans l'antre du FC Barcelone, n'a certes guère passionné les foules. Le duel entre les deux pays du bloc de l'Est recelait d'autres enjeux que celui de pouvoir poursuivre la compétition grâce au panache et au brio. La Pologne réédite sa prouesse de 1974 en République fédérale d'Allemagne (RFA) s'offrant une nouvelle fois le dernier carré au détriment du glorieux « grand-frère », qu'elle a l'immense satisfaction d'évincer compte tenu de l'état d'exception décrété sur son territoire à l'instigation du Politburo moscovite passablement honni. Ultime petite provocation : l'insolent rouquin à la fine moustache a revêtu la célèbre tunique siglée CCCP – celle troquée avec Sergueï Baltacha, son adversaire direct lors de la rencontre –, pour répondre avec délectation aux journalistes conquis par la fanfaronnade. « Une manière de scalp », plastronne le joueur, face caméra, le front perlé de sueur, rictus vengeurs. L'hommage à Solidarnosc, le syndicat interdit dont les militants croupissent dans les geôles, est à peine voilé. Sa défiance envers le pouvoir de Varsovie, incarné par un général aux ordres du Kremlin, est explicite. Presque autant que le bras d'honneur rageur de son compatriote Wladislaw Kozakiewic, au cours des Jeux olympiques (JO) de Moscou, lorsque le perchiste décroche la médaille d'or, le 30 juillet 1980, en franchissant les 5,78 m. Un saut jubilatoire synonyme de record du monde qui relègue l'athlète maison, Kostantin Volkov, à la deuxième place du concours. La performance signant un humiliant coup de griffe porté à l'ours soviétique, déjà meurtri par le ferme boycott occidental.

Huit mois avant le *Mundial*, les Aigles blancs, surnom des internationaux polonais, vivent au rythme d'une contestation populaire tumultueuse. Acculé comme jamais, le gouvernement, élève assidu du socialisme soviétique depuis 1945 malgré quelques mouvements d'humeur aussitôt réprimés, se braque. Le couperet tombe le 13 décembre 1980. L'autoproclamé « Conseil militaire du salut national » (WRON) prononce « l'état de guerre », la « loi martiale » pour corollaire. Les libertés sont suspendues ;

les frontières, fermées ; le couvre-feu, instauré. Le général Wojciech Jaruzelski, bombardé Premier ministre dès le 10 février 1981, concentre tous les pouvoirs. L'homme aux épaisses lunettes fumées fait craindre le pire. Le souvenir vivace des massacres de Katyn – l'effroyable exécution de près de 22 000 membres de l'élite polonaise, dont des officiers, des intellectuels et des responsables politiques, dictée, au printemps 1940, par Staline sitôt le pays partagé entre nazis et soviétiques – refait surface, un crime de masse que l'URSS ne reconnaîtra officiellement qu'en avril 1990. Depuis lors, la haine des Polonais envers leurs suprêmes « camarades » mijote sous le lourd couvercle socialiste. L'homme lige du Kremlin, ex-ministre de la Défense, doit cesser toute concession aux émeutiers qui menacent d'occuper durablement le pavé. En serviteur zélé du Pacte de Varsovie – l'alliance militaire créée en 1955 –, Jaruzelski a pris acte des vives admonestations de Moscou, qui le presse d'intervenir. Edward Gierek, son devancier, le premier secrétaire du Parti ouvrier unifié polonais (POUP), a trop cédé aux protestataires, l'a morigéné l'intransigeant Leonid Brejnev, le numéro un soviétique, soucieux d'endiguer l'effet de contagion. La volonté de réforme ne doit surtout pas se répandre au sein des autres Républiques démocratiques et populaires, maintenues bon gré mal gré dans le giron de Moscou. En marionnette kaki appliquée, le général Jaruzelski, constamment affublé de ses verres opaques, a fait prévaloir l'orthodoxie du Soviet suprême.

L'élection au Vatican, en octobre 1978, de Karol Wojtyla, l'ancien archevêque de Cracovie, sous le nom de Jean-Paul II, redistribue les cartes et galvanise ses compatriotes désireux d'ouverture. « N'ayez pas peur », lance à leur destination le souverain pontife, depuis Rome, du haut du balcon de la basilique Saint-Pierre. Le voyage entrepris dans son pays natal, en juin 1979, vaut un soutien indéfectible aux réfractaires agissant en silence. L'épreuve de force débute un an plus tard, en août 1980 lorsque 17 000 ouvriers des chantiers navals Lénine, situés à Gdansk, votent massivement la grève. Ils dénoncent leurs conditions de travail et leurs maigres salaires. Lassés par l'impéritie du système, ils réclament de nouveaux droits. Dont la liberté syndicale que le POUP et la Diète, le parlement, s'obstinent à leur refuser. Les réunions houleuses et les tracts incendiaires se succèdent. Bientôt, un bulletin d'informations quotidien se démarque sous le nom de *Solidarnosc*. « Solidarité », un mot-slogan forgé pendant la précédente vague de grèves de juin 1976, intervenues à Radom et à Ursus, les faubourgs de la capitale, émaillées de très violents affrontements. Lech Walesa émerge. Le trentenaire à la moustache touffue a eu l'outrecuidance d'élaborer avec d'autres militants une Charte des droits des travailleurs, prélude à la rébellion que le prédécesseur du haut gradé investi par Moscou a eu l'insigne faiblesse d'entériner. L'électricien frondeur, licencié en rétorsion, recouvre son poste de travail, sa surveillance renforcée. Il s'affirme comme le porte-parole roué d'un mouvement dépassant son simple statut d'organisation non affiliée au régime. « Nous avions là une fenêtre d'opportunité exceptionnelle. C'était une chance à saisir, qui pourrait bien ne pas représenter », analyse Lech Walesa dans un entretien à *Libération*, en novembre 2019[72].

72. « Les Polonais ont cassé quelques dents à l'ours soviétique », 3 novembre 2019, propos recueillis par Justine Salvestroni.

DES «CAMARADES» SOUS TENSION

Quoique tourneboulée par les soubresauts politiques et sociaux, la sélection polonaise entame sa campagne de qualification à la Coupe du monde. Au programme : un stage préparatoire en Italie, avant de jouer à Malte, le premier adversaire de son groupe. L'équipe doit s'y envoler le 29 novembre 1980. La veille au soir, le gardien de but Josef Mlynarczyk, et les attaquants Wlodzimierz Smolarek et Andrzej Iwan quittent sans autorisation leur hôtel pour filer au restaurant. Le repas tourne à la beuverie. Le lendemain matin, le goal, encore un tantinet éméché, a le plus grand mal à regagner le car censé conduire les internationaux à l'aéroport. L'un des adjoints du sélectionneur Ryszard Kulesza refuse l'accès au gardien de but encore imbibé. Zbigniew Boniek, Wladyslaw Zmuda et Stanislaw Terlecki tentent de forcer le passage par solidarité avec leur coéquipier. Le pugilat menace. Ryszard Kulesza, magnanime sur le moment, passe l'éponge pour s'épargner une mutinerie qu'il sent rampante. Tout juste arrivé à Rome, Stanislaw Terleki, opposant notoire au pouvoir communiste, obtient audience auprès du Pape qui le reçoit avec quelques-uns de ses partenaires. Toute l'affaire revient aux oreilles des autorités. Les fautifs sont immédiatement écartés du match face à Malte. Malgré leur absence, la Pologne l'emporte (2-0). Le 15 décembre, la fédération, saisie du dossier, statue avec fermeté. Stanislaw Terleki et Zbigniew Boniek écopent d'un an de suspension ; Wladyslaw Zmuda et Josef Mlynarczik, de huit mois ; Wlodzimierz Smolarek, de deux. Protestant contre la sanction qu'il estime disproportionnée, Ryszard Kulesza, qui n'a pas franchement soutenu les rebelles, démissionne le 5 janvier 1981. Il est remplacé dare-dare par Antoni Piechniczek. Sa mission : pacifier le groupe pour faire le voyage espagnol. Le 2 mai 1981, les Aigles blancs gagnent contre la RDA (1-0), leur principal concurrent. Josef Mlynarczyk et Wlodzimierz Smolarek sont alignés bien qu'ils n'aient pas purgé la totalité de leur suspension. Le 10 octobre 1981, ils s'imposent en Allemagne de l'Est (2-0), un match décisif actant la réintégration de Zbigniew Boniek. Validé, le billet pour le *Mundial* est d'autant plus précieux qu'il est susceptible d'attirer l'attention internationale sur les inquiétants troubles intérieurs.

Au même moment, l'opinion est plus que suspendue aux assises inaugurales de Solidarnosc. Réunis à la mi-octobre 1981, les cadres et les adhérents entendent être les interlocuteurs obligés d'un pouvoir à la remorque. Las. Le ton monte. La presse officielle tire à boulets rouges sur les effrontés accusés de nourrir « une psychose insurrectionnelle ». Des communistes slovaques et des camarades d'Allemagne de l'Est dénoncent fissa des provocateurs à la solde de « l'impérialisme mondial ». Les pays membres du Pacte de Varsovie proposent de s'interposer le cas échéant tandis que Tass, l'agence de presse officielle soviétique, fustige « des éléments antisocialistes » et « contre-révolutionnaires »[73]. La répression déferle à la mi-décembre 1981. Des milliers de membres de Solidarnosc sont emprisonnés sans autre forme de procès. Lech Walesa et ses conseillers sont prestement mis au secret. Militants et sympathisants ayant échappé aux rafles plongent dans la clandestinité. Nombre d'encartés se réfugient auprès de la puissante Église catholique, cette discrète mais résolue opposante aux diktats communistes,

73. Yves-Marc Ajchenbaum, « Rétrocontroverse : 1980, que faut-il penser de Solidarnosc », *Le Monde*, 25 juillet 2007.

dorénavant personnalisés par l'inflexible général Jaruzelski. Ses paroisses sont autant de sanctuaires capables d'atténuer la traque de la police politique. Fébrile, le pays redoute l'invasion imminente des tanks de l'Armée rouge dont Budapest (novembre 1956) et Prague (août 1968) illustrent de vigoureux et sinistres précédents. Rien de tel puisque son fidèle haut galonné reste solidement campé aux manettes étatiques. En janvier 1982, les chars polonais investissent les carrefours et les axes centraux des agglomérations. Ils y stationneront, en alerte, tout au long de l'année. Le Kremlin délègue d'autant plus facilement l'entreprise de répression qu'il a déjà envoyé ses troupes en Afghanistan, fin 1979, pour une intervention ponctuelle bientôt muée en une vraie guerre achevée, à l'hiver 1989, par un piteux retrait unilatéral. La révolte polonaise empêchée persiste. Les slogans anonymes fustigeant le statu quo martial constellent murs et façades. Dans les stades, les chants protestataires louent inlassablement les détenus torturés. La police n'ose pas intervenir. Certaines individualités de l'équipe nationale n'hésitent plus à se réclamer de la lutte engagée par Solidarnosc. Il en va ainsi de Zbigniew Boniek, perçu comme un potentiel et dangereux récidiviste, que ses autorités de tutelle épient sans relâche. L'attaquant du Widzew Lodz, coqueluche du football national, qui a déjà été mis aux arrêts, n'en finit pas de gesticuler. L'insolent va pourtant bénéficier d'un heureux et paradoxal passe-droit. Au printemps 1982, le joueur, âgé de 26 ans, est autorisé à s'engager avec la Juventus Turin. Ironie du sort : une dérogation «pour services rendus» lui facilite l'expatriation avant ses 28 ans révolus, un seuil abaissé de deux années quelques mois auparavant. Le besoin impérieux de devises étrangères a, en outre, convaincu les dirigeants communistes, ravis d'exiler un élément récalcitrant.

Sur le terrain, la Pologne assure laborieusement sa qualification pour le deuxième tour du tournoi. Deux matches nuls contre l'Italie (0-0) et le Cameroun (0-0), ainsi qu'une raclée infligée au Pérou (5-1) suffisent. Elle se retrouve dans une poule où figurent la Belgique et l'URSS. Son net succès contre la sélection d'outre-Quiévrain (3-0) la place devant les Soviétiques – timides vainqueurs des Diables rouges (1-0) –, grâce à une meilleure différence de buts. Les Aigles blancs n'ont cependant pas l'intention de s'en laisser compter, la bravoure et l'esprit de résistance convoqués sans délai. « Nous sommes prêts à soutenir une rude bataille si elle nous est imposée. Quand le moral est là, les jambes suivent, et sur le plan de l'engagement, nous ne craignons personne »[74], prévient Antoni Piechniczek. Il concède de menus réajustements en vue d'affronter un adversaire qu'il sait contraint de l'emporter pour atteindre les demi-finales. « Nous avons sensiblement modifié notre tactique en misant davantage sur la contre-attaque », assume le discret technicien. Zbigniew Boniek, conforté dans ses positions tranchées, ne rate pas l'occasion de haranguer ses coéquipiers, le verbe affûté. « Ce sera le match des matchs »[75], avertit le disert ailier droit d'une formule ramassée sans équivoque. « La situation politique, Solidarnosc, la volonté de se libérer du communisme ont fait que nous avons été encore plus soudés et volontaires. On ressentait beaucoup de choses quand on portait ce maillot national », confiera-t-il en mai 2012 au quotidien suisse *Le*

74. Jacques Etienne, « Le moral au zénith », *France Football*, 3-4 juillet 1982.
75. Gérard Albouy, « Pologne-URSS. (0-0) : Boniek, le contestataire, Blokhine, le commissaire politique », *Le Monde*, 6 juillet 1982.

Temps[76]. Andrzej Szarmach confirme l'envie commune d'en découdre. « Ce n'était pas la guerre, mais nous étions prêts à tout. Nous savions que ce serait un match difficile, un duel sans merci des deux côtés », résume l'avant-centre transféré à l'AJ Auxerre en août 1980. « Nous sommes rentrés sur la pelouse très motivés. On voulait se qualifier avant tout. Mais, nous étions presque dans l'obligation de gagner eu égard à la ferveur de nos supporteurs »[77], sourit aujourd'hui l'un des rares privilégiés à avoir exercé ses talents à l'étranger, à l'instar de son partenaire Grzegorz Lato évoluant, en Belgique, au KSC Lokeren. Le sélectionneur de l'URSS feint d'ignorer la détermination de ses adversaires stimulés par la chape de plomb ressentie chez eux qu'ils imputent tous au Kremlin. Constantin Beskov botte en touche. « Nous sommes ici pour poursuivre notre progression et ce n'est déjà pas si mal d'être arrivé là où nous en sommes », élude-t-il, le ton monocorde, flanqué de Victor Sjich, le vice-ministre des Sports soviétique. « Nous n'avons pas su faire le spectacle et, dans un sens, je comprends que le public nous ait sifflés. Mais les Barcelonais ne perdent peut-être rien pour attendre. J'ai bon espoir de voir mon équipe pratiquer un meilleur football »[78], affecte-t-il de s'excuser pour circonvenir les imperturbables huées accompagnant chaque sortie de sa formation assimilée à ses maîtres ombrageux. L'explication de texte sur le gazon est musclée. Comme attendu, les Polonais optent pour un bloc bas et compact au milieu, la défense resserrée. Ils laissent l'initiative aux Soviétiques

76. « Boniek : nous vivons dans un monde corrompu », 7 juin 2012.
77. Entretien avec l'auteur, juin 2022.
78. Victor Sinet, « URSS, pour une réhabilitation », *France Football*, 3-4 juillet.

désemparés qui se heurtent à un mur tout en plaçant des contres percutants stoppés par le vigilant Rinat Dassaev. Dès la prise d'antenne, la retransmission polonaise présente d'horripilants désagréments. À la moindre action approchant les cages gardées par Josef Mlynarczyk, l'image se brouille, tressaute. De Varsovie à Gdansk, en passant par Cracovie ou Lublin, le dysfonctionnement s'incruste. Les téléspectateurs ont, par intermittence, la fâcheuse surprise d'être gratifiés de plans serrés d'autres rencontres. Quid de ces agaçantes sautes d'images ?! Dans l'impossibilité technique de gommer les camarades disgraciés, l'habituel sort réservé aux dissidents élagués des clichés officiels, la régie, doigts sur la couture du pantalon, applique les consignes reçues. Hors de question qu'apparaissent par écrans interposés les bannières de Solidarnosc déployées dans l'axe des buts du portier polonais. La diffusion est perturbée pendant près d'une heure. Jusqu'à ce que la Guardia Civil investisse par la force la tribune coupable et décroche les drapeaux intrus, conspuée par la totalité de l'enceinte catalane solidaire. Les militants retors du syndicat clandestin sont appréhendés manu militari. Les fauteurs de troubles en sont quittes après de laborieuses vérifications d'usage au commissariat. « La police espagnole est intervenue à la demande insistante de l'ambassadeur soviétique », assure Rémi Poltorak de *Wirtualna Polska*, un site d'informations basé à Varsovie[79]. Quoi qu'il en soit, « le résultat est accueilli par une joie inconditionnelle en Pologne », témoigne-t-il, catégorique. Certains membres de l'encadrement ont l'allégresse une once forcée. « Un bon tiers d'entre eux appartenait à la

79. Entretien avec l'auteur, juin 2022.

police et n'était là que pour surveiller les autres », précise le reporter. L'incident des bannières est évoqué en conférence de presse. Antoni Piechniczek choisit de ne pas s'y attarder, même s'il tient à saluer le courage des téméraires activistes, les propos pesés au trébuchet. « Je n'ai pas vu ces banderoles. J'étais tellement pris par le match que je n'ai pas regardé autre chose. Mais à un moment, j'ai entendu des réactions du public espagnol. Elles étaient très impressionnantes et elles nous ont fait chaud au cœur », glisse le sélectionneur polonais. Son homologue soviétique n'a quant à lui rien vu, ni rien entendu. « Mon équipe a joué en fonction des circonstances. Les adversaires étaient de force égale », évacue-t-il, sans ciller, les bras croisés, la langue de bois exercée. Constantin Beskov réserve la faucille et le marteau à Oleg Blokhine, son véloce ailier, lauréat du Ballon d'Or 1975, qu'il désigne pour partie responsable de l'élimination cuisante. Le buteur ukrainien, commissaire politique du Dynamo Kiev, frôle la dégradation sur le pré en bouc-émissaire de circonstance. « Il a plus parlé que joué. Un joueur d'expérience parle moins, mais joue beaucoup. Ce n'est pas ce qu'a fait Oleg, qui a trop manifesté son mécontentement envers ses camarades pour un joueur de son niveau »[80], réprimande-t-il, pour relativiser la vexante déconvenue synonyme de retour au bercail. La logorrhée ne trompe personne. Les premières fissures du robuste système socialiste sont bel et bien apparentes. Dans la rue, au sein des conglomérats d'État, au cachot comme sur le terrain, les Polonais, tenaces, auront marqué leur territoire vaille que vaille. Les Aigles blancs se classeront troisièmes de la Coupe du monde espagnole en battant la France dans la « petite

80. Gérard Ejnès, « Blokhine dur, Boniek triste », *France Football*.

finale » (3-2), égalant leurs parcours de 1974 en Allemagne de l'Ouest. « L'état de guerre », assoupli le 21 juillet 1982, sera définitivement levé à l'été suivant. Lech Walesa est libéré en novembre 1982, peu après le décès du « camarade Brejnev ». Récipiendaire du prix Nobel de la paix en octobre 1983, il sera l'un des artisans majeurs de la transition démocratique malgré des zones d'ombre persistantes quant à sa supposée collaboration avec la junte. Jusqu'à devenir, en 1990, le premier président de la République polonaise élu à l'issue d'élections libres.

Le bourreau de Séville et ses juges

Coupe du monde en Espagne. XIIe édition (1982)

RFA – France 3-3 a.p. (5 t.a.b. à 4)
8 juillet 1982 – Séville
Demi-finale

8 juillet 1962. Côte à côte. Au dernier jour d'une visite officielle en France, le chancelier de la République fédérale d'Allemagne (RFA), Konrad Adenauer, et le président français, Charles de Gaulle, écoutent le *Te Deum* lors d'une « messe solennelle pour la paix ». L'heure est au recueillement sous les voûtes séculaires de la cathédrale Notre-Dame de Reims, ville martyre de la Première Guerre mondiale où a été signé l'acte de reddition de l'armée allemande à la fin de la Seconde. « À la cathédrale, dont toutes les blessures ne sont pas encore guéries, le premier Français et le premier Allemand unissent leurs prières pour que, des deux côtés du Rhin, les œuvres de l'amitié remplacent pour toujours les malheurs de la guerre », écrira, dans ses *Mémoires*, le général de Gaulle. Cette cérémonie religieuse scelle la réconciliation entre les deux peuples, consacrée, le 22 janvier 1963, par la signature du Traité de l'Élysée.

8 juillet 1982. Face à face. RFA et France s'affrontent en demi-finale de Coupe du monde dans l'ambiance

bouillante et assourdissante du stade Ramon-Sanchez-Pizjuan de Séville. La Mannschaft terrasse les Bleus au terme d'un match épique, étiré par une prolongation irrespirable conclue par une cruelle séance de tirs au but, alors inédite dans l'histoire de l'épreuve : 3-3, 5 tirs au but à 4. Il est 23 h 41. Les Bleus n'ont plus que leurs yeux pour pleurer. Leur rêve de finale s'est évaporé dans la moiteur de la nuit noire andalouse, infusée de relents nationalistes. Encore fragile, l'amitié franco-allemande en sort fissurée.

« Le Chagrin et la colère », titre *Paris-Match* dans sa livraison du 23 juillet, allusion au documentaire de Marcel Ophüls, *Le Chagrin et la pitié*, une plongée tout en nuances de vert-de-gris dans les tréfonds de la psyché française sous l'Occupation. Jean Cau sort l'artillerie lourde : « Tout est guerre. De 1914 et de 1940. De 1982 où, pour la troisième fois en un siècle, la France rencontrait l'Allemagne dans un match capital et sur le champ de bataille de Séville. » Trempant la plume dans le napalm, le polémiste dépeint une « 3e Guerre franco-allemande. D'un côté, l'Allemagne dans la force et la puissance de ses divisions blondes et rousses. De l'autre, la France et ses héroïques "petits" », héritiers « des chevaliers français à Azincourt, de la Garde de Waterloo ».

Pourquoi tant de haine ? Dans sa causerie, le sélectionneur Michel Hidalgo, pétri d'humanisme, ne s'est jamais hasardé dans le registre guerrier. Lui insiste sur « l'amour du maillot tissé par des millions de Français », la filiation avec les Bleus de 1958 (troisièmes en Suède) emmenés par Raymond Kopa et Just Fontaine, et le plaisir du jeu. Outre-Rhin, Franz Beckenbauer est plus prosaïque. À *Bild Zeitung* qui lui demande « comment battre la France ? », le Champion du monde 1974, sanglé dans sa tenue impériale de « Kaiser », répond : « Il faut être dur, très dur… Ils ont horreur du jeu physique. » Face à des Français qui attaquent le match, la fleur aux crampons, les Allemands tirent les premiers par Pierre Littbarski (17e). Durs au mal, les Français répliquent par un pénalty de Michel Platini (27e). D'un tir croisé qui prend Harald « Toni » Schumacher à contre-pied.

Le 8 juillet 1962, la frimousse pouponne de « l'Ange au sourire » veillant le fronton de la cathédrale de Reims avait symbolisé la concorde franco-allemande. Vingt ans plus tard, les boucles blondes et la moustache frisottante de Schumacher personnifieront bientôt l'ennemi allemand. Sur le banc au coup d'envoi, Patrick Battiston a le loisir d'observer l'hyper-agressivité du gardien de Cologne : une bourrade dans la cuisse de Michel Platini (34e), une charge testostéronée sur Manu Amoros (36e), puis une manchette et un coup de genou dans le dos de Didier Six à terre (38e). Appelé à remplacer Bernard Genghini (50e), touché au mollet droit après un coup du capitaine allemand Manfred Kaltz, le numéro 3 des Bleus a les crocs. Le Stéphanois qui a vu le titre de Champion de France lui échapper pour un point derrière Monaco, qui a perdu la finale de Coupe de France aux tirs au but contre le PSG (2-2 a.p., 5 t.a.b. à 6), et qui a été victime d'une insolation contre l'Angleterre (1-3) en ouverture du *Mundial*, en est persuadé. Il va « laisser [sa] trace dans ce match ». À la 57e minute, lancé en profondeur par une longue ouverture de Michel Platini, il a juste le temps, après un rebond, de toucher le ballon du pied gauche, alors qu'une masse rouge et noire fonce sur lui. Et… Trou noir ! Percuté en plein visage par la hanche droite de Schumacher, sorti bien trop tard et qui a bondi sur lui de tout son poids, Battiston gît dans la surface. Inconscient. Inerte. Le corps secoué de spasmes. Il ne voit pas le ballon mourir à l'extérieur du poteau. Il ne voit pas l'agitation autour de lui. Il ne voit pas la panique dans les yeux de Gérard Janvion, de Michel Platini ou du docteur Maurice Vrillac. « J'ai cru qu'il était mort », confiera le capitaine des Bleus[81], veillant, hagard, son ami gisant, sorti sur brancard par les secouristes, en lui tenant la main droite. L'arbitre Charles Corver, lui, n'a rien vu. Rien, hormis le ballon rouler à côté du but. Il siffle une simple remise en jeu.

Durant ces quatre minutes interminables, Schumacher attend. Scotché à l'angle gauche de ses six mètres. Impassible. Les mains sur les hanches. La mâchoire mécanique broyant un chewing-gum. « C'était tout simplement de la lâcheté », concèdera le gardien dans son autobiographie[82].

« Sur le moment, tout le monde a été saisi »[83], se rappelle Edwige Avice, ministre déléguée aux Temps libre, à la Jeunesse et aux Sports, présente en tribune officielle. Animés d'un vif sentiment d'injustice après cette agression non sanctionnée sur Battiston, remplacé par son coéquipier de l'ASSE Christian Lopez, les Bleus reprennent le match. Comme libérés. « On était vraiment devenus des bêtes », confie Alain Giresse. « Avant cette agression, nous étions onze, poursuit Jean-Luc Ettori. Après, nous sommes 50 millions. » La majorité des 70 000 spectateurs du stade soutient d'autant plus volontiers les petits Coqs que la Roja a été croquée par l'Aigle allemand (1-2) lors de la deuxième phase de poules.

81. Michel Platini, *Ma Vie comme un match*, Robert Laffont, 1987.
82. Sauf mention contraire, toutes les citations de Harald Schumacher sont extraites du livre *Coup de sifflet*, Michel Lafon, 1987.
83. Entretien avec l'auteur, juin 2022.

LE BOURREAU DE SÉVILLE ET SES JUGES

Tout à sa joie de la qualification pour la finale après avoir arrêté les tirs au but de Didier Six et de Maxime Bossis, Schumacher aggrave son cas à la fin du match. Apprenant par un journaliste que Battiston, en observation à la clinique Sagrado Carazon, a perdu trois dents dans le choc, il rétorque : « Si ce n'est que cela, je suis prêt à lui payer ses couronnes. » Sans un mot de compassion pour le blessé. « La bêtise était dite. Facile à citer, regrette-t-il. J'étais devenu l'incarnation du cynisme. »

Dérisoire consolation, à l'issue du *Mundial*, l'équipe de France décroche le Prix du Fair-play. Impossible d'en dire autant des médias qui sonnent la curée contre le gardien allemand, devenu « le bourreau de Séville ». Présentateur vedette du *13 Heures* de TF1, Yves Mourousi dénonce le « monstre Schumacher » ; *L'Équipe* décline les gracieusetés : « profession : brute épaisse », « un petit, un pauvre type, un minable » ; « une bête sauvage » enchérit *Le Figaro* ; *France Football* se mue en procureur contre un « assassin des stades », archétype de « la saloperie humaine » et exhibe comme pièce à conviction « la photo du crime », tandis que *L'Équipe Magazine* dénonce, pêle-mêle, « la barbarie », un acte « qu'on pourrait presque qualifier d'homicide », et un « attentat ». Pour la bonne bouche, Patrick Sébastien y va de sa pochade en sortant *Sade Warum*, un 45 tours détournant *Sag warum*, tube de 1960 de Camillo Felgen, aux paroles aussi subtiles que l'accent allemand mâtiné de corrézien de l'humoriste : « Si je vous frappe, il n'y aura pas de traces, car je suis un bon gardien. Avec moi, ça ne marque pas ! *Ach kolossale* Rigolade ! »

« En l'espace d'un match (...) j'étais devenu l'incarnation du salaud et de la brute épaisse aux yeux du monde entier.

(...) Pire : un salaud d'Allemand qui avait à moitié massacré un Français, rembobine l'ancien chaudronnier de Düren. On avait trouvé en moi le nouveau "Boche à abattre". (...) Peut-être pour mieux atténuer le choc de leur défaite, les Français entendaient-ils alors me percevoir pour une espèce de mini-Hitler ? J'en fus alors horriblement choqué. Moi, Toni Schumacher, gardien de but, me voir coller une étiquette pareille sur le dos ! Inouï ! Jamais un chancelier ouest-allemand, en dépit de tous ses efforts, n'aurait pu provoquer autant de casse diplomatique que moi. » Apolitique affirmé, Schumacher est complètement dépassé par les évènements.

Pour sa défense, il tente maladroitement d'expliquer qu'il était tendu lors de la demi-finale car il avait oublié son maillot de gardien bleu porte-bonheur à l'hôtel. Ses coéquipiers Pierre Littbarski et Klaus Fischer avancent comme circonstances atténuantes à l'énervement de leur gardien le fait qu'il s'est retrouvé bloqué durant un quart d'heure dans l'ascenseur de l'hôtel juste avant le départ du car de la Mannschaft pour le stade Sanchez-Pizjuan. Ces arguments ne calment pas ses contempteurs.

À Paris, l'Ambassade de RFA croule sous les lettres anonymes vomissant un torrent de haine contre l'Allemand, personnifié par Schumacher qui a la parfaite gueule de l'emploi. « Regardez-bien sa physionomie, éructe un correspondant. On en a vu des semblables il y a quarante ans, du côté d'Oradour-sur-Glane et autres lieux, où s'exerçaient la brutalité et la férocité innées de la race germanique, qu'hélas rien ne peut changer, pas même le sport. (...) Il s'agit peut-être là d'un avertissement salutaire, qui nous rappelle que la bête n'est pas morte, et qu'il faut être vigilant. »[84] Preuve qu'à l'époque, le spectre de la Seconde Guerre mondiale est encore vivace dans l'inconscient national. Ainsi, avant sa disparition en 2012, Thierry Roland, dont la voix de titi parisien accompagna l'équipe de France durant un demi-siècle et quelque 250 matches, confiait avoir rêvé d'achever sa carrière sur « Allemagne-France en finale de la Coupe du monde. On mettait une bonne "branlée" à nos amis allemands, un bon 4-0, pour leur faire payer 1982, 1986 (*la RFA battit encore les Bleus en demies, 2-0*) et le reste ! »[85] Né en 1937, le journaliste symbolisait cette génération grandie dans une France baignant encore dans l'anti-germanisme primaire. À ses débuts au Poste parisien, il fut notamment marqué par les souvenirs de guerre du commentateur Georges Briquet, déporté à Dachau en 1944 sous le matricule 74 311.

Le 9 juillet 1982, pour apaiser les esprits, le chancelier ouest-allemand Helmut Schmidt adresse, tel un saint baume, un télégramme œcuménique au président François Mitterrand : « Le jugement de Dieu qui, selon la mythologie classique, est propre à chaque duel, a voulu que la chance, dans ce match, échoie au camp allemand. Nous sommes de tout cœur avec les Français qui méritaient la victoire tout autant que nous. » L'ancien député européen Daniel Cohn-Bendit s'en marre encore : « C'était bien la preuve que Dieu n'existait pas. Si Dieu existait, il est par essence juste, donc la France aurait gagné. »[86] À moins que Dieu n'eût été allemand ce soir-là. « Une heure avant le match, quand j'ai ouvert la

84. Cité dans *Le diable est-il allemand ?*, de Jörg von Uthmann, Denoël, 1984.
85. Entretien avec l'auteur, novembre 2004.
86. Dans le documentaire *Petites histoires du foot franco-allemand* d'Albert Knechtel, Arte, 2016.

porte de mon armoire dans le vestiaire, j'ai vu une photo de Jésus collée dessus. J'ai dit tout bas à mes coéquipiers : "Les gars, je crois qu'il ne peut rien nous arriver de fâcheux ce soir." », déclare alors Horst Hrubesch. Le lendemain à l'entraînement, il portera ostensiblement la relique bleue frappée du numéro 6 de Christian Lopez. Comme un suaire.

Miraculés, les Allemands l'ont été à Séville. Près de rendre les armes au cours de la prolongation, après deux coups de boutoir de Marius Trésor (2-1, 92e) et Alain Giresse (3-1, 98e), ils durent leur salut à leurs remplaçants Karl-Heinz Rummenigge et Horst Hrubesch. Malgré une cuisse en vrac, le double Ballon d'Or (1980, 1981), à peine entré en jeu, permet à la RFA de recoller à 2-3 (103e) et c'est l'attaquant de Hambourg qui supplicie Ettori et le peuple français sur l'ultime tir au but et lève les bras au ciel.

Même les artistes s'invitent dans cette querelle de religions. Dans *L'Équipe*, Francis Huster se fend d'une « lettre ouverte à Michel Platini », dont les envolées lyriques n'ont rien à envier à « la tirade du nez » de Cyrano de Bergerac mouchant le vicomte de Valvert. « Ce pourquoi Cyrano, Molière, Jean Moulin (…) sont morts : le PANACHE. Contre la brute aveugle, contre la bêtise de la force, contre la masse de muscles sans faille, vous avez jailli avec votre POÉSIE, votre IMAGINATION, votre FINESSE, votre INSPIRATION, et tu sais quoi, Michel, votre HUMILITÉ, s'emporte le fougueux comédien. En d'autres temps, Dieu avait choisi Jeanne d'Arc, Pascal, des soldats ou des poètes. Ce soir-là, il avait choisi treize footballeurs. Et comme pour son fils, il les laissa se faire crucifier pour mieux montrer sa puissance, la vanité des victoires et de l'orgueil des vainqueurs, la supériorité de l'âme sur la force. »

LE BOURREAU DE SÉVILLE ET SES JUGES

L'arbitre Charles Corver en prend aussi pour son grade. Moqué par la presse brésilienne, qui le croque en « fossoyeur » (« *corveiro* » en portugais) de l'équipe de France, le Néerlandais est rhabillé en Ponce Pilate, en France. Félicité cinq ans auparavant pour son arbitrage lors de France-Bulgarie (3-1) du 16 novembre 1977 qui avait envoyé les Bleus au *Mundial* argentin, il est, cette fois, voué aux gémonies pour n'avoir ni sifflé pénalty ni averti Schumacher. Corver, qui indiquait « préférer le joueur qui gifle son adversaire devant moi que l'autre qui tacle sournoisement dans mon dos » reconnaît publiquement son erreur après avoir visionné les images. Il plaide ne pas avoir vu le choc entre Schumacher et Battiston car il avait les yeux rivés sur le ballon. Président de la Fédération française d'athlétisme et vice-président du CNOSF, Michel Marmion réclame « une suspension d'au moins un an » de M. Corver. En vain.

« À Séville, on a bafoué les règles du sport, accuse Platini dans une lettre ouverte publiée dans *Paris-Match*. J'aurais préféré un arbitre latin, comme M. Garrido, le Portugais. Nous comprenons le même football. Contre la force, il aurait encouragé notre sens artistique du jeu. » Ironie de l'histoire, Antonio Garrido avait été pressenti par la commission d'arbitrage de la FIFA pour officier sur la demi-finale. Mais il n'a pas été retenu. Car le représentant français, Roger Machin (aucun lien avec l'ONU, telle que la qualifia Charles de Gaulle en 1960) avait protesté, arguant que le sifflet portugais avait déjà arbitré Angleterre-France (3-1) au premier tour.

François Mitterrand n'a rien raté de la demi-finale, vue en comité restreint sur la petite télé d'un restaurant sur les hauteurs de Budapest, après avoir visité une coopérative dans le cadre d'un déplacement officiel en Hongrie. Le 12 juillet, au lendemain de la finale qui voit l'Italie dominer la Mannschaft (3-1) et « venger » les Bleus, il envoie un télégramme au chancelier Helmut Schmidt : « Je compatis à votre déception, mais félicite à travers vous le football allemand de sa prestation à la Coupe du monde. »

Le 14 juillet, en marge de la garden-party élyséenne à laquelle il a convié les Bleus, le président achève d'enterrer la hache de guerre. Au micro de TF1, il retient avant tout « ce formidable match contre l'Allemagne (...), l'un des plus beaux que j'ai vus au cours de ces dernières années. Puis du courage, de la volonté, un peu de malchance, peut-être un peu d'injustice, mais enfin on ne va pas toujours plaider contre les arbitrages ». Tout juste regrette-t-il que « ce gardien de but que je trouve si remarquable (...) [Dominique] Baratelli n'ait pas eu le droit à participer à la fête. Après tout, l'entraîneur a ses raisons. Il n'est pas obligé de me les communiquer. »

La veille, Michel Hidalgo a pris la mesure du ressentiment anti-allemand, chez lui, dans le Blayais. Venu assister au passage du Tour de France, lors de la 10e étape qui mène le peloton à Bordeaux, il est apostrophé au sommet de la côte de Gauriaguet. « Les gens que je croisais disaient qu'il fallait prendre les fusils. C'était effrayant », racontera-t-il en 2005 sur France Culture, prolongeant les réflexions couchées dans son livre *Les buts de ma vie* : « Le football n'est pas la guerre. Schumacher n'est pas un monstre. Il faut savoir pardonner. »

Ce pardon, Patrick Battiston, horrifié par le courrier qu'il reçoit, évoquant le STO[87], va l'accorder au gardien allemand. Sur les conseils de son manager Rüdiger Schmitz, Toni Schumacher, harcelé d'appels anonymes et de courriers menaçant de s'en prendre à ses enfants, sollicite un tête-à-tête avec sa « victime ». Une semaine après le match de Séville, *Le Républicain Lorrain* orchestre une rencontre entre les deux hommes, dans les bureaux du quotidien régional, à Metz. Endimanché dans un polo bleu ciel et blanc barré d'une fine cravate de cuir blanche, Schumacher offre un vase en porcelaine et un bouquet de fleurs à Battiston. Le joueur stéphanois doit se marier le lendemain, mais un examen médical lui a décelé le matin-même une fracture de la deuxième vertèbre cervicale nécessitant le port d'une minerve[88]. Après un échange privé au cours duquel Schumacher assure à Battiston qu'il n'a «jamais eu l'intention de le blesser», le duo est invité à rejoindre une autre salle afin de poser pour la «photo de la réconciliation» devant les journalistes. Sous la mitraille des flashes et des questions tournant à l'interrogatoire, l'Allemand se sent bête traquée. «Je suis venu pour m'excuser auprès de lui, pas pour donner une conférence de presse, s'agace-t-il face aux relances insistantes des médias. Qu'attendez-vous de moi? Que je me jette par la fenêtre au nom de la réconciliation franco-allemande?»

L'opération de communication est un fiasco. La gêne de

87. Service du travail obligatoire, auquel furent soumis des centaines de milliers de travailleurs français réquisitionnés par l'Allemagne sous l'Occupation.

88. Sur la photo officielle de l'ASSE, Battiston posera avec une minerve, lui donnant de faux airs du commandant von Rauffenstein, officier allemand campé par Erich von Stroheim dans *La Grande illusion* de Jean Renoir.

Schumacher est prise pour de l'arrogance. Le lendemain, après avoir reçu un nouveau mot d'excuses de l'Allemand, Battiston, magnanime, appelle de nouveau à l'apaisement et à tourner la page. « Cet épisode a été un moment difficile, car il entachait l'image du football et du sport, mais il y a eu une attitude très responsable de modération chez les sportifs concernés, souligne l'ancienne ministre des Sports, Edwige Avice. Même si je n'étais pas directement impliquée dans la diplomatie française, je n'ai pas souvenir d'une complication de la relation franco-allemande, suite à ce match. »[89]

Schumacher, lui, n'en finit pas de porter sa croix. Quelques semaines plus tard, le gardien du FC Cologne revient en France disputer le Tournoi de Paris. « J'avais l'impression d'être dans la peau d'un dictateur que l'on veut protéger ou d'un criminel qu'il faut surveiller de près », raconte l'Allemand le plus détesté de France, obligé d'emprunter des portes dérobées, à l'aéroport ou à l'hôtel Concorde-La Fayette où loge le club allemand. Malgré les pressions du président du PSG, Francis Borelli, pour qu'il ne joue pas, par crainte d'incidents au Parc des Princes, Schumacher figure bien sur la pelouse face au Dynamo Zagreb (0-1). Sous la protection de policiers en civil derrière son but et de CRS, il est copieusement injurié par une frange des 20 000 spectateurs qui le traitent de « SS » et de « salaud [dont] on aura la peau ». Le surlendemain, le

89. La demi-finale n'entraîna aucune répercussion néfaste sur les activités de l'Office franco-allemand pour la Jeunesse. Créé en 1963 par le Traité de l'Elysée pour encourager les relations entre les jeunes des deux pays, l'organisme binational enregistra une progression des programmes d'échanges (5 195 en 1983 contre 4 781 en 1982) et une augmentation sensible du nombre de participants français et allemands, passés de 118 905 en 1982 à 130 539 l'année suivante.

pestiféré subit le même accueil contre le PSG (1-2), un match marqué par le tout premier but de Safet Susic sous le maillot parisien.

Cet été-là, l'ambiance sera un peu moins conviviale qu'à l'accoutumée entre touristes français et allemands dans les campings de la Côte d'Azur. « On dit que de nombreux pneus de voitures ou de caravanes avec des plaques d'immatriculation allemandes ont été crevés à l'époque, mais cela semble relever d'une légende urbaine »[90], pondère le journaliste allemand Stephan Klemm. La fâcherie s'estompera vite. Pour preuve, à l'automne, le groupe new wave allemand Trio cartonne dans les charts français avec le single *Da da da* aux paroles appropriées : « *Ich liebe dich nicht/ Du liebst mich nicht* » (« Je ne t'aime pas/Tu ne m'aimes pas »).

Deux ans plus tard, le 18 avril 1984, Toni Schumacher mesurera de nouveau sa cote de popularité en France, à Strasbourg, lors du premier France-RFA depuis 1982, en match de préparation à l'Euro. Côté français, les trois buteurs de Séville, Platini, Trésor et Giresse ne sont pas là ; Battiston, si. La veille, *France Football* invite un psychanalyste, Pierre Barbey, à se pencher sur le cas Schumacher. Interrogé sur son apparente indifférence au sort de Battiston lors de la demi-finale, il répond : « Lorsque l'on a à l'esprit l'image de la chevalerie mythique et courtoise du Moyen Âge, il paraît évident que Schumacher aurait dû exprimer sa politesse, manifester un intérêt pour Battiston. Mais n'a-t-on jamais vu dans des cas graves des gens être désarçonnés, ne pas savoir quoi faire, parce qu'ils sont dépassés par l'évènement, éclater de rire lors d'un enterrement par exemple ? »

90. Entretien avec l'auteur, juillet 2022.

Ce soir-là, TF1 bouscule sa grille et déprogramme *Dallas* et son univers impitoyable. L'infâme J. R. troque le Stetson pour une paire de gants de gardien de but. Dans le car, assis au dernier rang, planqué derrière le rideau tiré, Schumacher se prépare à entrer dans l'arène de la Meinau à guichets fermés. Casque de walkman sur les oreilles, il écoute en boucle *Revanche* de son compatriote Peter Maffay, fredonnant avec le chanteur : « *Schlagt mich tot / Erst dann könnt ihr euch sicher sein dass ich's nicht wieder versuch' und wirklich liegen bleib'* » (« Battez-moi à mort / C'est la seule manière d'être sûr que je n'essaierai plus de me battre et que je ne me relèverai pas »). Bravache, il est le premier à entrer sur le terrain pour s'échauffer avec l'entraîneur adjoint Horst Köppel. Il essuie huées et jets de projectiles (a) variés : œufs, oranges, tomates, pommes de terre, « de quoi ouvrir une épicerie sur le champ », dira-t-il. Au fil du match, dans sa tunique jaune doré, Schumacher parvient à retourner les 40 000 spectateurs, en multipliant les arrêts. Il ne cède que sur la fin, sur une reprise de près de Genghini (79e). Après la rencontre, dans l'intimité du vestiaire, il échange son maillot avec Battiston. Hors-champ. À l'abri des caméras, des regards et des juges.

22 septembre 1984. Main dans la main. Debout devant un catafalque couvert des drapeaux français et allemand entremêlés, le président François Mitterrand et le chancelier ouest-allemand Helmut Kohl, écoutent retentir *La Marseillaise* sur le parvis de l'ossuaire de Douaumont en se tenant par la main. Brisant le protocole des commémorations du 70e anniversaire de la bataille de Verdun, l'image solennelle symbolise avec force la réconciliation franco-allemande. Pour l'Histoire.

Une manita pour las Malvinas

Coupe du monde au Mexique. XIIIe édition (1986)

Argentine - Angleterre 2-1
22 juin 1986 - Mexico
Quart de finale

« *Vamos Argentina ! Vamos a ganar !* » (« Allez l'Argentine ! Nous allons gagner ! ») Au printemps 1982, le chant des supporters argentins qui avait accompagné quatre ans plus tôt le sacre de l'Albiceleste déserte les tribunes pour déferler sur le champ de bataille. Dans un pays exsangue miné par une inflation à trois chiffres, la dictature moribonde, dirigée par le général Leopoldo Galtieri, tente de fédérer la nation par un coup de bluff nationaliste. Le régime envoie 9 000 hommes à l'assaut des îles Malouines, à quelque 500 km au large des côtes argentines. Écorché par les vents de l'Atlantique sud, cet archipel sauvage d'un peu plus de 12 000 km² (équivalent à la superficie de l'Irlande du Nord) tire son nom français des navigateurs de Saint-Malo qui y accostèrent au XVIIIe siècle. Figurant sur la liste des territoires non autonomes établie par les Nations Unies en 1946, les Malouines sont alors revendiquées sous le nom de « las Malvinas » par l'Argentine, qui en conteste la souveraineté au Royaume-Uni établie en 1833. Depuis cette date, l'Empire britannique y a implanté des colons et a baptisé « Falkland Islands »[91], ces « îles tristes » comme les baptisa le père de la théorie de l'évolution, Charles Darwin.

Le 2 avril 1982, la garnison britannique de 69 Marines chargés de protéger les cailloux de la Couronne, où vivent moins de 2 000 pêcheurs et éleveurs d'ovins, est submergée. Le drapeau argentin flotte sur Port-Stanley, renommé Puerto Argentino. Cette attaque éclair prend de court les autorités britanniques, d'autant qu'elles négociaient 72 heures plus tôt la vente de bombardiers à leur futur assaillant. Chahutée à la Chambre des Communes, au plus bas dans les sondages, la Première ministre britannique Margareth Thatcher n'a d'autre choix, pour éviter l'humiliation et la mort politique, que de riposter. « La Dame de Fer » envoie le 5 avril près de 28 000 hommes à la reconquête des Malouines, à 13 000 km des côtes britanniques.

La puissance de feu britannique, qui s'appuie sur une centaine de navires, dont deux porte-avions HMS *Hermes* et *Invincible*, écrase les troupes argentines, acculées à la reddition le 14 juin 1982, après 74 jours de guerre. Le bilan est lourd : 649 morts côté argentin, 255 côté anglais et trois Kelpers (civils habitant l'île). Sans compter les centaines de blessés et mutilés dans les deux camps, et la vague de suicides qui emportera des jeunes traumatisés par l'horreur du conflit. Commandité par la junte argentine en décembre 1982, le rapport Rattenbach, déclassifié en 2012, mettra l'accent sur le manque criant de formation des troupes,

91. En l'honneur d'Anthony Cary, vicomte de Falkland en Écosse, Lord de l'Amirauté qui finança l'expédition maritime du Britannique John Strong en 1690.

composées à 70 % d'appelés âgés de vingt ans ou moins, mal préparés, mal équipés et victimes de dénutrition. Ce réquisitoire relèvera aussi des actes de tortures commis par certains gradés sur les conscrits.

Cet épilogue militaire coïncide avec le coup d'envoi de la Coupe du monde en Espagne. À la lecture de la presse espagnole contredisant les discours triomphalistes du régime argentin, les joueurs de l'Albiceleste tombent de haut. Le 13 juin, à la veille de l'assaut final des forces britanniques dans l'Atlantique sud, ils passent à côté du match d'ouverture face à la Belgique (0-1) au Camp Nou de Barcelone. Parmi les conscrits aux Malouines figurent une dizaine de footballeurs appartenant aux « Clases » 62 et 63 (nés en 1962 et 1963). Plusieurs tentent de saisir des bribes du match à la radio, entre deux salves ennemies. « Nous suivions le match à la radio, accroupis dans une tranchée, quand une bombe est tombée juste à côté de nous. Nous avons dû changer de position et éteindre la radio, car on craignait d'être trahis par le satellite » témoignera en 2013 le vétéran des Malouines Raul Horacio Correa sur TyC Sports. Envoyé au combat à 19 ans, ce jeune espoir du football évoluera six ans plus tard, en 1988-1989, en D1 argentine au Deportivo Mandiyu, mais restera hanté à jamais par ces soixante jours passés aux Malouines : « Chaque matin, à mon réveil, je me disais : "Une journée de plus en vie." »

En Espagne, l'Albiceleste, installée à La Vila Joiosa dans la province d'Alicante, vit dans la paranoïa. Un matin, un vent de panique souffle à l'hôtel lorsque les services de sécurité constatent que Diego Maradona et Osvaldo Ardiles manquent à l'appel. « Il y avait des rumeurs sur une éventuelle action armée ou un enlèvement par les SAS (*forces spéciales de l'armée britannique*) contre la sélection », témoigne Ardiles dans le livre *El Partido* d'Andres Burgo. Le joueur sera surpris de voir débouler en plein office religieux des agents sur les dents, soulagés de retrouver les deux « disparus ». Ils s'étaient simplement offert une brève escapade pour assister incognito à une messe dans une petite église.

Les envoyés spéciaux argentins qui couvrent le tournoi doivent, pour leur part, obéir à un catéchisme strict. Le pouvoir leur interdit de citer nommément l'ennemi : les termes « Angleterre » ou « Anglais » sont bannis. Cette adaptation saugrenue du jeu du « ni oui ni non » conduit à des situations ubuesques. Au micro de RFA-Angleterre (0-0), le reporter de Radio Rivadavia, Juan Carlos Morales, est obligé d'abuser de périphrases pour évoquer le pays honni – « les rivaux de l'Allemagne », « l'équipe évoluant en rouge », « les partenaires de Kevin Keegan » –, rendant son commentaire indigeste.

Championne du monde en titre, la sélection argentine ne fait pas de vieux os en Espagne. Elle est piteusement éliminée dès la seconde phase de groupes, après deux revers contre l'Italie (1-2) et le Brésil (1-3). « Nous avons joué dans un climat terriblement troublé par la guerre des Malouines, regrette alors l'entraîneur César Luis Menotti, qui lâche ses coups contre le régime de Galtieri. Je ne veux pas faire comme un certain général dont je ne citerai pas le nom, qui a envoyé sa troupe se faire tuer et est resté à l'arrière, assène le technicien au soir de l'élimination. Je veux d'abord sauver ma troupe. Le seul responsable, c'est moi. La faute doit toujours retomber sur ceux qui dirigent et non pas sur ceux qui sont dirigés. » Une manière élégante de protéger sa jeune pépite, Maradona, expulsée contre le Brésil pour un violent coup de pied dans le ventre de Joao Batista (86e). Par ce geste rageur, le n°10 argentin de 21 ans évacuait toute la frustration accumulée trois jours plus tôt contre l'Italie où il avait subi 23 fautes, un record encore inégalé en Coupe du monde.

Une image résume cette campagne d'Espagne ratée, celle du maillot déchiré d'Osvaldo Ardiles floqué d'un n°1 insolite pour un milieu de terrain. Découvrant le poitrail béant du joueur, cette défroque en lambeaux illustre l'âpreté d'un match de chiffonniers contre des Italiens plus qu'accrocheurs. Idole de Tottenham, avec qui il a remporté la Coupe d'Angleterre en 1981, Ardiles apprend durant le tournoi la mort au combat de son cousin, le lieutenant José Ardiles, dont l'avion a été abattu le 1er mai au-dessus des Malouines. « Toute guerre est stupide, toute guerre est mauvaise, celle-ci plus que toutes les autres », confie-t-il, amer, aux micros, transgressant le mot d'ordre de la junte qui a interdit aux joueurs d'aborder la question malouine en Espagne. Déchiré « entre [ses] pays de naissance et d'adoption », Ardiles quittera Londres cet été-là pour rejoindre le PSG, mais errera tel un fantôme sur les pelouses françaises. « Je jouais terriblement mal, je n'avais pas la tête au football, je n'arrêtais pas de penser à la guerre… » dira-t-il à son retour, six mois plus tard chez les Spurs, son club de cœur, avec qui il décrochera la Coupe de l'UEFA en 1984.

Un happy end hollywoodien pour Ardiles, qui avait joué trois ans plus tôt au cinéma, sous la direction de John Huston, dans *À nous la victoire*, où il donnait la réplique à la légende brésilienne Pelé et aux anciens internationaux anglais Bobby Moore et Mike Summerbee. Ce dernier, venu finir sa carrière à Stockport County comme managerjoueur à la fin des années 1970, ne se doutait pas qu'il allait importer la guerre des Malouines sur les terrains de… D4 anglaise. Grâce à ses relations avec le patron d'Adidas, Adi Dassler, il avait récupéré un important stock de maillots de l'équipe d'Argentine championne du monde 1978 auprès de l'équipementier de l'Albiceleste. Remplaçant le blason de la Fédération argentine (AFA) par l'écusson de Stockport, Summerbee imposa à partir de 1979 les rayures verticales bleu ciel et blanc au club du comté du Grand Manchester, sacrifiant son traditionnel maillot uni bleu roi. Mais, en avril 1982, le conflit militaire dans l'Atlantique sud oblige le club à changer de tenue en catastrophe. Stockport County finit la saison dans un maillot blanc à manches noires, moins connoté[92].

Le 12 octobre 1982, Londres célèbre en grande pompe le succès militaire du Pacifique, en organisant « The London Victory Parade », un défilé de 1 250 soldats applaudi par 300 000 personnes. Requinqués, Margareth Thatcher et le Parti conservateur remportent haut la main les élections générales du 9 juin 1983. En Argentine, la défaite des Malouines précipite la chute de la dictature. Le retour à la démocratie est consacré par la victoire de l'Union civique radicale aux élections générales du 30 octobre 1983, et par l'intronisation de Raul Alfonsin à la présidence de la République, le 10 décembre, date hautement symbolique,

92. Pour la saison 2022-2023, Stockport County a ressuscité les iconiques rayures verticales bleu ciel et blanc pour son maillot extérieur. C'est seulement la seconde fois (après 2012-2013) que le club renoue avec le design argentin depuis sa mise au placard en avril 1982.

car elle coïncide avec la Journée internationale des Droits de l'Homme.

« Les Malouines, c'était une guerre entre deux chauves pour un peigne », formule l'écrivain argentin Jorge Luis Borges dans *Clarin*, le 2 février 1983. Certes, ces cailloux rocheux pelés par le vent sont inhospitaliers, mais ils baignent dans des eaux giboyeuses, zones de pêche lucratives. Et surtout, dès 1975, la Grande-Bretagne, comme l'ont confirmé des documents déclassifiés en juin 2022, lorgne les sous-sols marins qu'elle soupçonne – avec raison – de regorger d'importants gisements pétroliers. Après avoir adopté une loi accordant la citoyenneté britannique aux Malouins, l'Angleterre renforce sa présence militaire dans la région en construisant une imposante base aérienne à Mount Pleasant et en déployant plus d'un millier de soldats à demeure.

Encore tièdes, les braises des Malouines vont être attisées par la Coupe du monde 1986. « *Para el Peru las Mavinas siempre Argentinas* » (« Pour le Pérou, les Malouines sont toujours argentines ») clame un immense calicot tendu sur la pelouse de l'Estadio Monumental de Buenos Aires à l'entrée des joueurs péruviens et argentins, le 30 juin 1985. Si le Pérou avait livré dix avions Mirage à l'Argentine lors du conflit aux Malouines, les deux équipes ne se font pas de cadeau sur le terrain dans ce match décisif du groupe 1 de qualification de la zone Amsud pour le *Mundial*. La défaite est interdite pour les Argentins désormais dirigés par Carlos Bilardo, sous peine de se faire chaparder le ticket direct pour la phase finale par les Péruviens et de devoir passer par deux barrages périlleux pour rallier le Mexique. Les Argentins s'épargnent cet itinéraire bis en arrachant le nul

(2-2, 81e) au terme d'un match particulièrement rugueux. « L'Argentine à la tronçonneuse », titre *L'Équipe*, invitant l'Albiceleste à bûcher son football pour « réapprendre à jouer le jeu qui est le sien ».

À l'approche de la phase finale, Carlos Bilardo est plus proche du bonnet d'âne que des félicitations du jury. Sur la sellette, le technicien est critiqué pour ses choix d'écarter les anciens, tel le gardien Ubaldo Fillol, ou de dégrader le capitaine historique Daniel Passarella pour confier le brassard à Diego Maradona. Il est aussi injurié pour le jeu brouillon et la médiocrité des résultats rapportés de la campagne de préparation en Europe, ponctuée par un zéro pointé contre la France (0-2) et la Norvège (0-1). « Lorsque nous sommes arrivés au Mexique, nous ne figurions même pas parmi les favoris » rappellera Jorge Burruchaga, au soir de la finale remportée contre la RFA (3-2). « Nous étions en quelque sorte tout petits. »

Outsider, la sélection s'épargne les querelles intestines grâce à un virus… intestinal et à un ulcère au côlon qui laissent Passarella sur le flanc. L'ex-capitaine hors-jeu, Maradona a les coudées franches pour prendre, à 25 ans, le leadership de l'équipe et bâtir un véritable esprit de corps autour de lui.

Victorieux respectivement de l'Uruguay (1-0) et du Paraguay (3-0) en huitièmes de finale, Argentins et Anglais ont rendez-vous en quarts, le 22 juin, à Mexico. Avant ce tout premier match entre les deux équipes depuis la guerre des Malouines, les autorités s'efforcent de calmer le jeu. Dans le camp britannique, Sir Geoffrey Howe, le secrétaire d'État aux Affaires étrangères y voit une opportunité pour « normaliser les relations diplomatiques » entre les deux pays, rompues depuis 1982, tandis que le président argentin Raul Alfonsin encourage la sélection à jouer « très calmement ». Le dirigeant sud-américain reste sourd à la demande de huit sénateurs de l'opposition péroniste de ne pas jouer le match. Ces partisans de la politique du terrain vide arguent que « l'Argentine ne peut pas entretenir de relations commerciales ou sportives avec la Grande-Bretagne, alors que cette nation a une attitude belliqueuse à notre égard ». L'ancien sélectionneur Menotti dénonce cette posture, refusant qu'« une guerre absurde des tribunes » succède à « la guerre absurde des Malouines ».

La presse, elle, se plaît à agiter le spectre du conflit. Le tabloïd anglais *The Sun* invite les Anglais à se faire « les Argies » – terme aussi affectueux que celui de « boches » dans la bouche d'un Français à l'égard des Allemands. La presse argentine exacerbe aussi les tensions, en relayant des télégrammes vengeurs adressés par les vétérans des Malouines : « Que chaque joueur se comporte comme un Exocet[93] ! », exhorte *Cronica* à deux jours du match. Plus largement, Maradona se voit promu par les médias argentins « général » d'une armée en quête de « revanche ».

« Si on avait écouté les Argentins, il aurait fallu qu'on entre tous sur le terrain avec une mitraillette et qu'on tue un à un Shilton, Stevens, Butcher, Fenwick, Sansom, Steven, Hodge, Reid, Hoddle, Beardsley et Lineker, égrènera Maradona[94]. La triste vérité, c'est que les Anglais avaient tué beaucoup de

93. En référence aux missiles anti-navires français avec lesquelles l'armée argentine parvint à couler deux bâtiments de la Royal Navy aux Malouines en 1982.

94. Sauf mention contraire, les citations de Maradona sont extraites de sa biographie *Maradona, ma vérité*, Hugo et Compagnie, 2016.

jeunes Argentins sur le front, mais (…) les vrais responsables, c'était nous, les Argentins. Eh oui, il fallait vraiment être cons pour aller se battre contre la troisième puissance mondiale avec des baskets en toile au pied. »

Ce mardi 22 juin 1986, devant les 114 580 spectateurs de l'Estadio Azteca de Mexico, onze Argentins en short et crampons affrontent onze Anglais en short et crampons. Pour une place en demi-finales. Parmi les titulaires argentins, quatre auraient pu combattre aux Malouines quatre ans plus tôt. Nés en 1962, Jorge Burruchaga, Hector Enrique, Sergio Batista et Oscar Ruggeri appartenaient à la « *Clase 62* » mobilisable pour les combats. Si Batista, Enrique et Ruggeri eurent la chance de ne pas être tirés au sort à la loterie annuelle désignant les conscrits appelés à faire leur service militaire obligatoire (*« colimba »*), Burruchaga, qui évoluait alors en D1 argentine au CA Independiente, n'y échappa pas. Il passa trois semaines au Campo de Mayo, principal centre d'instruction militaire du pays, pour y faire ses classes. Ensuite, il pointa chaque matin à la caserne, durant de longues semaines, dans l'angoisse d'être envoyé au front. « Vous ne pouvez pas vous imaginer le nombre de fois où j'ai pensé qu'ils allaient m'envoyer aux Malouines, raconte-t-il dans le livre *El Partido*. Après la guerre, je suis encore allé au régiment pendant trois semaines, jusqu'à ce que nous soyons démobilisés. Nous demandions aux autres conscrits : "Tu te rappelles untel ?" "Il est mort." "Et celui-là ?" "Lui aussi est mort." »

Quatre ans plus tard, dans la fournaise mexicaine, Burruchaga et les autres lieutenants de Maradona ont le visage fermé en montant la rampe d'accès vers le terrain. Mais aucune trace d'animosité ne ternit le protocole. Les hymnes sont respectés, les Argentins offrent un fanion aux Anglais, Diego Maradona et Peter Shilton se serrent la main. « Il y avait un respect total sur la pelouse, une vraie loyauté », souligne Maradona. Un mois et demi plus tôt, le 1er mai, il a été chaleureusement applaudi à Londres par les 30 000 spectateurs de White Hart Lane, où il a participé au jubilé d'Osvaldo Ardiles et à la victoire de Tottenham contre l'Inter Milan (2-1). Sous le maillot des Spurs. Aux côtés de ses coéquipiers d'un soir Glenn Hoddle ou Chris Waddle, devenus ses adversaires du jour au *Mundial*.

Si les contacts sont virils, un bon état d'esprit général flotte sur la rencontre au cours de la première période. Coupable d'une faute sur Maradona, Peter Beardsley aide le capitaine argentin à se relever (22e), Shilton et Ricardo Giusti se tapent dans la main après s'être percutés dans un duel au sol (30e). Seul Terry Fenwick, le sécateur des Queens Park Rangers, de retour de suspension, se signale par un tacle violent sur Maradona (9e) qui lui vaut d'être averti par Ali Bennaceur. Déjà au sifflet de Pologne-Portugal (1-0) en phase de poules, l'arbitre tunisien sera charitable avec Fenwick, dont deux coups de coude au visage de Maradona (39e, 65e) et un tacle par derrière sur Jorge Valdano (81e) auraient sûrement valu un retour prématuré au vestiaire.

En tribunes, les combats sont circonscrits à quelques échauffourées et échanges de bourre-pifs provoqués par des ultras argentins qui ont brûlé, au coup d'envoi, un drapeau de l'Union Jack, au nez rubicond de hooligans anglais excités et éméchés. Aucun incident majeur n'est à déplorer au cours de ce match classé à haut risque pour lequel les autorités mexicaines ont déployé un dispositif de sécurité XXL de 20 000 hommes.

Aussi médiocre que la pelouse, la première mi-temps n'est égayée que par une facétie de Maradona à la 35e minute. Gêné au moment de tirer un corner par les photographes massés à l'angle du terrain, il retire le piquet. Sommé de replanter le poteau de corner par le juge de touche costaricien Berny Ulloa, Maradona fait le pitre, avant de le remettre en place et de le recoiffer soigneusement de son drapeau rouge. Offrant un aperçu de la dextérité du n°10 argentin qui explosera à la face du monde après la pause, cet intermède de mercerie peut aussi être lu comme un clin d'œil au quart de finale de la Coupe du monde 1966, Angleterre-Argentine (1-0), seul précédent entre les deux pays en phase finale. Ce jour-là, à Wembley, l'arbitre allemand Rudolf Kreitlein, excédé par les protestations véhémentes et les gestes d'humeur virulents du capitaine argentin Antonio Rattin, l'expulsa à la 35e minute. Reconduit manu militari vers le vestiaire, le colosse, en quittant le terrain, chiffonna ostensiblement le drapeau anglais qui chapeautait un poteau de corner. Dans un climat de plus en plus délétère, la rencontre finit en pugilat, à tel point que le sélectionneur anglais Alf Ramsey, ulcéré par le comportement des Argentins, les traita d'« *animals* » (« animaux »).

L'histoire ne dit pas si, vingt ans plus tard, son successeur Bobby Robson a lu l'avenir dans les entrailles de quelque animal sauvage. Mais en ciblant comme danger n°1 Maradona, « le type de joueur capable de gagner un match à lui tout seul en cinq minutes », il tape dans le mille, car le génie argentin réalisera sa prophétie en inscrivant un doublé en… cinq minutes chrono (51e, 55e). Sur le premier, après s'être joué de trois adversaires, il sollicite un une-deux avec Valdano qui rate son contrôle. Steve Hodge, en voulant dégager en catastrophe, balance une longue balle en cloche vers son but et… le reste appartient à la légende. Maradona, qui a poursuivi l'action, a beau rendre vingt centimètres à Shilton, il effectue un saut carpé et, du haut de son 1,65 mètre, devance la sortie pataude du gardien de Southampton d'une pichenette du poing gauche. Malgré les vives protestations de Fenwick et de Hoddle, M. Bennaceur valide le but, sans que son juge de touche, le Bulgare Bodgan Dochev, ne moufte. En conférence de presse, Maradona confiera avoir inscrit ce but « avec la tête de Maradona et avec la main de Dieu (…) en pensant à tous ces gamins disparus aux Malouines ». Mano de Dios ? Mano del Diablo ? Chacun se fera sa religion.

Quatre minutes plus tard, le lutin argentin porte le coup de grâce après avoir passé en revue la moitié de l'équipe anglaise en douze touches de balle. Deux premières chevauchées avaient manqué de désarçonner les Anglais (32e, 36e). La troisième est la bonne. Trouvé dans sa moitié de terrain par Henrique, Maradona élimine d'une roulette Peter Beardsley et Peter Reid, accélère côté droit, crochète Terry Butcher, enrhume Fenwick, efface Shilton d'une feinte de frappe et marque du gauche dans le but vide, malgré le retour désespéré de Butcher. « C'est la seule fois de ma carrière où j'ai eu envie d'applaudir le but d'un adversaire », commentera, fair-play, l'attaquant d'Everton Gary Lineker, qui, en réduisant le score (81e), finira meilleur buteur du tournoi (6 buts).

« Ce but est-il pour vous une merveille ? »[95] À cette question, Maradona avait pris l'habitude de minauder : « Il

95. En 2002, il a été élu « But du siècle de la Coupe du monde » après un vote organisé par le site de la FIFA. Plébiscité par 18 062 internautes, il a devancé un but de l'Anglais Michael Owen inscrit à Saint-Etienne en 1998 face à… l'Argentine (8es de finale, 2-2 a.p., 3 t.a.b. à 4).

n'y a qu'une merveille au monde, c'est Sophia Loren ». Laquelle prenait parfois, au gré de son humeur badine, les traits de « Raquel Welch ». Mais ce jour-là, le peuple argentin n'a d'yeux que pour Maradona, fêté par des dizaines de milliers de supporters affluant autour de l'Obélisque de Buenos Aires pour chanter la gloire de leur idole et injurier copieusement les Anglais. Conspuée, Maggie Thatcher est descendue en flammes, et plusieurs drapeaux anglais partent en fumée. « *Malvinas 2 – Ingleses 1* », titre *Cronica* le lendemain, pour célébrer la revanche des Malouines : « Nous avons démoli les pirates anglais. » Le journal applaudit des deux mains celle de Maradona qui a rendu la monnaie de leur pièce aux « usurpateurs » des Malouines. En écho, le capitaine argentin confiera dans le documentaire *Maradona par Kusturica* avoir une préférence pour son but du poing, car, « j'avais l'impression d'avoir volé son portefeuille à un Anglais ». Les bookmakers britanniques, eux, rembourseront les parieurs qui avaient pronostiqué 1-1, estimant qu'il s'agissait du « résultat moral du match ».

Le temps a passé, les cicatrices restent. La Grande-Bretagne et l'Argentine s'écharpent toujours sur le statut des Malouines, en dépit de plusieurs résolutions de l'ONU appelant les deux pays à reprendre les négociations pour trouver une issue pacifique. Tenante du statu quo, la Grande-Bretagne s'estime dans son bon droit et s'appuie sur le résultat du référendum d'autodétermination qu'elle a organisé en 2013 auprès des 1 650 habitants de l'île en âge de voter. 99,8% des votants se sont prononcés pour que les Malouines restent « un territoire britannique d'outre-mer ». Un vote illégitime pour l'Argentine, soutenue par l'Union des nations sud-américaines. Le 2 avril 2022, à Buenos Aires, dans un discours commémorant le 40e anniversaire du début de la guerre des Malouines, le président argentin Alberto Fernandez a une nouvelle fois revendiqué la souveraineté de son pays sur les îles. Ce même jour, avant d'affronter l'Arsenal Futbol Club en Coupe de la Ligue argentine, les joueurs de Boca Juniors ont posé derrière une bannière clamant « *Malvinas nos unes* » (« Les Malouines nous unissent »).

Par ricochet, ce quart de finale de la Coupe du monde 1986 a failli déclencher une crise diplomatique franco-tunisienne. Bien que Thierry Roland, au micro de TF1, ait pris soin de préciser à la prise d'antenne qu'il ne parlerait du match « que sur le plan sportif » et occulterait le contexte politique des Malouines, le commentateur met le feu aux poudres. Après avoir insisté lourdement sur la nationalité de « Monsieur Bennaceur de Tunis » à chaque intervention de l'arbitre en première période, le journaliste, abasourdi que la main de Maradona lui ait échappé sur l'ouverture du score, interpelle son consultant Jean-Michel Larqué : « Sans vouloir être méchant, mais enfin, on s'interrogeait avec nos amis de la RAI (*télévision publique italienne*), est-ce que vous ne croyez pas (...) honnêtement, que dans un monde grand comme il est, il y a autre chose qu'un arbitre tunisien pour diriger un quart de finale de la Coupe du monde entre l'Argentine et l'Angleterre ? » Petite phrase, grand bruit. « Scandalisé par les commentaires de Thierry Roland dont le ton était marqué d'agressivité à l'égard d'un arbitre tunisien dont il relevait les prétendues défaillances en relation avec sa nationalité », l'ambassadeur de Tunisie en France, Hédi Mabrouk, menace Hervé Bourges, le PDG de

TF1, d'attaquer sa chaîne pour racisme[96]. Avant de renoncer à porter plainte contre la promesse du commentateur de faire amende honorable. Pourtant, le lendemain, la chaîne en remet une couche, en exhumant dans *Téléfoot* une phrase de M. Bennaceur lors du stage de préparation des arbitres : « Au Mondial, les seuls amateurs peut-être sont les arbitres… » Mais, le 25 juin, en préambule de la demi-finale France-RFA (0-2), Thierry Roland bat sa coulpe : « Je crois qu'on a mal interprété en France une réflexion que j'avais faite sur l'arbitre tunisien, Monsieur Bennaceur. Je tiens à dire que, bien entendu, il ne s'agissait pas dans mon esprit de porter un jugement sur une communauté ou sur un pays. D'ailleurs, les pays du Maghreb, à l'image du Maroc (*éliminé en huitièmes de finale par la RFA, 0-1*), ont démontré toute leur valeur au cours de ce Mondial. Je prie donc tous ceux qui auraient pu être affectés par mes propos de bien vouloir m'excuser (…) Bonsoir particulier à nos amis de Tunisie. » L'incident diplomatique entre la France et son ancien protectorat est clos. La guerre des Malouines ne débordera pas sur le bassin méditerranéen.

96. En Angleterre, alors que le score était encore vierge, le commentateur de la BBC Jimmy Hill s'interrogea aussi à haute voix sur la pertinence de la part de la FIFA de désigner « des arbitres inexpérimentés issus de pays émergents pour des matches aussi cruciaux », son compère Barry Davies, jugeant cela « un peu étonnant ». Sans que ces remarques ne créent de tollé outre-Manche.

Les derniers feux de la Yougoslavie

Coupe du monde en Italie. XIVe édition (1990)

9 juin au 30 juin 1990

Alignés sur la pelouse, côte à côte, ils fixent les tribunes, médusés. Derrière eux, l'orchestre en uniforme a commencé à jouer l'hymne de la Yougoslavie, leur hymne, et les sifflets tombent si fort des gradins qu'ils couvrent presque la musique. Regard sombre, mâchoire serrée, Safet Sušić secoue la tête. Dejan Savićević et Dragan Stojković, eux, affichent un sourire incrédule, comme s'il ne pouvait s'agir que d'une mauvaise blague. Ce 3 juin 1990, les *Plavi* (les « Bleus ») disputent leur dernier match de préparation à la Coupe du monde. Un joli test en l'occurrence puisqu'ils affrontent à domicile le champion d'Europe en titre, les Pays-Bas. À domicile ? Pas vraiment, tant le stade Maksimir de Zagreb affiche une hostilité inouïe envers ses propres joueurs. Huées, insultes, le traitement de faveur se prolonge pendant toute la partie, scandée par les « Croatie ! Croatie ! » d'un public frondeur. Avec pour comble l'acclamation nourrie des deux buts de la victoire néerlandaise (2-0), signés Rijkaard et Van Basten. Avant le coup d'envoi, le capitaine Faruk Hadžibegić avait harangué ses partenaires : « On est à 11 contre 20 000, allez ! »

Alors que la sélection dirigée par Ivica Osim s'apprête à rejoindre l'Italie pour disputer la XIVe Coupe du monde, l'atmosphère est électrique dans les Balkans. Quelques semaines plus tôt, le 13 mai, la politique s'est invitée dans le même stade Maksimir à l'occasion du sommet du Championnat entre le Dinamo Zagreb et l'Étoile rouge de Belgrade. La rencontre est marquée par de violents affrontements entre supporters, « Bad Blue Boys » croates contre « Delije » serbes, descendus en découdre sur la pelouse. Sous les yeux de forces de l'ordre passives puis partisanes qui finissent par réagir à coups de matraques, canons à eau et gaz lacrymo. Parmi les ultras, une frange de radicaux a transformé depuis un certain temps les virages en étendards de leurs messages nationalistes. Une partie d'entre eux ira bientôt garnir les rangs des milices paramilitaires, dont celle du célèbre Arkan, président de l'association des supporters de l'Étoile rouge. Cet ancien braqueur mettra ses redoutables « Tigres » au service du leader serbe Slobodan Milošević et sera accusé de crimes contre l'humanité par le Tribunal pénal international[97].

Ce 13 mai à Zagreb, on dénombre plus d'une centaine de blessés, et davantage encore d'arrestations. L'agitation donne lieu à une scène passée à la postérité, lorsque l'attaquant du Dinamo, Zvonimir Boban (21 ans alors),

97. De son vrai nom Zeljko Raznjatovic, « Arkan » est inculpé en septembre 1997 de « crimes contre l'humanité », « infractions graves aux conventions de Genève » et « violations des lois ou coutumes de la guerre », pour des crimes commis par des milices agissant sous sa responsabilité ayant notamment abouti au meurtre de 78 personnes. Mortellement blessé lors d'une fusillade à Belgrade en janvier 2000, il n'a pu être jugé.

adresse un coup de pied sauté à un policier qui s'en prenait à un supporter croate. Le geste lui vaudra six mois de suspension de la part de la Fédération yougoslave, mais un statut d'icône au sein de la patrie au damier. « C'est une date très importante dans ma vie. Ce jour-là, je suis entré dans l'histoire sportive et politique », dira la future star de l'AC Milan[98]. Aujourd'hui, devant le Maksimir, une stèle rend hommage aux supporters-combattants tombés lors du conflit armé qui embrasera la région peu après cette journée prémonitoire : « Aux supporters du club qui ont débuté la guerre contre la Serbie, ici, dans ce stade le 13 mai 1990 et dont la vie s'est achevée par le sacrifice de leur vie sur l'autel de la patrie croate. » Un épisode charnière dans l'histoire du foot balkanique, qui vient en réalité s'inscrire dans un paysage déjà en désagrégation. Depuis la mort de Tito, garant de l'unité du pays, en 1980, la Yougoslavie est traversée par le retour des courants nationalistes. La chute du mur de Berlin, le délitement de l'URSS et du modèle communiste, les crises au Kosovo déjà, ont attisé les envies de libéralisation au sein de cette mosaïque complexe constituée de six républiques et deux provinces autonomes, où les langues, ethnies et religions s'entremêlent. Un tableau qui avait inspiré au général de Gaulle cette réflexion prophétique en 1964 : « Encore faudrait-il qu'il y ait une nation yougoslave. Il n'y en a pas. Il n'y a que des bouts de bois qui tiennent ensemble parce qu'ils sont liés par un bout de ficelle. Le bout de ficelle, c'est Tito. Quand il ne sera plus là, les bouts de bois se disperseront. »[99]

---

98. *La dernière équipe de football yougoslave*, documentaire de Vuk Janić (2000).
99. Alain Peyrefitte, *C'était de Gaulle*, t. II, Éditions de Fallois/Fayard, 1997.

SPHÈRE D'INFLUENCES

L'élément déclencheur de la rupture intervient en janvier 1990 : lors du congrès de la Ligue des communistes de Yougoslavie, parti unique au pouvoir depuis 1945, les délégations slovène et croate claquent la porte face au refus de faire évoluer les institutions. C'est le début de la fin de la fédération yougoslave. Dans les mois qui suivent, certaines républiques vont organiser des élections libres et multipartites, une première depuis la Seconde Guerre mondiale : la Slovénie en mars, la Croatie en avril-mai, où l'indépendantiste Franjo Tudjman est élu président. Son désir d'émancipation – il annonce aussitôt la souveraineté de l'État croate auquel il veut donner une nouvelle constitution – est condamné par le pouvoir central, incarné par Slobodan Milošević, puis bientôt combattu : le pays entrera dans la guerre, la vraie, à partir du printemps 1991.

On n'en est pas encore là à l'été 1990, mais cela pose le contexte de cette sélection en sursis. Pour établir sa liste de joueurs retenus pour le *Mondiale*, Ivica Osim doit veiller à ménager les susceptibilités. « Vous deviez faire attention au nom, à la religion, au club, à la région du pays de chaque joueur, raconta-t-il en 2010 à *Sports Illustrated*. Vous deviez tout calculer. Tout est politique. Chaque club était politique et l'équipe nationale était particulièrement politique. » Le technicien, natif de Sarajevo, choisit huit Croates, six Bosniaques, trois Monténégrins, deux Serbes, deux Macédoniens et un Slovène. « On n'a jamais eu la moindre discussion sur le fait de prendre un joueur de telle nationalité ou de telle religion », assure aujourd'hui Hadžibegić, qui échangeait avec son sélectionneur en sa qualité de capitaine. « Osim faisait ses choix en fonction des complémentarités techniques. Après, s'il y avait une réflexion c'était plutôt pour savoir si les jeunes retenus sauraient supporter la pression d'un Mondial. Les choix étaient entièrement sportifs.»[100] Il n'est qu'à juger les noms de cette palette composite : Stojković, Prosinečki, Šuker, Sušić, Pančev, Savićević, Bokšić… Un groupe exceptionnel qui s'appuie sur la «génération dorée», comme on l'appelle alors, sacrée championne du monde junior en 1987.

Ironie de l'histoire, pour son entrée dans le tournoi, la Yougoslavie au bord de la décomposition se prend les pieds dans le tapis face à l'Allemagne tout juste réunifiée (1-4). «Mes coéquipiers ne m'ont pas suffisamment aidé, tacle Stojković après le match. Je n'ai pas reçu assez de ballons. Or, vous savez, le football est un sport collectif…» Les turbulences extérieures déteindraient-elles sur l'ambiance en interne? «Je peux vous certifier à 100 % que dans le groupe, nous n'avons jamais eu de discussions d'ordre politique pendant tout le tournoi, rétorque Hadžibegić. Il n'y avait aucune tension liée à ça, pour deux raisons. La première, c'est que cette génération avait grandi ensemble. Ce n'était pas tabou, simplement ce n'était pas un sujet pour nous, on était de toutes les ethnies et il n'y avait aucun malaise. La seconde raison, c'est qu'à ce moment-là, la guerre n'a pas encore commencé. C'est quand on a vu l'armée à l'œuvre qu'on a compris qu'il n'y aurait pas de retour en arrière, bien après la Coupe du monde.» Il n'est qu'à examiner la presse de l'époque : la problématique politique de cette équipe n'est pas du tout évoquée pendant le tournoi. «Rétrospectivement, quand on repense au match Dinamo Zagreb-Étoile rouge du 13 mai, on comprend que toutes

100. Entretien avec l'auteur, juin 2022.

les cartes étaient déjà sur la table, que quelque chose de grave se préparait chez les politiques, poursuit Hadžibegić. Mais au Mondial, on n'imaginait pas ce qui allait se passer, d'autant qu'une partie des joueurs évoluait à l'étranger. On était une équipe, comme on l'avait toujours été, qui s'est révoltée après avoir raté son premier match. »

Deux succès, contre la Colombie (1-0) puis les Émirats arabes unis (4-1), la remettent sur les rails. En huitièmes de finale, à l'issue d'une des plus belles oppositions du tournoi, elle franchit l'obstacle espagnol grâce à deux coups de pattes d'un Stojković retrouvé (2-1 a. p.). Le discours du buteur n'est plus le même que lors du match inaugural : « J'ai peut-être fait la différence, mais j'ai bénéficié du beau travail de tous mes coéquipiers. Ce n'est pas seulement Stojković qui a gagné, mais toute la Yougoslavie. » Au pays, les principales scènes de joie dans les rues sont recensées en Serbie et surtout en Bosnie-Herzégovine, territoire où les ethnies sont le plus imbriquées. « Il restait des "vrais Yougoslaves", pourtant, ce n'était plus un compliment, tout était sens dessus dessous, observera Osim des années plus tard. Seuls les Bosniaques ressentaient quelque chose pour cette équipe. Pour eux, cette victoire comptait beaucoup. Ils espéraient encore. Partout, on sentait ce danger et cette peur. »[101]

En quarts de finale se dresse l'Argentine de Diego Maradona, un défi alléchant. Mais les inquiétudes du pays ne sont jamais loin. « Quelques heures avant le match, Srečko Katanec, qui était un joueur très très important pour nous, m'a demandé de ne pas l'aligner, parce qu'il avait

101. *La dernière équipe de football yougoslave*, documentaire de Vuk Janić (2000).

reçu des menaces dans sa ville, racontera Osim. Il avait peur de se balader dans Ljubljana à cause des menaces. Je peux comprendre que ce n'est pas une situation confortable. Comment pouvait-il jouer? S'il allait jouer en Italie en laissant sa famille à Ljubljana, alors ils étaient sous la menace. Je ne peux empêcher personne de penser à ça.» Le 30 juin, à Florence, la température est étouffante face au tenant du titre. L'expulsion précoce de Šabanadžović, à la 31e minute, complique un peu plus les affaires de Hadžibegić et ses coéquipiers. Qui ne lâchent rien et résistent courageusement. 0-0, prolongation, tirs au but. Le moment choisi par Osim pour quitter le terrain, prétextant que «les tirs au but c'est l'inconnu, la technique ne compte pour rien». L'expérimenté Sušić se charge de transmettre la liste des tireurs aux arbitres. Côté sud-américain, Maradona et Troglio ratent leur tentative, mais le gardien Goycochea est dans la forme de sa vie. Il voit Stojković frapper la transversale, et stoppe les frappes de Brnović et Hadžibegić, cinquième tireur malheureux (0-0 a.p., 2-3 aux t.a.b.). Le défenseur du FC Sochaux ne le sait pas encore, il s'agit des dernières images de l'histoire de la Yougoslavie unifiée dans une phase finale.

À l'issue du match, fier du parcours de ses hommes et convaincu de leur potentiel sans limites, Osim lâche dans le même souffle une supplique et un soupir résigné : «Dans deux ans la Yougoslavie gagnera l'Euro. Si elle n'explose pas, si on s'occupe d'elle, si on la soutient. Mais je sais déjà qu'il n'en sera rien, c'est le pire qui arrivera.» Le vernis tiendra encore quelques mois, mais l'ensemble se craquelle peu à peu. Le 17 octobre 1990, à l'initiative de son président de la République Franjo Tudjman, fan de foot et de son instrumentalisation, la Croatie organise un incroyable match amical contre les États-Unis à Zagreb (victoire 2-1). Une rencontre non officielle, puisque la nation au damier n'est pas encore indépendante et ne sera affiliée à la FIFA qu'en juillet 1992, mais à laquelle se pressent 30 000 spectateurs euphoriques. À l'issue de la saison 1990-1991, dernier Championnat unifié, les fédérations croate et slovène de football vont faire sécession, dans le prolongement de leur dissidence politique. Leurs clubs créent leurs propres ligues, leurs internationaux abandonnent la sélection au maillot bleu (Boban, Prosinečki, Šuker, Bokšić...). Les joueurs bosniaques et macédoniens les imiteront au printemps 1992, rattrapés à leur tour par les évènements extra-sportifs. Profondément marqué par le siège sanglant de Sarajevo, sa ville, Osim se retire de son poste de sélectionneur le 23 mai, à quelques jours du début de l'Euro pour lequel il a qualifié la Yougoslavie. Une semaine plus tard, le conseil de sécurité de l'ONU décrète un embargo total contre le pays[102]. L'équipe est exclue alors qu'elle est déjà sur place. Elle est remplacée par le Danemark, son dauphin lors des éliminatoires, qui remportera le tournoi à la surprise générale. « S'il n'y avait pas eu la guerre, on était favoris pour gagner l'Euro 92, souffle Hadžibegić. On avait l'expérience de 1990 et quand

102. Le 30 mai 1992, le conseil de sécurité des Nations Unies vote la résolution 757 par 13 voix et 2 abstentions (Chine et Zimbabwe), qui spécifie en son paragraphe 8, alinéa b que « tous les États (...) prendront les mesures nécessaires pour empêcher la participation à des manifestations sportives sur leur territoire de personnes ou de groupes représentant la République fédérative de Yougoslavie (Serbie et Monténégro) ». Dès le lendemain, la FIFA réunit son comité d'urgence qui décide de « suspendre avec effet immédiat la fédération yougoslave de toute activité internationale jusqu'à nouvel ordre ». Dans la foulée, l'UEFA annonce son exclusion de l'Euro.

vous voyez le talent, la carrière de tous ces joueurs qui sont partis dans des grands clubs, Prosinečki, Šuker et Mijatović au Real Madrid, Boban et Savićević à Milan, Mihajlović en Italie… »

Décédé en mai 2022, Osim avait d'autres regrets éternels. « Je pense à la Coupe du monde 1990, à ce qui serait arrivé si nous avions battu l'Argentine, confiait-il encore en 2010. Peut-être suis-je optimiste, mais dans mes rêves secrets je me demande ce qui serait arrivé si la Yougoslavie avait joué la demi-finale ou la finale, ce qui serait arrivé dans le pays. Peut-être n'y aurait-il pas eu de guerre si nous avions gagné la Coupe du monde. Je ne crois pas vraiment que les choses se seraient déroulées ainsi, mais parfois je ne peux m'empêcher de l'imaginer. Quand je suis allongé dans mon lit et que j'attends le sommeil, je me dis que les choses auraient pu s'arranger après la Coupe du monde. » Auteur du tir au but fatal contre l'Argentine, Hadžibegić a longtemps pensé la même chose. Plus maintenant. « Avec le recul, je ne crois pas que ça aurait changé le cours des choses, pose-t-il. Si on avait été champions du monde, ils n'auraient pu interdire à 5 millions de personnes de sortir fêter ça dans la rue. Mais après ? La décision était prise, les choses étaient enclenchées par les partis politiques. » Pour preuve, l'épopée de la prodigieuse équipe de Yougoslavie emmenée par le Serbe Vlade Divac et le Croate Toni Kukoč lors du championnat du monde de basket en août 1990. Leur sacre, après avoir écarté les États-Unis en demi-finale et l'URSS en finale, a profondément marqué les mémoires dans cette région où ce sport est une religion, mais il n'a pas empêché le démantèlement du pays ni les guerres fratricides. Hadžibegić, lui, préfère conserver les bons souvenirs d'une époque révolue. « Regardez, poursuit-il, on est 30 ans après, il y a des tensions partout et aux obsèques d'Osim, on est tous venus, Sušić, Stojković, Boban, Katanec, Baždarević… L'homme reste l'homme et l'animal reste l'animal. »

Du Grand Satan à la petite détente

Coupe du monde en France. XVIe édition (1998)

États Unis - Iran 1-2
21 juin 1998 - Lyon
1er tour

Miraculés ! En quête d'une deuxième participation à une phase finale de Coupe du monde, vingt ans après le *Mundial* argentin de 1978 où ils avaient terminé derniers du groupe 4, après deux défaites face aux Pays-Bas (0-3) et au Pérou (1-4), et un nul contre l'Écosse (1-1), les Iraniens semblent condamnés à échouer aux portes de la Coupe du monde 1998. La faute à un mois de novembre 1997 calamiteux.

Le 7, en chutant au Qatar (0-2) lors de son dernier match de poule, Team Melli cède la qualification directe à l'Arabie saoudite. Le 16, elle rate une deuxième chance en Malaisie en s'inclinant en prolongation face au Japon en barrage de la zone Asie (2-3, but en or). Et son ultime séance de rattrapage, un barrage intercontinental avec l'Océanie, part en eau de boudin. Le 29, une semaine après avoir concédé le nul à Téhéran face à l'Australie (1-1), les Iraniens sont menés 0-2 à vingt minutes de la fin au retour à Melbourne. Le moment choisi par Khodadad Azizi pour enfiler le costume de sauveur de la patrie. Déjà buteur providentiel à l'aller, l'attaquant du FC Cologne est passeur décisif pour Karim Bagheri (70e) puis inscrit en solitaire le but du nul (2-2, 73e), synonyme de qualification. Après un marathon de 17 matches débuté six mois plus tôt par un 17-0 contre les îles Maldives, l'Iran décroche sur le gong le 32e et dernier ticket pour la Coupe du monde en France.

Cette qualification inespérée est saluée par d'impressionnantes scènes de liesse dans les rues de Téhéran, inédites depuis la Révolution islamique de 1979 et l'accession au pouvoir de l'ayatollah Rouhollah Khomeyni. Bravant tous les interdits de la République islamique, garçons et filles, tête nue, descendent dans les rues, dansent et chantent jusqu'au bout de la nuit, au son de musiques « impies » crachées par les autoradios des voitures, volume à fond.

Trois jours plus tard, à leur retour, les héros de Melbourne, tels les Beatles avant leur concert au Shea Stadium de New York en 1965, débarquent au stade Azadi en hélicoptère, où ils sont fêtés par 70 000 supporters exaltés, dont quelques milliers de femmes en tchador faisant fi de l'interdiction des autorités religieuses d'entrer dans l'enceinte.

À ces héros nationaux qui, une fois n'est pas coutume, ne sont pas des martyrs de guerre, le président Mohammad Khatami adresse ses félicitations « pour cette précieuse victoire ». Des propos qui tranchent avec la rhétorique de Khomeyni. En déclarant en 1979 que le sport était « une activité futile et condamnable », le Guide Suprême avait posé une chape de plomb sur le football iranien.

Disparu des radars internationaux durant de longues années, il retrouve les feux de la rampe lors du tirage au sort de la phase finale, le 4 décembre, au stade Vélodrome de

Marseille. Alors que ne restent que deux boules – Colombie et Iran –, l'ex-défenseur international de l'OM Marius Trésor est appelé à tirer la dernière équipe du groupe F, qui y rejoindra l'Allemagne, les États-Unis et la Yougoslavie. Il s'exécute et remet la boule à Sepp Blatter, secrétaire général de la FIFA. Le maître de cérémonie suisse dévisse lentement la sphère bleue et dévoile le rectangle blanc frappé des quatre lettres « IRAN ». L'été s'annonce brûlant à Lyon, avec un sulfureux États-Unis-Iran programmé le 21 juin au stade de Gerland.

La presse américaine annonce la couleur. « Un groupe convivial ? Pas sûr », ironise le *New York Times*, tandis que le *New York Daily News* dégaine à la une « *World Cup War* » (« La Guerre Mondial »). Car les deux États, qui ne se sont jamais affrontés dans un match de football, ont rompu leurs relations diplomatiques depuis près de deux décennies. La chute du shah d'Iran Mohammad Reza Pahlavi, allié des Américains, renversé en 1979 par la Révolution islamique, a déclenché des années d'hostilité. En représailles à l'asile sanitaire offert par les États-Unis au shah déchu, plusieurs centaines d'étudiants islamistes radicaux investissent l'ambassade américaine de Téhéran le 4 novembre 1979. Ils retiennent prisonniers cinquante-deux diplomates durant de longs mois. Les derniers otages ne seront libérés qu'en janvier 1981 après 444 jours de captivité.

« À bas l'Amérique ! » Le slogan fait florès sur les murs de Téhéran et se fait cri de ralliement lors des manifestations scandant la guerre Iran-Irak (1980-1988) où le drapeau des États-Unis, soupçonnés de soutenir le régime irakien, est immanquablement brûlé. Alors que l'administration de Ronald Reagan a classé l'Iran dans la liste des États soutenant le terrorisme, l'ayatollah hiératique Khomeyni attise régulièrement cette haine viscérale en fustigeant dans ses diatribes « le Grand Satan ». Un sentiment avivé le 3 juillet 1988, quand un missile tiré par un croiseur de l'US Navy, l'*USS Vincennes*, abat au-dessus du golfe Persique le vol 655 d'Iran Air, causant la mort de 290 civils.

Invité à commenter le choc symbolique à venir, le président de la Fédération iranienne, Dariush Mostafavi élude : « L'équipe des États-Unis sera un adversaire comme un autre, déclare le dirigeant. Le monde du football est différent du monde de la politique. Iran, États-Unis, Allemagne et Yougoslavie, nous faisons tous partie de la même famille. »

Niveau filiation, le directeur exécutif de la Fédération américaine Hank Steinbrecher joue la carte de la provocation, en qualifiant la rencontre à venir de « Mère de tous les Matches ». Une référence limpide à la belliqueuse « Mère de toutes les Batailles » brandie par le dirigeant irakien Saddam Hussein lors de la Première Guerre du Golfe en janvier 1991. Le président de la Fédération américaine Alan Rothenberg, préfère en rire par une boutade : « Il ne manque plus que la FIFA désigne un arbitre irakien et le tableau sera complet. »

Pourtant, en ce début d'année 1998, la voie est à l'apaisement. L'Iran, dirigée par le président réformiste Mohammad Khatami, vainqueur surprise de l'élection présidentielle en mai 1997 au nez et à la barbe du candidat conservateur Ali Akbar Nategh-Nouri, affiche des signes d'ouverture. Le 7 janvier, dans un entretien accordé à CNN, le dirigeant encourage l'Iran et les États-Unis à

« ouvrir une brèche dans le mur de la défiance » et appelle au développement d'échanges culturels entre les deux pays.

Ce discours volontariste se traduit mi-février par une première prise de contact physique – au sens littéral – quand cinq athlètes américains sont invités à participer à Téhéran à la Coupe internationale Takthi de lutte libre, sport-roi en Iran. L'initiative n'est pas sans rappeler la « diplomatie du ping pong » entreprise par les États-Unis et la Chine, qui avait entrouvert la voie à la normalisation des relations sino-américaines au début des années 1970.

Premiers sportifs américains à fouler le sol iranien depuis 1979, le champion olympique de lutte poids moyen de 1992 Kevin Jackson et ses quatre coéquipiers, vêtus du maillot bleu estampillé Stars and stripes font assaut d'amabilités envers leurs hôtes. Ainsi, Zeke Jones est-il chaudement ovationné par les quelque 13 000 spectateurs, quand il improvise un tour d'honneur avec sa médaille d'argent, en agitant un petit drapeau iranien.

Cette atmosphère rompt avec les déclarations fielleuses signées en 1996 du président iranien Hachemi Rafsandjani félicitant le lutteur Rasul Khadem Azgadhi, sacré champion olympique mi-lourds à Atlanta pour avoir « hissé le drapeau de la République islamique d'Iran dans la maison de Satan ».

En retour, l'Iran envoie, en avril, plusieurs athlètes aux États-Unis, pour participer à la Coupe du monde de lutte libre organisée à Stillwater dans l'Oklahoma. Si la compétition se déroule sans heurts et voit les Iraniens se classer 3es, leur entrée sur le sol américain a failli virer à l'incident diplomatique. Contrairement à leurs hôtes américains accueillis en grande pompe à Téhéran quelques semaines plus tôt, les dix-huit membres de la délégation iranienne sont « invités » par les services de l'immigration à... un relevé d'empreintes digitales et à une prise de photos en débarquant à l'aéroport O'Hare de Chicago. Cette procédure, habituelle, qui s'applique aux ressortissants de certains pays venant aux États-Unis pour la première fois – dont fait partie l'Iran – est vécue comme une humiliation. Au président de la Fédération iranienne de lutte Mohammad Reza Taleghani qui estime que ses hommes, retenus plusieurs heures pour accomplir ces formalités dégradantes, ont été « traités en criminels », son homologue américain Larry Sciacchetano présente ses excuses.

L'ayatollah Ali Khameini utilise cet incident pour jeter de l'huile sur le feu. « Comment la nation iranienne pourrait-elle tendre la main de l'amitié à un ennemi qui continue d'abriter un cœur malveillant et amer ? », s'insurge le Guide suprême qui a succédé à Khomeyni en 1989. Le sport s'avère un terrain de rivalités intestines au sein des autorités iraniennes, entre les modérés représentés par Mohammad Khatami et les leaders religieux, profondément hostiles à la politique d'ouverture esquissée par le président.

Ainsi, le 5 mars, l'Iran décline l'invitation de la Fédération américaine de football à venir jouer un match amical à Los Angeles où réside une importante communauté persane. Si les Iraniens arguent d'un programme de rencontres de préparation « complet », ils sont surtout dans le flou. Les résultats des matches amicaux sont médiocres et le banc est un siège éjectable pour les sélectionneurs. En guise de remerciements pour avoir qualifié Team Melli pour la Coupe du monde, le Brésilien Valdeïr Vieira a été... remercié. Le Croate Tomislav Ivic, qui lui a succédé en janvier, est débarqué quatre mois plus tard, après une défaite écrasante contre la réserve de l'AS Rome (1-7). Officiellement viré pour « manque d'efficacité », Ivic a surtout été victime d'une fronde de certains cadres mécontents de son jeu trop défensif, alliée à des rumeurs d'alcoolisme, et à la volonté du nouveau président de la Fédération, Mohsen Safaï-Farahani, de nommer un Iranien pour guider l'équipe lors du tournoi. La mission est confiée à Jalal Talebi, membre de l'équipe iranienne olympique à Tokyo en 1964.

En France, États-Unis et Iran gardent leurs distances. Team USA prend ses quartiers dans le château de Pizay à Saint-Jean d'Ardières, dans le Beaujolais, qui a un goût prononcé de camp retranché. La sélection américaine ayant exigé, pour raisons de sécurité, de résider à plus de cent kilomètres du camp d'entraînement des Iraniens, ceux-ci, avec l'aide des autorités françaises, trouvent un point de chute à 140 km de là, à Yssingeaux, en Haute-Loire. La crème des footballeurs perses s'installe au château de Montbarnier, qui abrite l'École nationale supérieure de pâtisserie, également placée sous cloche.

Alors que la FIFA a opportunément déclaré ce 21 juin 1998 « Journée du Fair-play », les deux camps font tout pour désamorcer la guéguerre diplomatique et jouent au chat et à la souris avec les questions insistantes des journalistes. L'expérimenté défenseur américain Alexi Lalas rappelle qu'il n'avait que neuf ans quand éclata la crise des otages à Téhéran. « Tout ce que j'avais compris à l'époque, c'était que les Iraniens étaient les méchants et les Américains les gentils, sourit-il derrière sa barbiche rousse, s'échinant à dépassionner la rencontre. Ce n'est qu'un match de football, mais s'il pouvait aider à l'amélioration de nos relations avec l'Iran, ce serait parfait. Mais ce serait encore mieux s'il nous rapportait trois points ! »

Car, sous son vernis symbolique, le match est sportivement crucial pour les deux formations. Défaits lors de la 1re journée, respectivement par l'Allemagne (0-2) et la Yougoslavie (0-1), Américains et Iraniens sont dans l'obligation de ne pas perdre pour préserver leurs chances de se hisser en huitièmes de finale. Un objectif affiché par les Américains qui, à la maison en 1994, avaient franchi le premier tour, avant de tomber en huitièmes face au Brésil (0-1), futur vainqueur du tournoi. « Je n'ai entendu personne dire : “Battons l'Iran, faisons-le pour Bill Clinton !” », se marre l'attaquant américain Tab Ramos.

« Je ne suis pas un homme politique, mais un sportif », a beau ressasser à longueur d'interviewes Jalal Talebi, la pression est énorme sur les épaules du frêle sélectionneur. « Pour vous faire une idée, imaginez qu'on vous répète tous les jours pendant des mois que c'est le match le plus important de l'histoire du pays », confie-t-il en 2018 dans le documentaire *The Great Game*.

« J'ai été personnellement contacté par des personnes qui avaient perdu des membres de leurs familles, morts en martyrs dans le conflit entre l'Iran et l'Irak, témoigne, dans ce même documentaire, le défenseur Mohammad Khakpour. Ils nous disaient : “vous devez gagner pour nous”, ça nous a mis la pression. »

La pression monte et explose le 16 juin, à cinq jours du match. Dans l'après-midi, trois joueurs iraniens, encadrés par des conseillers de la Fédération, convoquent une conférence de presse. Assis derrière une table drapée des couleurs iraniennes, visage fermé, Mohammad Khakpour,

Ali Reza Mansourian et Khodadad Azizi dénoncent la diffusion, la veille sur M6, du film *Jamais sans ma fille*, adaptation du best-seller de Betty Mahmoody. Dans ce témoignage autobiographique, l'écrivaine américaine raconte sa séquestration en Iran en proie au fanatisme religieux au mitan des années 1980[103]. « Ce film est un manque de respect, un tissu de mensonges, s'emporte Azizi. Sa diffusion remet en cause l'accueil de la France et a forcément un mauvais effet sur notre mental. Quand on insulte nos croyances, le reste n'a plus d'importance. »

Le lendemain matin, une rumeur alimentée par une dépêche AFP laisse entendre que la délégation iranienne est prête à se retirer du tournoi. L'ambassade d'Iran exige des excuses de la part du gouvernement français, accusé de chercher à déstabiliser la sélection, curieusement plus intéressée par la diffusion de *Jamais sans ma fille* sur M6 que par le match opposant ses deux futurs adversaires, États-Unis-Allemagne (0-2) retransmis à la même heure sur France 3 et Canal+. En réponse, le porte-parole du Quai d'Orsay Yves Doutriaux rappelle, dans son point-presse, qu'« en France, les médias sont indépendants ». En fin d'après-midi, Jalal Talebi éteint le début d'incendie et recentre les débats sur le match.

Le 21 juin, à l'heure d'États-Unis-Iran, M6, qui s'est décidément creusé le cigare dans sa contre-programmation « 0 % Foot » ciblant un public féminin, diffusera un sujet

103. En réponse aux protestations de l'Ambassade d'Iran qui avait exigé la déprogrammation du film, la chaîne avait précédé sa diffusion d'un cartouche rédigé par l'ambassade : « La République islamique d'Iran conteste la véracité des faits relatés. » Quelques jours plus tard, la chaîne allemande VOX, qui avait prévu de diffuser *Jamais sans ma fille* en marge du match Allemagne-Iran, le déprogrammera après avoir reçu un tombereau de menaces anonymes.

croustillant sur les maîtresses supposées de Bill Clinton dans le magazine *Zone interdite*, lequel fera nettement moins de vagues… Cette semaine-là, le président américain s'efforce, lui, de faire les yeux doux aux autorités iraniennes. Après que sa secrétaire d'État Madeleine Albright a publiquement ouvert la voie à une « normalisation des relations » avec Téhéran devant l'Asian Society de New York, Bill Clinton, dans un message enregistré à la Maison Blanche le 18 juin et diffusé le jour de la rencontre, dit « espérer que ce match constitue une nouvelle étape vers le rapprochement entre nos deux nations ».

Si les discours sont à l'apaisement, la veille du match, un nouveau foyer d'incendie se déclare, lié au protocole. Le règlement de la FIFA impose qu'après l'exécution des hymnes, l'Iran, désigné comme l'équipe visiteuse par le tirage au sort, aille serrer la main de son adversaire dans le camp américain. Problème : les autorités religieuses iraniennes refusent mordicus de se plier à ce protocole, y voyant un geste de soumission intolérable. Pour sortir de l'impasse, Mehrdad Masoudi, Media Officer de la FIFA pour l'Iran, suggère au responsable de la communication de la FIFA Keith Cooper d'utiliser la « Journée du Fair-play » comme prétexte pour bousculer, ce jour-là, le cérémonial des trois rencontres au programme. Banco ! Pour Allemagne-Yougoslavie à Lens, Argentine-Jamaïque à Paris et États-Unis-Iran à Lyon, les équipes sont invitées à se mélanger au centre du terrain pour la photo d'avant-match.

Le jour J, ce plan se déroule sans accroc sur la pelouse de Gerland devant une tribune de presse où se sont entassés 500 journalistes du monde entier, dont un envoyé spécial de *Pinguin News*, hebdomadaire des îles Malouines. Après les hymnes que les formations écoutent religieusement, main sur le cœur, le capitaine américain Thomas Dooley, suivi de toute son équipe vêtue de blanc, franchit la ligne médiane pour aller saluer les Iraniens au maillot rouge, et donner à chacun un fanion. En échange, les joueurs de Team Melli offrent à chaque Américain un bouquet de roses blanches, symbole de paix. Avant d'entremêler leurs couleurs pour poser, bras dessus bras dessous, devant les flashes crépitants des photographes qui immortalisent l'évènement retransmis en mondovision. « Ce qui se présentait comme un cauchemar diplomatique devenait sous nos yeux un moment de pure beauté offert au monde entier », déclare, encore ému, Mehrdad Masoudi[104].

Contrairement à Lens, où les hooligans allemands sèment le chaos dans les rues après Allemagne-Yougoslavie (2-2), et laissent Gérard Nivel, un gendarme mobile de 43 ans, entre la vie et la mort[105], l'ambiance est festive et bon enfant dans le centre-ville de Lyon, où les supporters des deux pays fraternisent sur la place Bellecour, visages peinturlurés aux couleurs de leurs favoris. Jeune comptable venu du Texas, David Mebane témoigne de sa surprise dans le *New York Times* : « J'avais une image de gens arriérés sans éducation, psalmodiant et brûlant des drapeaux, j'ai vu des gens pacifiques et amicaux. »

104. Les citations de Mehrdad Masoudi et d'Urs Meier sont extraites du documentaire *The Great Game* de Darius Bazargan, 2018.
105 Après six semaines de coma, il gardera de graves séquelles neurologiques de cette agression. En son honneur, pour leur dernier match de poule face à l'Iran (2-0) à Montpellier, les supporters de la Mannschaft arboreront une banderole « *Pardon Frankreich* ». En 2018, Gérard Nivel a été décoré par le ministre allemand des Affaires étrangères, Heiko Maas, pour son « engagement en faveur de l'amitié franco-allemande ».

Cette foule bigarrée contredit le pronostic de Michel Platini. « Je ne suis pas trop sûr qu'il y aura beaucoup de supporters américains ou iraniens ce jour-là…, avait hâtivement avancé le coprésident du Comité d'organisation de la Coupe du monde à Marseille, après le tirage au sort. Ce n'est quand même pas la CIA contre les services secrets iraniens. » Quoique… Ce jour-là, les organisateurs sont à cran, moins par craintes d'affrontements entre partisans américains et iraniens, que du risque élevé de manifestations iraniennes hostiles au régime des mollahs. Les renseignements ont en effet eu vent que le Conseil national de la résistance iranienne (CNRI), mouvement d'opposition en exil présidé par Maryam Radjavi, s'est procuré entre 5 000 et 7 000 billets pour le match, dans le but de se servir de Gerland comme une tribune politique. Lors d'une conférence de presse organisée le matin-même dans un hôtel lyonnais, le CNRI s'insurge contre la récupération politique de la rencontre par la République islamique, qui coïncide avec le 14e anniversaire de la disparition d'Habib Khabiri, ancien capitaine de la sélection iranienne exécuté par le pouvoir pour sa proximité avec l'Organisation des moudjahidines du peuple iranien (membre du CNRI). « Imaginez que le gouvernement français fasse assassiner Michel Platini au motif qu'il défend des idées opposées », image un porte-parole du CNRI, flanqué de l'ancien footballeur Hassan Nayebagha, autre sympathisant qui participa au *Mundial* argentin en 1978.

Malgré des fouilles poussées, plusieurs milliers d'opposants, dont le noyau est regroupé en tribune sud, parviennent à s'infiltrer parmi les 35 500 spectateurs et à tromper les contrôles à l'entrée de Gerland. Quand les équipes sortent s'échauffer, des pancartes colorées « Down with Khatami » ou « Down with Khamenei » (« À bas Khatami », « À bas Khamenei ») surgissent un peu partout. Des policiers en civil interviennent pour arracher les panonceaux les plus visibles avant le coup d'envoi, mais ne peuvent rien faire contre ces opposants pacifiques qui exhibent des t-shirts bariolés jaune ou rose fluo ornés du portrait de Maryam Radjavi ou de son époux Massoud Radjavi, en scandant le nom de leurs leaders tout le long du match.

Si la FIFA a averti le réalisateur en charge du signal télévisé international de ne montrer aucun plan des manifestants en tribunes, les organisateurs redoutent une tentative d'invasion du terrain. Alors que plusieurs stadiers peinent à refouler un spectateur venu se trémousser sur la pelouse à la mi-temps en agitant un t-shirt à l'effigie des Radjavi au rythme de *Macarena* joué par la sono du stade, des dizaines de CRS viennent leur prêter main forte et se déploient autour du terrain. Sans incident notable.

Sur la pelouse, la rencontre tourne à l'avantage des Iraniens. Sauvés trois fois par leurs montants, ils s'imposent (2-1), grâce à des buts de Hamid Estilli (40e) et Mehdi Mahdavikia (84e), malgré la réduction du score de Brian McBride (87e).

La partie se déroule dans un excellent état d'esprit, l'arbitre suisse Urs Meier « cadrant les choses d'entrée » en avertissant précocement l'Iranien Mehrdad Minavand (8e) et l'Américain David Regis (18e) pour excès d'engagement. Mais il oublie de siffler un penalty manifeste pour Team Melli quand le gardien Kasey Keller fauche Azizi à l'entrée de la surface (21e). Vingt ans plus tard, le Suisse reconnaît son erreur : « La faute était évidente. J'aurais dû siffler penalty et mettre un carton rouge au gardien. » Magnanime, Talebi le remercie encore d'avoir laissé le match se dérouler à onze contre onze. « Je pense que l'arbitre a bien fait. Sur le moment, la décision nous a été contraire, mais au moins, le match n'a pas dérapé. Qui sait comment les choses auraient tourné si leur gardien avait été expulsé ? »

Au coup de sifflet final, les joueurs iraniens exultent, Ali Daei échange son maillot avec le capitaine américain. « Nous ne sommes pas des ennemis. Nous avons prouvé que nous étions venus jouer un match de sport avec respect, pas pour nous battre », apprécie le sélectionneur, retenant avec une fierté contenue « la première victoire de l'Iran en Coupe du monde ».

L'histoire conservera la formule du défenseur américain Jeff Agoos : « Nous avons fait plus en 90 minutes que nos politiciens en 20 ans. » Le 1er février 1999, la FIFA remettra un Prix du Fair-play conjoint aux deux équipes « pour leur confrontation qui s'est déroulée dans une parfaite harmonie »[106].

Si l'ayatollah Khamenei se distingue par une énième diatribe contre « le puissant et arrogant ennemi [qui] a connu le goût amer de la défaite », le président Khatami se démarque et voit dans ce succès « un symbole de l'unité nationale », illustré par les manifestations de joie dans les rues iraniennes, plus contenues que celles qui avaient ponctué la qualification pour le Mondial sept mois plus tôt. Cette fois, elles sont davantage encadrées par les Gardiens

106. La Fédération d'Irlande du Nord sera également honorée du Prix du Fair-play « pour ses efforts dans la quête de réunir les communautés catholiques et protestantes sur un même terrain ».

de la Révolution, inquiets de voir l'idolâtrie du ballon rond menacer les piliers de la théocratie. Le 25 juin, il n'y aura pas de miracle à Montpellier contre l'Allemagne (0-2). Éliminés, les Iraniens sont accueillis à l'aéroport de Téhéran par plusieurs milliers de supporters qui leur offrent des couronnes de fleurs, en scandant « Iran ! Iran ! »

Quelles suites donner à ce match symbolique couronné d'un succès diplomatique ? Dès le 11 juillet 1998, lors d'une réception organisée sur les Champs-Elysées par la Fédération américaine pour promouvoir la Coupe du monde féminine 1999, les deux fédérations réfléchissent à organiser d'autres matches amicaux. Après de longues discussions, l'Iran s'engage à effectuer, en janvier 2000, trois rencontres aux États-Unis contre 200 000 dollars, après avoir obtenu l'assurance que ses joueurs seraient exemptés de la prise d'empreintes digitales infâmante subie par ses lutteurs en avril 1998. Battue par le Mexique (1-2) à Oakland et victorieuse de l'équipe Espoirs de l'Équateur (2-1) à Los Angeles, l'Iran conclut sa mini-tournée contre les États-Unis, le 16 janvier, au Rose Bowl de Pasadena. Les mesures de sécurité sont renforcées. Le FBI utilise un car leurre siglé « Iran » pendant que Team Melli, qui a reçu des menaces d'un obscur groupe islamiste, rallie le stade par un itinéraire bis dans un car anonymisé. Disputé devant 50 000 supporters acquis dans leur grande majorité à la cause iranienne, ce match se termine sans vainqueur (1-1). Et reste sans lendemain. L'Iran invite Team USA à participer à sa « Civilisations Cup » en janvier 2001, avec l'Égypte et la Grèce, mais l'opération capote en raison des prétentions financières trop gourmandes de la Fédération américaine.

SPHÈRE D'INFLUENCES

Si l'Iran a immédiatement condamné les attentats du 11 septembre 2001 et fait respecter une minute de silence, trois jours plus tard au stade Azadi, avant un match face au Bahreïn (0-0), les relations se sont tendues entre les deux pays, notamment lors du mandat de Donald Trump, marqué par le retrait américain de l'accord sur le nucléaire iranien en 2018. Le 28 janvier 2022, Robert Malley, l'émissaire américain chargé des pourparlers sur ce dossier brûlant, a pourtant été le premier à féliciter l'Iran pour sa qualification pour la Coupe du monde 2022. « J'espère que la sélection des États-Unis vous verra au Qatar », écrit-il alors sur Twitter, ne se doutant pas que son message serait prémonitoire. Car, facétie du tirage au sort, les deux nations figurent dans le groupe B avec le pays de Galles et l'Angleterre. Et le hasard du calendrier veut qu'elles se rencontrent à Doha, le 29 novembre 2022. Soit exactement 25 ans après le miracle de Melbourne !

Une rivalité régionale incandescente

Éliminatoires Coupe du monde en Afrique du Sud. XIXe édition (2010)

Algérie - Égypte 1-0
18 novembre 2009 - Khartoum
Match d'appui

L'appareil amorce en souplesse une manœuvre en vue de son atterrissage imminent. La terre ferme, baignée d'un agréable soleil d'automne, se rapproche lentement. Dans la cabine, les joueurs encore assoupis sortent petit à petit d'une sieste aussi brève que réparatrice. La tessiture suave de l'une des hôtesses sonne avec délicatesse le retour des nouveaux héros à Alger. « Le commandant de bord de la compagnie nationale d'Air Algérie et son équipage vous disent merci, les Fennecs. Vous avez atteint les sommets de la gloire en jouant comme des dieux de l'Olympe au péril de votre intégrité physique. Votre moral d'acier vous a permis de transcender la haine et d'avoir déjoué les calculs mercantiles de l'adversaire. Merci à la force de votre foi. Merci au nom du peuple algérien qui vous a accompagnés dans cette belle aventure. Vous vous êtes battus comme des lions dans l'arène. Votre billet pour l'Afrique du Sud est amplement mérité... »[107] Sur le tarmac

107. Guillaume Pivot, Intérieur sport, *Canal Plus*, 28 novembre 2009.

luisant et tout autour de l'aéroport international Houari Boumediène, la foule des grands jours s'agglutine pour tenter d'apercevoir les idoles auréolées d'un succès d'ores et déjà rentré dans la légende. La veille au soir, le 18 novembre 2009, la sélection algérienne, dirigée par Rabah Sâadane, a arraché sa qualification pour la Coupe du monde prévue en Afrique du Sud. Elle s'est imposée aux forceps, sur un score étriqué (1-0), face aux Pharaons d'Égypte, les doubles champions d'Afrique sortants. L'étroit stade d'El-Merreikh, situé à Omdourman, dans la périphérie de Khartoum, la capitale du Soudan, avait été désigné pour accueillir ce match d'appui, ultime partie entre les deux formations à égalité parfaite à l'issue de la bouillante phase des éliminatoires. Portant encore les stigmates d'un duel rude, les Algériens ne boudent pas leur plaisir. Le but libérateur inscrit par Antar Yahyia continue d'occuper les discussions. Et pour cause. Les Fennecs accèdent à leur première phase finale de la compétition mondiale après vingt-quatre longues années d'absence. La une du quotidien *El Watan – « Viva l'Algérie ! »* – résume à elle seule le tour de force accompli par la sélection nationale, objet de toutes les convoitises. En première ligne, Abdelaziz Bouteflika, le chef de l'État, réélu pour un troisième mandat d'affilée mi-avril 2009, avec 90,3% des suffrages, un chiffre fantaisiste dû au bourrage d'urnes supervisé par l'armée toujours dévouée à la survie d'un système dont elle seule édicte les règles. Sur l'instant, ces habituelles péripéties n'ont qu'une importance toute relative. Le président, obtenant par là un supplément de paix sociale, attend les vainqueurs en son palais présidentiel, pour la distribution de rutilantes décorations. El Mouradia, sa résidence, a mis les petits plats dans les grands afin de célébrer, l'opportunisme aux aguets, un motif de concorde nationale destiné à raffermir ses liens avec une population toujours plus distante lassée par la corruption du sérail dirigeant.

Vingt-quatre heures plus tôt, l'Algérie et l'Égypte se sont livré une bataille épique, la validation d'un ticket pour la Coupe du monde sud-africaine oblige. L'âpreté du duel a notamment pour origine les graves incidents survenus au Caire, six jours plus tôt, en marge de la deuxième manche, dernière rencontre clôturant la phase de qualification. « Bien sûr, la tension a été forte sur le terrain. C'était un match d'hommes. Il y a eu beaucoup de fautes. Le jeu a été haché, c'est vrai. Mais, nous étions très revanchards par rapport à ce qui s'était passé en Égypte »[108] admet treize ans plus tard, et sans détour, Nabil Belhadj, l'arrière gauche des Fennecs, solide titulaire lors de cette série de trois rencontres désormais passées à la postérité. La vive opposition entre les deux nations est historique. L'Algérie se veut à l'avant-garde des États du Maghreb, lorsque l'Égypte, l'incontournable porte donnant sur le Machrek, revendique sans répit un statut autoproclamé de phare du monde arabe. Le football n'est pas épargné par cette sourde lutte d'influence et de leadership. Par le passé, plusieurs confrontations, à Alger, comme au Caire, ont donné lieu à des matches rugueux, émaillés de violents incidents sur la pelouse comme en dehors du terrain. Les exemples sont légion. Une rencontre, en particulier, cristallise, de part et d'autre, une défiance tenace. Le 17 novembre 1989, les Fennecs s'inclinent (1-0), au Caire, au cours des qualifications pour la Coupe du monde 1990, en Italie. Une défaite qui ouvre la voie

108. Entretien avec l'auteur, juin 2022.

aux Égyptiens. La partie, truffée de mauvais coups en tous genres, s'achève par une bagarre générale. Insultes, crachats, coups de pied, coups de poing fusent en pagaille. Plusieurs joueurs algériens sont brutalement pris à partie par la police cairote au prétexte de séparer les pugilistes. Lakhdar Belloumi, le Ballon d'or africain (1981) et meneur de jeu des Fennecs, au cœur de la bataille rangée, est accusé – à tort – d'avoir éborgné un médecin présent dans le public en ayant jeté une bouteille d'eau vers les tribunes. La vedette des Fennecs écope, en outre, d'une condamnation à une peine d'emprisonnement ferme et à une amende de trois millions d'euros, prononcées en son absence par un tribunal égyptien, une sanction par contumace finalement levée, vingt ans plus tard, en avril 2009. Quatre mois plus tard, les plaies sont encore à vif lorsque l'Algérie, l'hôte de la Coupe d'Afrique des Nations (CAN), accueille tous les participants du tournoi, parmi lesquels l'Égypte dûment qualifiée. Soupçonnant un sévère retour de bâton des hôtes – et après avoir envisagé un boycott jusqu'au tout dernier moment –, les Pharaons se résolvent à envoyer, à Alger, une équipe délestée de tous ses habituels titulaires. Habile manière d'éviter les foudres de la CAF et de la FIFA en contournant le règlement. Vexée, l'Algérie se console en remportant sa toute première CAN, l'astuce humiliante des Pharaons incrustée en mémoire. Depuis lors, la moindre partie entre les deux protagonistes inquiète autant qu'elle excite la fibre cocardière et ses bas instincts afférents. Las. Les deux sélections figurent dans le même groupe pour les éliminatoires de la Coupe du monde 2010, en Afrique du Sud. Elles se retrouvent, le 7 juin 2009, à Blida, lors de la première manche dictée par les préliminaires. Les dirigeants algériens s'efforcent – au moins en surface – d'exhorter leurs compatriotes au calme. Sur le gazon, peu avant le coup d'envoi, Lakhdar Belloumi, acteur controversé de la haine recuite entre les deux formations, s'échine à distiller, micro en main, des appels à la pondération diffusés par les puissants haut-parleurs du stade Mustapha Tchaker. Peine perdue, ils sont snobés par une épaisse bronca. Les slogans anti-Pharaons redoublent des gradins bondés. Le chant le plus hostile, repris sans discontinuer par la foule ironique, tourne en dérision Hosni Moubarak, le chef d'État égyptien, ancien général installé au pouvoir depuis 1981, présenté comme un vulgaire laquais des États-Unis. Sur le gazon, les Fennecs prennent l'ascendant sur les Pharaons au terme d'une partie sans accrocs majeurs (3-1) grâce à Karim Matmour, Abdelkader Ghezzal et Rafik Djebbour, contre un but égyptien de Mohamed Abou Trika. À l'extérieur de l'enceinte, le match terminé, quelques irréductibles fans algériens se pavanent, s'ingéniant à débusquer alentour d'hypothétiques supporters des Pharaons prudemment restés à demeure.

Ainsi donc, le 12 novembre 2009, lorsque les Fennecs se posent au Caire, pour jouer ce deuxième match aux allures de finale, des messages de fraternité ont été distillés pour conjurer toute violence. Les ministres des Affaires étrangères des deux nations ont insisté sur les « liens fraternels et historiques ainsi que les intérêts communs de l'Égypte et de l'Algérie (qui) doivent être préservés. » En guise d'instructif rappel : l'époque bénie où Gamal Abdel-Nasser, l'adulé président égyptien, ex-officier ayant participé au renversement du roi Farouk (été 1952), fournissait des armes provenant de ses stocks soviétiques aux combattants du Front de libération nationale (FLN) tout au long de la guerre d'Indépendance (1954-1962) menée contre le colonisateur français. L'autoproclamé champion du monde arabe accordant en outre une nécessaire arrière-base aux membres du Gouvernement provisoire de la République algérienne (GPRA), à la fin août 1958, offrant à Ferhat Abbas, sa principale figure de proue, une incomparable tribune politique, diplomatique et médiatique. D'un côté comme de l'autre, les quotidiens nationaux sont instamment priés de mettre en sourdine les prétentions hégémoniques et d'emboîter le pas de l'amitié renouée. « L'Égypte a soutenu l'Algérie pendant la guerre de Libération et les Algériens ont combattu aux côtés des Égyptiens en 1973 lors de la guerre du Kippour. Peut-on oublier tout cela ? », affecte de s'interroger, solennel, *El-Moudjahid*, le lyrisme échevelé. « Les liens entre les Égyptiens et les Algériens sont plus forts que la plus importante des rencontres de football, et bien au-dessus de toutes ces guerres médiatiques » clame, définitif, *Al-Joumhouria*, l'un des titres du Caire. L'opération de communication, volontiers pacifique, une once surfaite, tourne à plein régime. Promis, juré. Les supporters des Pharaons s'engagent à faire bon accueil aux Fennecs malgré l'enjeu crucial de la rencontre programmée et le cortège de huées entendues en juin, à Blida, au cours du match aller.

La délégation algérienne vient à peine d'arriver dans la capitale égyptienne, le 12 novembre 2009, que son car fait l'objet d'un copieux « caillassage » par un commando d'assaillants non identifiés postés à dessein tout près de son lieu de résidence. Son autocar n'a pas le temps de se garer devant l'entrée de l'hôtel Iber que plusieurs de ses vitres explosent de toutes parts, obligeant les joueurs paniqués à se coucher rapidement au sol. Bilan du guet-apens : quatre Fennecs grièvement blessés. Khaled Lemmouchia, le milieu de terrain de Sétif, est gratifié de trois points de suture sur le crâne ; Rafik Haliche, du Nacional Madère, le visage ensanglanté, est touché à l'arcade sourcilière ; Rafik Saïfi et Lounes Chaouchi présentent de sérieux hématomes aux bras. Sidérés autant qu'excédés, les Algériens exhibent les épais morceaux de briques et de parpaings reçus, preuves irréfutables de l'invraisemblable assaut dont ils ont été les cibles. « Je n'avais encore jamais connu pareille situation. Pourquoi n'y avait-il pas une escorte conséquente à l'hôtel » questionne, la colère froide, Yazid Mansouri, pensionnaire de Lorient. « Il y avait très peu de policiers autour du bus. C'était une petite escorte. On a été pris au piège, c'est hallucinant », s'écrie Madjid Bougherra, le défenseur axial des Glasgow Rangers. « Je suis écœuré par cet acte. Mais nous n'allons pas nous résigner. S'il faut mourir ici, au Caire, eh bien nous sommes prêts ! »[109] rugit Antar Yahyia évoluant à Bochum, en Bundesliga. La tentative d'intimidation exaspère les Fennecs. Leur lieu de résidence prend des allures de forteresse assiégée. Les joueurs sont barricadés dans leurs chambres, protégés par les membres du staff improvisés en sourcilleux service d'ordre. À l'extérieur, comme ce fut le cas à Alger, en juin précédent, les supporters égyptiens se livrent toute la nuit durant à un frénétique concert de klaxons censé déstabiliser encore davantage l'adversaire retranché. « Inutile de dire qu'en plus d'être choqués par l'attaque de notre car, nous n'avons pas beaucoup dormi non plus », sourit aujourd'hui Nabil Belhadj.

109. Jean-Philippe Cointot, « Guet-apens au Caire », *L'Équipe*, 13 novembre 2009.

En dépit d'images éloquentes et de récits circonstanciés, les autorités locales déclinent toute responsabilité quant au dispositif de sécurité prévu, un tantinet négligent. Elles repoussent l'hypothèse d'un traquenard. Pire, sans craindre le ridicule, le parquet égyptien accuse, en outre, les Algériens d'avoir eux-mêmes brisé les vitres du véhicule au moyen des marteaux de sécurité fixés entre les fenêtres de l'autobus alloué. Embarrassée, la FIFA est aussitôt saisie du raid anonyme. Walter Gagg, son contrôleur de la sécurité, dépêché à Alger lors du premier round, fait parvenir à sa tutelle un rapport consignant tous les détails de l'embuscade. L'incertitude plane sur la rencontre censée se dérouler dans les quarante-huit heures. Les Pharaons peuvent-ils être disqualifiés ? Mystère. Rumeurs contradictoires et spéculations vont bon train. Exit la trêve. De part et d'autre, les journaux enchaînent les éditoriaux au vitriol. Le matin même de la rencontre, la FIFA finit par publier un communiqué laconique. Elle enjoint à « la Fédération égyptienne et [aux] plus hautes autorités du pays » de lui fournir « des garanties écrites quant à la protection de la délégation algérienne. »[110] Le match est maintenu. La justice et la fédération égyptiennes ont gain de cause. Leurs grossières arguties ont convaincu en hauts lieux.

L'accueil au Caire Stadium est à la mesure du défi tant attendu. Les politesses dérisoires du speaker paraissent en décalage total. « L'Algérie est un pays frère, son équipe nationale une sœur pour nous », ânonne-t-il, imperturbable, trois heures avant le début des hostilités sous les invectives

110. Jean-Philippe Cointot, « La fièvre égyptienne», *L'Équipe*, 14 novembre 2009.

fleuries et répétées des tribunes bientôt surchauffées. Au coup d'envoi, 80 000 spectateurs en fusion – moins les deux mille Algériens présents – donnent de la voix pour galvaniser leurs protégés prêts au combat. L'objectif est aussi clair que limpide. Le onze entraîné par le mutique Hassan Shehata doit l'emporter par un strict minimum de deux buts d'écart, seule solution pour rester en lice dans la course au Mondial sud-africain. Portés par un public incandescent, les Pharaons se ruent dans le camp adverse. Ils sont d'emblée récompensés en réduisant l'écart au bout de deux minutes de jeu grâce à Amr Zaki qui profite d'un vaste cafouillage devant les buts algériens. Fébrile tout au long de la partie du fait de la résistance acharnée qu'opposent les Fennecs, l'enceinte finit par exulter lorsqu'Emad Moteab assène un rageur coup de tête victorieux dans les tout derniers instants des arrêts de jeu (95e). Cap sur un troisième et dernier match pour départager les deux sélections dont une seule aura l'honneur de jouer la première Coupe du monde organisée sur le continent africain. Dans la tribune de presse, les nerfs, soumis à rude épreuve tout au long du match, lâchent tous azimuts malgré les vœux de tempérance. Les journalistes se livrent à une indescriptible foire d'empoigne musclée. « Le fils de l'un de nos confrères algériens avait reçu un coup de couteau »[111], témoigne Jean-Philippe Cointot, l'envoyé spécial de *L'Équipe*. Malgré quatre décennies à arpenter le continent africain, le reporter, à la retraite, demeure, aujourd'hui encore, interloqué par l'inouïe brutalité de la scène vécue. Les Fennecs, accablés, si près de leur objectif, dénoncent le climat de violence

111. Entretien avec l'auteur, juin 2022.

subi en coulisse. « Une victoire ou un match nul auraient pu nous valoir encore plus de déboires », insiste, formel, Nabil Belhadj. Lui et ses partenaires doivent patienter plus de quatre heures pour quitter sans trop d'encombres l'effervescent Cairo Stadium. Les joueurs algériens pointent sans ambages l'indigence flagrante de l'organe suprême du football mondial, ainsi que sa connivence avec les autorités égyptienne. « Je suis consterné de constater qu'aucune sanction n'a été prise par la FIFA. Franchement, je n'arrive pas à comprendre. Nous avons été agressés par les supporters égyptiens. C'était prémédité, car, à un moment, le chauffeur égyptien s'est soudainement enfui pour éviter les pierres (…) », déplore, irrité, dans un entretien à *L'Équipe*[112], Khaled Lemmouchia, ses trois points de suture sur le crâne toujours apparents. « Personne ne bouge au niveau des instances internationales. Cette absence de prise de conscience me dépasse. On a l'impression qu'il ne s'est rien passé, que l'on a juste disputé un match tranquille alors que la peur était présente », fustige le joueur qui n'épargne pas ses propres dirigeants. « Nous laisser jouer ce match, c'était de l'inconscience. J'ose à peine imaginer ce qui se serait passé si nous avions gagné (…) Quand on en arrive à de telles extrémités, on se pose forcément des questions ». Conclusion de l'international algérien, dépité : « En fait, les Égyptiens sont arrivés à ce qu'ils voulaient (…) Chez nous, des joueurs étaient livides avant la rencontre. D'autres étaient paralysés et cela s'est vu sur le terrain. » L'ire intacte, il insiste sur l'indigence des instances internationales en

112. « C'était de l'inconscience », entretien avec Khaled Lemmouchia. *L'Équipe*, 16 novembre 2009, propos recueillis par Jean-Philippe Cointot.

vitupérant l'inertie confondante de la Confédération africaine de football (CAF) et de la FIFA. « Que se serait-il passé à votre avis si les Égyptiens avaient été agressés de la sorte à Alger ? Ils auraient immédiatement fait demi-tour, seraient rentrés chez eux, auraient demandé la victoire sur tapis vert et l'auraient obtenue. Là, il n'y a rien (...) C'est ça le sport ? » Revenant sur le terrain strictement sportif, le milieu de terrain, bien que suspendu pour l'ultime joute, se dit plus que jamais déterminé à valider le précieux ticket pour la Coupe du monde sud-africaine. « On repart tous gonflés à bloc même si cela sera du cinquante-cinquante. Depuis ces incidents, on a eu le temps de se dire les choses. Notamment que les Égyptiens avaient remporté une bataille, mais pas la guerre. »

Pour disputer l'ultime confrontation, la FIFA avait pris les devants en recourant à un tirage au sort avant le match du Caire. Les deux nations divergeaient sur une possible destination. L'Algérie souhaitait jouer à Tunis ; l'Égypte privilégiant Khartoum. Bingo. La capitale du Soudan sort du chapeau. De part et d'autre, plus que quatre jours pour se rendre à Khartoum. En Égypte, comme en Algérie, la levée en masse des supporters est aussitôt décrétée. Dans un bel élan patriotique, tous sont appelés à faire le voyage. En un temps record, 45 avions estampillés Air Algérie acheminent sans interruption des milliers de fans des Fennecs dans la capitale soudanaise contre 18 pour ceux des Pharaons. Les autorités algériennes ont, une fois n'est pas coutume, cassé le prix des billets. Certains chanceux voyagent même sans bourse délier. « Sur place, c'est un véritable raz-de-marée », se souvient Jean-Philippe Cointot pourtant habitué à la ferveur irrationnelle qu'engendrent les duels entre pays africains. Les voyageurs, filtrés, minutieusement séparés, sont littéralement parqués dans des endroits éloignés du centre-ville. Le reporter de *L'Équipe* n'est quant à lui pas au bout de ses peines. Deux cents journalistes rivalisent pour seulement 30 places en tribune de presse. Devant le siège de la fédération soudanaise, les accréditations tardent à venir. Agacés par la chaleur écrasante, les correspondants perdent patience et mettent à sac l'entrée du bâtiment. La police soudanaise intervient à coup de matraque dans les tibias. Les formalités requises sont abandonnées. Prière de se rendre au stade et d'y entrer par la débrouille. « Le climat est d'autant plus tendu que mes confrères algériens et égyptiens se chamaillent sans cesse eu égard aux troubles du Caire », se remémore l'envoyé spécial du quotidien sportif français. Le vétuste stade El-Merreikh, ramené pour l'occasion à une capacité de 41 000 places (au lieu des 45 000 possibles), est à l'évidence trop exigu pour l'ensemble des supporters qui battent la semelle, impatients. Dix-neuf mille Algériens d'un côté, dix-neuf mille Égyptiens de l'autre. Pas plus, pas moins sont autorisés à y pénétrer, en plus des 3 000 réservées aux locaux. Une quantité impressionnante d'entre eux est repoussée sans ménagement des premiers filtrages. Au coup d'envoi, l'antique enceinte est bondée. Sur le terrain, la physionomie est équilibrée. Les deux sélections se rendent coup pour coup dans les limites du règlement. Lorsque, peu avant la fin de la première période, Antar Yahyia, légèrement décalé sur la droite de la surface de réparation égyptienne, décoche un tir surpuissant qui se loge tel un missile sous la barre d'Issam El-Hadary, le gardien des Pharaons, immobile. Les supporters des Fennecs explosent de bonheur. Faute de fumigènes, d'innombrables boules de papiers journaux s'embrasent dans toute la partie du stade qu'ils occupent. La deuxième mi-temps est tout aussi haletante. Le match est viril, mais correct, dépourvu de tout acte répréhensible d'un carton rouge. « Je m'attendais à pire, mais personne ne voulait être expulsé », convient Jean-Philippe Cointot. Les attaquants égyptiens tentent de forcer à plusieurs reprises le verrou algérien sans parvenir à prendre en défaut le dernier rempart, impérial sur sa ligne. « Faouzi Chaouchi a fait des arrêts extraordinaires ce jour-là. C'est l'homme du match », s'enthousiasme aujourd'hui encore Nabil Belhadj. À l'issue du coup de sifflet final, les Fennecs, à l'instar de leurs milliers de supporters présents, se congratulent un long moment sur le terrain, eux qui avaient ostensiblement tourné le dos à leurs adversaires au moment des hymnes pour protester contre les violences essuyées au Caire. À la sortie, aux abords du stade décati, les multiples scènes d'effusion sont freinées aussi sec. Les bérets bleus soudanais invitent sans plus d'urbanité, la matraque sévèrement empoignée, les fans des Fennecs à retourner sans délai vers leurs camps de fortune. Une autre épreuve les attend, imprévue. Pendant plusieurs jours, des centaines de supporters algériens errent et campent près de l'aéroport international de Khartoum dans l'attente d'un précieux billet retour pour l'Algérie. Une autre péripétie qui en valait bien la chandelle, les décorations et la reconnaissance en moins. En Afrique du Sud, pour leur grand retour dans le gotha mondial, les Fennecs seront éliminés dès le premier tour (un match nul face à l'Angleterre [0-0] ; deux défaites contre la Slovénie et les États-Unis [0-1]. Leur parcours en phase finale de la prestigieuse compétition aura été aussi bref que leur campagne de qualification fut intense.

Des « anti-Copa » au pays du football-roi

Coupe du monde au Brésil. XXe édition (2014)

12 juin au 13 juillet 2014

Au musée du football de Sao Paulo, l'humiliation porte un nom : le « Maracanazo ». Le visiteur tombe dessus presque par surprise, au détour d'un couloir. Dans une salle d'une dizaine de mètres carrés plongée dans la pénombre, un écran diffuse en boucle les images en noir et blanc de ce qui fut considéré pendant des décennies comme le pire jour de l'histoire du foot brésilien. Rio de Janeiro, 16 juillet 1950 : en conclusion de la première Coupe du monde organisée au pays du *futebol*, les stars auriverde affrontent l'Uruguay. Dans la poule finale à quatre équipes, comme le veut la formule d'alors, les Zizinho, Ademir et Jair ont surclassé la Suède (7-1) puis l'Espagne (6-1). Un nul leur suffit face à leur voisin sud-américain pour être sacrés. Dans l'immense stade du Maracana construit pour l'évènement, le couronnement attendu par toute une nation baignée de confiance et de fierté tourne au cauchemar (1-2).

Qu'importe que la Seleção ait depuis épinglé cinq étoiles de champion du monde à son prestigieux maillot

(1958, 1962, 1970, 1994, 2002), le traumatisme est intact. Le but crucificateur de l'Uruguayen Alcides Ghiggia à la 79e minute, le désarroi du gardien Moacyr Barbosa, désigné coupable pour n'avoir pas fermé son angle et qui portera le fardeau jusqu'à la fin de ses jours, les visages de désolation des milliers de spectateurs : la malédiction est ressassée jusqu'à la nausée dans ce musée, par ailleurs dédié aux faits de gloire de Pelé et ses frères. Alors, quand le Brésil se voit confier l'organisation du Mondial 2014, il tient enfin l'occasion de prendre sa revanche. Exorciser son passé, mettre fin à sa pénitence : soixante-quatre ans qu'il attend ça!

Le 12 juin 2014, jour du match d'ouverture à Sao Paulo, la tension est intense. Parce que l'affiche oppose le pays hôte, lancé dans son grand défi sous la houlette de sa pépite Neymar (22 ans), à l'ambitieuse Croatie? Pas seulement. À plusieurs reprises, la présidente de la République, Dilma Rousseff, est conspuée par une bonne part des 60 000 spectateurs de l'Arena Corinthians, tout comme le président de la FIFA, Sepp Blatter, assis à ses côtés. Dans les rues de la mégalopole, les forces de l'ordre sont sur le qui-vive. Des rassemblements sont observés à différents endroits stratégiques, la police militaire est déployée. Dans le quartier de Tatuapé, confluent de grands axes surveillés par la police montée, des centaines de manifestants tentent de s'engouffrer dans la ligne de métro qui mène au stade. La tentative est aussitôt réprimée à coups de matraques et de gaz lacrymogène. Un anneau de sécurité a d'ailleurs été délimité autour de l'enceinte, large de deux à trois kilomètres, pour éviter toute intrusion.

Depuis des mois, le monde retient son souffle. De Rio à Porto Alegre en passant par Brasilia, un mouvement de protestation sociale a pris corps à travers le Brésil et menace de perturber la grand-messe du ballon rond. À l'origine, les revendications n'avaient aucun rapport avec le sport. Tout a démarré début juin 2013, lorsque plusieurs municipalités ont annoncé une nouvelle augmentation du prix des tickets de bus. Spontanément, des centaines de milliers de personnes sont descendues dans la rue pour exprimer leur ras-le-bol. Au même moment, le pays accueillait la Coupe des Confédérations sous les yeux de l'état-major de la FIFA. Les contestataires ont vite compris que cette répétition générale à la Coupe du monde pouvait servir de catalyseur à leur message. Pendant l'été 2013, les défilés se sont multipliés, ralliant des révoltés de tous horizons pour réunir jusqu'à plus d'un million et demi de personnes dans une centaine de villes. Les intéressés eux-mêmes se disent alors surpris par l'ampleur de la mobilisation, révélatrice d'un profond malaise. Selon une enquête de l'institut Nielsen Sports, le soutien de la population au Mondial 2014, mesuré à 71 % en septembre 2012, était tombé à 45 % à l'issue de la Coupe des confédérations 2013. En février 2014, un autre sondage révèle qu'une majorité de Brésiliens désapprouve l'organisation du tournoi planétaire. Inimaginable.

Au fur et à mesure que la *Copa do mundo* se rapproche, la question sociale se déplace sur le terrain sportif. Jouera, jouera pas ? Une jeune réalisatrice, Carla Dauden, poste sur les réseaux sociaux une vidéo intitulée « Non, je n'irai pas à la Coupe du monde ». Son speech, enregistré en portugais et en anglais, attire plusieurs millions de vues, préfigurant le mouvement « anti-Copa » qui va émerger. « C'était une initiative individuelle, raconte-t-elle aujourd'hui. J'avais regardé un documentaire sur les expulsions mises en œuvre en prélude à la Coupe du monde, ça m'a obsédée. Je n'avais aucune attente, je n'étais pas une youtubeuse. Je voulais juste alerter, demander à la FIFA une organisation plus juste de l'évènement. Mais c'est tombé à un moment où la situation était brûlante et la vidéo a été partagée de manière exponentielle. C'est devenu viral, les réactions étaient contrastées, j'ai ensuite été en connexion avec des associations, des activistes. »[113]

Le débat fait rage, en même temps que la contestation se structure. Une vingtaine d'organisations se rassemblent pour former le collectif « Sans droits, la Copa n'aura pas lieu ». On y trouve, pêle-mêle, des membres du mouvement Laisser-Passer à l'origine des manifs de juin 2013, des travailleurs sans-toit, des paysans sans-terre, des personnels de santé, des profs, des ouvriers, des étudiants, des militants défendant les minorités… Le collectif publie un manifeste soulignant que de tels « méga-évènements » (Rio doit accueillir les Jeux olympiques en 2016) ne sauraient être organisés au détriment des droits fondamentaux. La grogne monte aussi dans les favelas, où des milliers de familles ont été expulsées à proximité des stades pour faire place nette. Moins ouvertement hostiles, des Comités populaires de la Coupe du monde sont mis sur pied dans différentes villes du pays, pour permettre aux citoyens de réfléchir aux problématiques posées par l'organisation du tournoi – investissements, expropriations forcées autour des stades, lois d'exception, etc. Cet agrégat hétéroclite, issu de la rue et qui se veut apolitique, se rejoint sur plusieurs idées-forces : marre de la corruption, de l'utilisation de fonds publics pour

113. Entretien avec l'auteur, avril 2022.

construire des stades somptuaires alors que les hôpitaux, les écoles, les services publics sont à l'agonie, marre de la soumission au diktat de la FIFA, marre du creusement des inégalités. Selon les bilans présentés par la Cour des comptes fédérale et par le gouvernement, les dépenses liées à la Coupe du monde se sont élevées entre 25,5 et 27,1 milliards de reais – soit environ 8,4 à 8,9 milliards d'euros[114] –, pour des prévisions initiales de 17,3 Md R$. À elle seule, la construction ou rénovation des douze stades a coûté plus de 8 Md R$. Une gabegie incarnée par le stade de Manaus et ses 45 000 places (660 M R$) alors que le club résident évolue en 4e division. Question symbole, la rutilante Arena Corinthians, avec ses sols en marbre et ses grandes verrières, n'est pas mal non plus. Surplombée par des favelas à l'est de Sao Paulo, elle résume ce choc entre deux mondes.

Comme si le foot, opium du peuple, ne suffisait plus. « Du pain et des jeux » ? L'axiome ne tient pas s'il n'y a pas de pain pour tout le monde. Jamais la Coupe du monde n'avait été ainsi remise en cause dans ses fondements par un pays organisateur. Jamais la toute-puissance de la FIFA et les règles qu'elle impose aux pays hôtes dans son cahier des charges (exemption fiscale, exclusivité de ses marques sur certaines zones urbaines…) n'avaient été ainsi questionnées au grand jour. Et personne ne s'attendait à ce que tout cela se déroule au pays du football-roi, où le ballon rond est à la fois une culture et une dévotion. « C'était une période bizarre parce qu'au Brésil les gens adorent le foot, ils ont grandi avec et supportent tous une équipe, poursuit Carla Dauden. J'ai été surprise de voir qu'ils étaient capables de

114. Selon le taux de change du 12 juin 2014, à savoir 1 euro pour 3,03 reais.

faire la part des choses, séparer leur passion pour le foot et la critique de l'évènement. Ce n'était pas un discours très répandu dans le pays, mais tout à coup, ils ont réalisé qu'il y avait aussi des problèmes derrière cet évènement et ils se sont penchés dessus. »

Par un étonnant renversement, les contestataires se sont servis de la caisse de résonance du plus grand spectacle sportif de la planète pour braquer les projecteurs sur les véritables problèmes du Brésil. De quoi conforter dans sa position le secrétaire général de la FIFA, Jérôme Valcke, auteur de cet aveu prémonitoire en avril 2013 : « Je vais dire quelque chose de fou, mais moins de démocratie est parfois mieux pour organiser une Coupe du monde. Quand vous avez un chef d'État très puissant pour décider, comme Poutine pourra peut-être le faire en 2018, c'est plus facile pour nous, organisateurs, qu'un pays comme l'Allemagne où il faut traiter avec différents niveaux de responsabilités. »[115]

De son côté, le pouvoir politique a tenté de limiter les flammes. Mise sous pression par la FIFA, qui répète volontiers ses doutes sur la capacité du gouvernement brésilien à « tenir » son évènement, la coalition conduite par le Parti des travailleurs de Dilma Rousseff a tout fait pour éviter l'affront. Sur le volet des coûts, elle et son équipe ont répliqué comme ils pouvaient. À l'image du secrétaire d'État à la présidence, Gilberto Carvalho, assurant qu'« au cours des quatre dernières années, le Brésil a investi 800 milliards de reais dans la santé et l'éducation ». Sur le front sensible de la sécurité, elle a créé une force spéciale

115. Ces propos, étonnants, ont été prononcés à l'occasion d'un symposium de la FIFA à Zurich le 24 avril 2013. La dépêche Reuters est consultable en ligne sur www.reuters.com/article/us-soccer-fifa-idUSBRE93N18F20130424.

de 10 000 hommes, formés pour partie par le FBI et par des groupes paramilitaires privés tel le controversé Academi (ex-Blackwater)[116]. Une loi spéciale (PL 499/2013) a même été votée pour permettre d'intervenir en cas de mouvement incontrôlé au nom d'un risque « terroriste », provoquant un nouveau tollé des associations, au premier rang desquelles Amnesty International.

C'est donc dans ce contexte de confusion et d'incertitude que s'ouvre la XXe Coupe du monde. Clin d'œil de l'histoire, le premier match de la compétition entre le Brésil et la Croatie se tient au (nouveau) stade des Corinthians, le club de Sao Paulo où Socrates, grande figure du foot des années 1970-1980 et capitaine de l'équipe nationale, avait mis en place la « démocratie corinthiane », une forme d'autogestion inédite qui anticipait la fin de la dictature militaire. En cette année 2014, une fois le tournoi lancé, les organisateurs vont vite être rassurés. La répression de la première journée d'action, l'infiltration des défilés par des éléments violents – les black blocs – et, surtout, l'intérêt pour la compétition et le parcours de la Seleção bien lancée par un succès inaugural (3-1, doublé de Neymar) essoufflent le mouvement. Entre le 5 juin et le 6 juillet 2014, 144 manifestations seront programmées dans les douze villes qui accueillent les matches[117]. Mais elles ne vont

116. Le Plan stratégique pour la sécurité de la Coupe du monde, élaboré par le Secrétariat extraordinaire pour la sécurité des grands évènements créé par le décret 7 538/2011, prévoyait de dédier 1,17 milliards de reais à la construction de centres de commandement, la formation des forces de l'ordre ou encore l'achat d'équipements.

117. Eric Monné Fraga de Oliveira, « O ópio do povo ? O futebol e as manifestações políticas no Brasil entre 2013 e 2020 », in *Revista Sociedade e Cultura*, v. 24, 2021, p. 13.

réunir en moyenne que quelques centaines d'irréductibles, avec quelques scènes cocasses à la clé, comme ces sit-in de protestation devant lesquels on installe un téléviseur de fortune pour pouvoir suivre le match du jour… « Tout le monde s'attendait à ce que ce soit agité, qu'il y ait de grosses protestations pendant le tournoi, mais la réalité a été très différente, admet Carla Dauden. Une fois la compétition débutée, beaucoup se sont dit "OK, on a fait de notre mieux, mais le tournoi est là donc profitons-en, on se penchera sur ces problèmes plus tard". La passion pour le sport a été plus forte. En un sens, ça a été une occasion manquée, mais le fait que les Brésiliens, si réputés pour leur amour du foot, aient été capables de débattre et de critiquer la Coupe du monde a été un énorme pas. On n'avait pas ce genre de débats auparavant, ça a ouvert les yeux. »

Reflet d'un pays tiraillé entre le cœur et la raison, la « trêve » appelée de ses vœux par Michel Platini, alors président de l'UEFA[118], aura bien lieu. Sur le quinquennat 2012-2016, 2014 sera d'ailleurs l'année avec le moins de manifestations recensées dans le pays[119]. Sans doute la contestation a-t-

---

118. Le 24 avril 2014, à l'occasion d'une présentation du calendrier de l'Euro 2016, Platini déclare : « Le Brésil, faites un effort pendant un mois, calmez-vous ! Rendez hommage à cette belle Coupe du monde. On a été au Brésil pour leur faire plaisir. J'avais dit la dernière fois, on va au Brésil, c'est comme si les musulmans allaient à la Mecque, les chrétiens à Rome et les juifs à Jérusalem. C'est exactement ça d'aller à la Coupe du monde au Brésil. C'est pour ça que tout le monde se fait une joie d'aller à la Coupe du monde au Brésil. Eh bien les Brésiliens, il faut qu'ils se mettent dans l'idée de recevoir les touristes du monde entier et que pendant un mois, ils fassent une trêve. (…) S'ils peuvent attendre au moins un mois avant de faire des éclats sociaux, ça serait bien pour l'ensemble du Brésil et la planète football. » Des propos qui feront polémique.

119. Luciana Tatagiba et Andreia Galvão, « Les Manifestations au Brésil en temps de crise (2011-2016) », in *Opiniao Publica*, Revista do CEROP, vol. 25, p.70.

elle manqué aussi d'une grande figure pour l'incarner. L'ancien attaquant vedette Romario, champion du monde 1994 devenu parlementaire, fut le seul à reprendre les récriminations de la rue en 2013. « J'avais prévenu que la Coupe du monde 2014 allait être le plus grand braquage de l'histoire du Brésil. Vous me croyez, maintenant ? », lançait-il au moment des défilés de masse[120]. « Faisons définitivement comprendre aux gens qui nous gouvernent que le BRÉSIL appartient aux BRÉSILIENS et que nous ne tolérerons plus en silence les absurdités qui se produisent. Nous exigeons ce qui nous appartient. Assez de coups bas, de vols, d'humiliations, d'escroqueries. » Un an plus tard, il se fait plus discret. D'autres grandes gloires nationales, telles que Pelé ou Ronaldo, tiennent un discours bien différent. « Les gens devraient se tenir tranquille et faire attention parce que c'est un moment important pour notre pays, avertit "le Roi". C'est bon pour l'image, les investissements, le tourisme. Je pense qu'on doit être prudents, car c'est une grosse opportunité. » Bien avant la tempête sociale, Ronaldo était allé encore plus loin en déclarant en 2011 – il s'excusera par la suite – pour justifier la construction de stades coûteux : « On n'obtient pas une Coupe du monde avec des hôpitaux. »

Comme toujours, le Brésil s'est donc rassemblé autour de son équipe. Chacune de ses rencontres est venue nourrir le roman national. La qualification arrachée devant le Cameroun lors du dernier match du premier tour (4-1). La séance de tirs au but étouffante en huitièmes de finale face au Chili qui aura raison des nerfs du défenseur du PSG,

120. Propos publiés sur ses réseaux sociaux.

Thiago Silva, en pleurs (1-1, 3-2 aux t.a.b.). La blessure aux vertèbres de Neymar en quarts de finale contre la Colombie synonyme de tournoi terminé pour la jeune star (2-1). Et, bien sûr, la demi-finale avec l'Allemagne. Soixante-quatre ans après, la Seleção voulait faire oublier le Maracanazo. En un sens, elle y est parvenue. Sa débâcle inouïe par 7 buts à 1 face à la Mannschaft, un score inédit à ce stade de la compétition, a relégué au second plan du panthéon des humiliations la défaite de 1950. L'histoire s'est arrêtée net, ce 8 juillet 2014, dans un Estadio Mineirao de Belo Horizonte désemparé.

Le prolongement de la contestation sociale sera spectaculaire, lui aussi. Dans un premier temps, Dilma Rousseff limitera les dégâts en remportant l'élection présidentielle de l'automne 2014. Mais les tensions initiées en 2013 préfiguraient la crise en marche à de nombreux niveaux. Sur le plan économique : après une croissance tombée de 7,5 % en 2010 à 0,1 % en 2014, le Brésil s'apprête à plonger dans la récession (recul du PIB de 3,8 % en 2015 et de 3,6 % en 2016). Sur le plan politique : les scandales de corruption dévoilés à la suite de l'opération *Lava Jato* finiront pas éclabousser une bonne partie de la classe politique, au premier rang desquels Rousseff, destituée en 2016, et Lula, condamné puis blanchi pour vice de forme. Une période d'instabilité et de pertes de repères qui aboutira à l'arrivée au pouvoir du populiste Jair Bolsonaro en 2018. « J'ai beaucoup réfléchi à ça, confie Carla Dauden. D'une certaine façon, on peut dire que Bolsonaro est arrivé au pouvoir suite aux manifestations, mais beaucoup de divisions étaient déjà là. Le mouvement social de 2013 est parti de la gauche, puis la droite y a vu une opportunité de critiquer Dilma et le gouvernement. J'ai commencé à en prendre conscience quand ma vidéo a été partagée par des radicaux, des organisations d'extrême-droite. Personne n'imaginait que ça se terminerait comme ça. Ce qui est très triste pour moi, car ces critiques avaient une visée constructive, pas détruire le Parti des travailleurs et amener au pouvoir quelqu'un comme Bolsonaro. » Le monde du football sera touché, lui aussi. Une vague d'affaires emporteront de nombreux responsables tels que Sepp Blatter et Jérôme Valcke à la FIFA, ou les patrons de la fédération brésilienne, Ricardo Teixeira et son successeur José Maria Marin.

Bons baisers de Russie

Coupe du monde en Russie. XXIe édition (2018)

2 décembre 2010, Zurich.
Attribution de la compétition

Juste avant de quitter la pelouse, la vedette, en plein medley, l'enchaînement ramassé de ses hits compilés, gratifie la caméra d'un geste outrancier. Le furtif doigt d'honneur exécuté, relayé aussitôt sur le Net et l'ensemble des réseaux sociaux, est sans ambiguïté. Le majeur insultant de Robbie Williams, retransmis devant plusieurs milliards de téléspectateurs, fait désordre. Vladimir Poutine qui préside, ce 14 juin 2018, la cérémonie d'ouverture de la Coupe du monde en sa qualité d'hôte de la compétition, n'en a cure. Tout à sa fierté d'accueillir le prestigieux tournoi, l'homme fort du Kremlin se moque de la foucade du chanteur anglais privé de tout couplet de *Party like a Russian*, un single sorti en septembre en 2016, raillant les goûts réputés tapageurs des oligarques, ces nouveaux riches russes, qui se pavanent dans « Londongrad ». L'ex-leader de Take That, son ancien boys band, semble avoir voulu régler des comptes avec ses compatriotes qui lui reprochent une coupable génuflexion devant l'autocrate de Moscou trop content d'exhiber sa circonstancielle prise de guerre. L'invective de la star irrite d'autant plus qu'outre-Manche, Theresa May, la Première ministre britannique, chef des Tories (les Conservateurs), a décidé, quatre mois auparavant, de boycotter la compétition. Si les Three Lions disputeront bien la phase finale, aucun ministre, aucun secrétaire d'État, ni aucun membre de la famille royale n'honoreront l'évènement. Une décision irrévocable que Londres assume avec persévérance tant la crise diplomatique avec Moscou est aiguë. Candidats recalés au profit de la Russie – à l'instar de l'Espagne et du Portugal, d'une part ; et de la Hollande et de la Belgique, d'autre part –, les Britanniques estiment avoir été floués lors du vote intervenu, le 2 décembre 2010 à Zurich. La FIFA avait fait d'une pierre deux coups en attribuant deux éditions en même temps : la Russie pour 2018 et le Qatar pour 2022. Outre la surprise générale, les sujets de Sa Majesté remâchent leur amertume. Ils ont la certitude que les membres du comité exécutif de la Fédération internationale, ainsi que Joseph Blatter, alias « Sepp » Blatter, son immuable président, ont comploté contre eux. Surtout, leurs relations avec Moscou se sont encore davantage dégradées lorsque, le 2 mars 2018, Sergueï Skripal, un ex-espion du renseignement militaire russe (le GRU) et sa fille, Youlia, réfugiés sur le sol anglais, ont été les cibles d'une tentative d'empoisonnement. Un acte criminel aux allures d'ultime provocation que Londres impute – preuves accablantes à l'appui – aux Russes dont les autorités déclinent toute responsabilité. Tel est, au printemps 2018, le dernier épisode de la sourde bataille qui persiste entre Britanniques et Russes désormais prompts aux déclarations accusatoires et définitives par médias interposés.

Onze ans plus tôt, Gordon Brown, le Premier ministre travailliste, le successeur désigné de Tony Blair, lance, solennel, la candidature anglaise en vue d'accueillir la vingt-et-unième édition de la Coupe du monde de football, un sport qu'elle a créé et popularisé voilà cent-soixante-dix ans. « Ici, en Angleterre, patrie du football, le gouvernement mettra tout en œuvre pour que Lord Triesman remporte cette campagne », scande-t-il[121]. Le patron du comité anglais fixe sa feuille de route. « Nous devons présenter la candidature la plus solide qu'il soit pour l'emporter et rallier, dès à présent, nos amis et collègues internationaux à notre cause. » Pour son homologue russe, Alexeï Sorokine, l'adjoint de Vitali Moutko, ministre des Sports et président de la Fédération russe de football qui sera évincé juste avant le début de la compétition officielle, « l'argumentaire était très simple ». En clair : « La Russie est un grand pays de football. On y joue depuis des décennies, mais elle n'a jamais accueilli de grandes compétitions. » Sa carte maîtresse tient en un mot : l'humilité. « Nous n'avons jamais été arrogants. On a toujours été conscients que la campagne serait difficile. Parmi nos adversaires, il y avait plusieurs grands pays de football. Nous avons toujours su que la décision finale resterait du ressort du comité exécutif de la FIFA. » À savoir les vingt-deux membres entourant tel un véritable conseil des ministres le suisse Sepp Blatter, son président depuis 1998, contraint à la démission en 2015 en victime collatérale de la double décision rendue le 2 décembre 2010. Y siègent les responsables des différentes fédérations et confédérations du football mondial. Deux anciens célèbres joueurs, le Français

121. Sauf mentions contraires, les citations reproduites proviennent de *La Coupe du monde des espions*, un documentaire de Niels Borchert et Jon Adelsten.

Michel Platini et l'Allemand Franz Beckenbauer, figurent autour de la table. Chacun détient une voix pour le vote final. « La candidature russe me semblait bien mystérieuse. Je n'arrivais pas à trouver la moindre information là-dessus », admet Lord David Triesman. Un homme semble détenir beaucoup d'éléments quant aux dessous de la candidature de Moscou et, plus largement, au sujet de l'affrontement singulier que se sont livré sans répit la Russie et l'Angleterre pour l'obtention de la Coupe du monde 2018. L'individu en question se nomme Peter Hargitay. C'est un discret consultant hongrois dont le patronyme, inconnu du grand public, ne l'empêche pas d'être sollicité par le comité anglais pour son entregent notoire. Plus précisément ? « Mon savoir-faire, mon réseau, un accès à certains membres du comité exécutif, ce genre de choses », convient, faux modeste, le sexagénaire dont la silhouette figure sur nombre de clichés de presse et sous toutes les coutures dans l'ombre de l'inoxydable Sepp Blatter. « On m'a demandé de rédiger une stratégie pour la candidature anglaise », dit-il. « Peter Hargitay connaît tous les membres du comité exécutif de la FIFA. Il sait tout sur chacun d'entre eux. Grâce à lui, nous aurions été en mesure de leur offrir quelque chose qui les inciterait à considérer l'Angleterre comme l'endroit idéal pour organiser la Coupe du monde », acquiesce Lord David Triesman. « Mais j'ai catégoriquement refusé qu'on recoure à ce genre de procédés », s'empresse d'ajouter le sujet de Sa Gracieuse Majesté. Évoquant « la corruption » et « la cupidité » des principaux protagonistes, Peter Hargitay affirme conserver des souvenirs précis quant au déroulé de la singulière campagne ayant consacré la Russie. Il y est en outre question de services de renseignements et d'étranges cabinets censés garantir à leurs commanditaires l'attribution à coup sûr de la prestigieuse compétition. « Certaines personnes ont été foncièrement malhonnêtes avant le vote. La candidature anglaise a aussi eu recours à des espions », tance le Hongrois tout en reconnaissant en ignorer « les détails » opérationnels.

Déjà complexes, les relations entre les Anglais et les Russes se détériorent alors que les deux nations fourbissent dans l'ombre leurs actes de candidature. L'assassinat, en novembre 2006, d'Andreï Litvinenko, un ex-agent russe réfugié sur le sol britannique, envenime leurs relations diplomatiques déjà chaotiques. Londres, destination privilégiée de nombre d'oligarques russes et de transfuges passés de l'est à l'ouest, est formel. L'ancien espion, alors placé sous protection du gouvernement, est décédé à la suite d'un empoisonnement au polonium, un redoutable gaz innervant, marque de fabrique du FSB, l'un des principaux services de renseignement du Kremlin. L'expédition criminelle implique deux de ses membres vite identifiés. « Les Anglais étaient au coude à coude avec les Russes, mais ils étaient de plus en plus préoccupés par les agissements de la Russie. Notamment par certains arrangements passés avec les votants de la FIFA », explique Heidi Blake, une journaliste anglaise co-auteure, avec Jonathan Calvert, de *The Ugly Game, l'homme qui acheta la Coupe du monde* (Ed. Hugo Sport, 2016), un livre relatant, entre autres, l'âpre bataille entre Russes et Anglais. « Ils ont alors fait appel à deux sociétés privées de renseignements qui avaient des liens étroits avec le MI6 (le service extérieur d'espionnage britannique) et devaient recueillir des informations sur ce que mijotaient les Russes », certifie l'enquêtrice sur la foi de plusieurs de ses sources. « Quand on parle de collecte de renseignements, il est primordial de bien définir ces termes. Oui, nous avons récolté des informations découvertes par hasard. D'autres fois, nous l'avons fait de manière plus méthodique », reconnaît d'une tournure ampoulée, Lord Triesman. Les deux officines sollicitées s'efforcent de recruter des membres du comité russe ainsi que certains des votants du comité exécutif de la FIFA. La quête de secrets bat son plein. Les deux agences emploient d'ex-agents du MI6 réputés pour leurs carnets d'adresses enviés ainsi que pour avoir gardé intacts leurs réseaux d'informateurs disséminés en Russie. Le Royaume-Uni fait aussi appel à son vaste maillage d'ambassades pour glaner des éléments sur les cadres et les décideurs de la FIFA. « Nous voulions apprendre un maximum de choses sur les autres candidatures et les arrangements qui se tramaient. La plupart de ces informations ne sont pas confidentielles. Nous voulions simplement savoir avec un niveau de certitude élevé qui se rendait où et pour rencontrer qui ? Nous avons procédé de façon systématique pour ne rater aucune information », se justifie Lord Triesman. Or, contre toute attente, le patron de la candidature anglaise décide de limoger les consultants embauchés. Leur éviction soudaine fait les gros titres de la presse nationale. « Je ne l'ai pas mal pris. De toute façon, je ne voulais pas travailler avec ce type », rétorque Peter Hargitay, mis au chômage technique. L'homme d'influence, véritable intermédiaire, est d'autant moins courroucé qu'il évoque des conversations directes avec le président de la FIFA dont la conviction est déjà faite. « Les Anglais ne gagneront jamais », lui répète-t-il pour le consoler d'avoir été évincé sans égard. Outre l'estime qu'il dit porter à Vladimir Poutine, Sepp Blatter – secret de polichinelle – entretient des relations exécrables avec l'Angleterre depuis des lustres. Le grand manitou du football planétaire observe la candidature russe avec les yeux de Chimène. « Qui n'a jamais eu la Coupe du monde ? L'Europe de l'est ! Depuis 1980, la Russie n'a eu ni les Jeux olympiques d'été ni la Coupe du monde. La Russie, le pays le plus vaste du monde, ce serait grandiose », se réjouit le Valaisan, à maintes reprises, durant la campagne, lui qui caresse l'espoir d'obtenir le prix Nobel de la paix à la stricte condition que les États-Unis – son autre inclination personnelle – récupèrent l'édition 2022. En Russie, chaque inspection de la FIFA fait l'objet de toutes les attentions. Alexeï Sorokine, le patron exécutif du comité russe, ne manque jamais de le rappeler. « J'espère que la Coupe du monde sera l'occasion de montrer un pays nouveau, un pays démocratique, aux progrès considérables. » Lors d'une septième visite qui se déroule à Kazan – située à l'ouest de la Russie, la capitale du Tatarstan est susceptible d'accueillir six matches (dont ceux de l'Allemagne et de la France) –, le responsable insiste sur le bienfondé du projet russe. « J'espère que l'on comprendra que notre mode de vie et nos valeurs ne sont pas si différents que ceux de l'Occident. » Au fur et à mesure, la petite musique instillée par l'accommodante Russie infuse. Selon Philippe Auclair, « les Anglais sont trop sûrs d'eux et sont perçus comme arrogants tandis que les Russes jouent la carte de l'humilité en demandant une faveur au monde, à savoir : "Aidez-nous à changer." C'est un message formidable ». Dans le microcosme, observateurs et votants prennent bonne note de la nette différence de tonalités entre les deux principales candidatures. « Tout le monde a senti l'énergie impulsée par la Russie alors portée par une dynamique positive. Les Anglais, quant à eux, se sont contentés d'appliquer leur stratégie habituelle avec David

Beckham, le prince William et David Cameron, le Premier ministre (*le leader conservateur ayant succédé, le 11 mai 2010, au travailliste Gordon Brown*). Ils ont cru que c'était dans la poche », se gausse Peter Hargitay. Une version réfutée par Lord Triesman dont l'opinion n'a pas varié d'un iota. « Que ce soit d'un point de vue technique ou financier, la candidature la plus solide pour le Mondial 2018 était celle de l'Angleterre. » Le haut-fonctionnaire du Foreign Office (l'équivalent du Quai d'Orsay, les Affaires étrangères) poursuit le lobbying entamé. La sélection anglaise joue un match amical à Trinité-et-Tobago, l'une des anciennes colonies britanniques. La manœuvre, légale, est cousue de fil blanc : amadouer Jack Warner, l'incontournable et puissant président de la Confédération de football d'Amérique du Nord, d'Amérique Centrale et des Caraïbes (CONCACAF), vice-président de la FIFA. L'opération de séduction se solde par un échec retentissant. « Jack Warner n'a cessé de leur dire qu'ils n'étaient pas appréciés. Je peux en attester sans hésitation parce que, moi, j'y ai vécu à la différence de M. Triesman », persifle Peter Hargitay. Tout au long de ses multiples déplacements à l'étranger, le boss de la candidature britannique se heurte aux limites de l'exercice. Un exemple parmi d'autres : une singulière discussion avec Julio Grondona, alors président de la Fédération argentine. « Il m'a dit qu'il voterait pour l'Angleterre si nous lui rendions les Malouines (les « Falkland Islands », en anglais). J'ai dû lui expliquer que même si mon poste était important, la restitution à l'Argentine d'un territoire souverain ne relevait pas de mes pouvoirs », se désole le diplomate de carrière, médusé. Moralité : « Si l'Argentin a de l'influence, vous avez déjà perdu les voix de trois, quatre ou cinq votants », décrypte Peter Hargitay, qui a entretemps rejoint le comité australien concourant pour la Coupe du monde 2022. Il y retrouve Fedor Radmann, autre consultant très introduit auprès du comité exécutif de la FIFA dont il maîtrise rouages et secrets. Dans le petit cénacle de la haute instance internationale, cet Allemand n'est pas un inconnu. Il fut en outre le vice-président du comité de candidature de l'Allemagne dirigé, à l'époque, par l'adulé Franz Beckenbauer qui obtint la Coupe du monde 2006. Une édition pour laquelle l'Allemagne a depuis lors reconnu avoir eu recours à une caisse noire. En plus du « Kaiser », trois autres membres du comité de candidature allemand ont finalement échappé aux poursuites, les délits incriminés ayant été considérés prescrits. « Ce type tirait beaucoup de ficelles, c'était surtout un proche de Franz Beckenbauer. Il lui prodiguait ses conseils que Franz suivait toujours. L'avoir de votre côté, c'était un très grand atout », assure l'affranchi Peter Hargitay. Les deux hommes d'influence partagent à plusieurs reprises des réunions de travail informelles visant à promouvoir le projet australien. Ce faisant, l'Allemand tient à mettre en garde son partenaire hongrois, interloqué, à propos d'éventuelles écoutes téléphoniques, ainsi que de possibles risques de piratage informatique dont ils pourraient, selon lui, être les cibles.

Au printemps 2010, Vladimir Poutine s'investit davantage dans la campagne pour convertir la majorité du comité exécutif de la FIFA. Temporairement « rétrogradé » Premier ministre au profit de sa marionnette, Dmitri Medvedev, bombardé président (entre 2008 et 2012) pour contourner la constitution russe fixant un maximum de deux mandats présidentiels d'affilée, le jadis lieutenant-colonel du KGB (devancier du FSB), véritable maître du Kremlin, ne regimbe pas à la tâche. Celui qui préside le pays d'une main de fer depuis mars 2000, date de sa toute première élection, rencontre, à la dérobée et à maintes reprises, plusieurs votants de la FIFA tout en exhortant les industriels russes qui lui sont quasi tous redevables à s'activer. « Il a demandé à une clique d'oligarques de prendre les choses en main et de tout faire pour l'emporter. C'est à ce moment que les services anglais signalent des arrangements entre les oligarques et la communauté des votants de la FIFA », assure Heidi Blake, collaboratrice régulière du *Sunday Times* ayant rejoint *BuzzFeed* en 2015. « Selon plusieurs de nos sources, la Russie aurait établi une cellule de surveillance à Londres chargée d'espionner le comité de candidature anglais », insiste-t-elle. Des faits que confirme, un brin gêné aux entournures, Lord Triesman. « Nous avons effectivement dû prendre des mesures pour parer à tout éventuel espionnage lorsque, pour notre plus grande stupéfaction, nous avons découvert l'ampleur de l'intrusion dans nos ordinateurs. Nous avons veillé à une plus grande sécurité informatique. » L'identité des mystérieux hackers ? Leur commanditaire ? « Je pense savoir de qui il s'agit, mais je ne peux en dire plus sinon je révélerai sans le vouloir comment je l'ai su », coupe court le haut commis d'État. Dans les coulisses, Moscou nie toute malveillance et dément tout lien. « Je n'ai jamais constaté la moindre implication de nos services de renseignement. Je n'ai jamais décidé de faire appel à eux», s'esclaffe Alexeï Sorokine.

À l'été 2010, six mois avant la décision finale, les deux comités de candidature continuent leur campagne. La Coupe du monde qui se déroule en Afrique du Sud leur est propice pour engranger des soutiens assortis des précieux votes. À Johannesbourg, l'hôtel Michelangelo héberge de nombreux membres du prisé comité exécutif de la FIFA. Rencontres discrètes et apartés s'y multiplient entre gens de bonne compagnie. « Bien sûr, Fedor Radmann et moi y étions. Mais lui n'était là que par intermittence, car il est souvent allé en Russie où il avait des affaires à préparer pour Franz », souligne Peter Hargitay, tout occupé à se démener pour la candidature australienne. L'une de ses collègues lui fait état d'un bruit insistant, bientôt relayé par le *Daily Mail*, le tabloïd britannique dont la fiabilité des informations peut parfois être sujette à caution. Le journal évoque en outre des négociations en cours entre Franz Beckenbauer, membre du comité exécutif de la FIFA, et Gazprom, l'un des principaux gaziers russes. « Dès juin 2010, j'ai eu vent d'une rumeur selon laquelle Beckenbauer avait passé un accord avec Gazprom », se souvient Bonita Mersiades, la collègue de Peter Hargitay. « Or, prendre part au vote alors que la Russie postulait pour 2018, avec Gazprom comme principal sponsor, contrevenait aux directives », tacle-t-elle. Un étrange partenariat qui sera rendu public à l'été 2012 et au terme duquel le Kaiser deviendra pour cinq ans l'ambassadeur du gazier russe considéré comme « un État dans l'État ». Quant à lui, Alexeï Sorokine s'inscrit en faux contre tout appui – direct ou indirect – de la firme russe qui, quoique privé, est aux ordres du Kremlin. « Honnêtement, je ne me souviens pas d'un quelconque soutien financier de Gazprom», réfute-t-il sans trop s'appesantir. Un sujet sensible que contourne l'habile Sepp Blatter. « On parle beaucoup de corruption dans le football. Qu'il y ait des pots-de-vin ou pas, je ne saurais le dire car je l'ignore. Moi, je n'en touche pas (…) Seulement voilà, les grands évènements sportifs comme le Mondial ou les Jeux olympiques ont pris une dimension politique. » Une lapalissade que Peter Hargitay traduit à sa façon. « Juste avant le vote de décembre 2010, l'ingérence politique a été considérable. » D'après lui, l'hôtel Baur au Lac, situé, à Zurich, comme le siège de la FIFA, aurait été le lieu de dernières tractations animées. « La veille du vote, tout le monde a cherché à convaincre les indécis ou à s'assurer du soutien de ses alliés, ce fut une nuit frénétique », soutient-il sans plus de précisions. Une chose est sûre. Ce soir-là, aucun membre du comité russe n'apparaît dans l'établissement sélect. « La veille, vous vous contentez de répéter votre topo. La campagne est finie. Si vous n'avez pas fait ce qu'il fallait pendant les dix-huit derniers mois, c'est trop tard. Tout ce qui compte, à ce moment-là, c'est le nombre de voix », sourit, énigmatique, Alexeï Sorokine. La même nuit, Peter Hargitay dit avoir travaillé au dossier australien avec Fedor Radmann. Quand celui-ci le quitte précipitamment. « Il a reçu un appel pressant de Beckenbauer. Un émissaire du président de la République allemand voulait le rencontrer. Bref, je sais pertinemment qu'on a demandé à Beckenbauer de voter pour une candidature bien précise. » Ce que confirme Philippe Auclair, destinataire, lui aussi, de la même information qu'il a obtenue auprès de l'une de ses sources allemandes. « Christian Wulff, le président allemand, a demandé au Kaiser de voter pour la Russie car, pour lui, c'était la meilleure candidature. » Dès lors, comment expliquer l'intense lobbying pro-russe auquel s'adonnent les officiels allemands ? « Probablement la nécessité de vérifier quels accords avaient été conclus sur le gaz et d'où il proviendrait pour l'hiver à venir », ironise Lord Triesman qui ne manque pas l'occasion de décocher une autre flèche acérée à destination de Berlin. « Voulons-nous d'un allié et ami qui, avec l'Iran, détient la plus grande réserve au monde ? Peut-être bien que oui. Certainement, même… »

Le 2 décembre 2010, le jour du vote attribuant en même temps les Coupes du monde 2018 et 2022, les rivaux anglais et russes sont fébriles, mais confiants. Alexeï Sorokine en conserve un souvenir précis. « Je me rappelle n'avoir dormi que deux heures. L'enjeu était considérable et nous voulions vraiment l'emporter. » Le scrutin portant sur l'édition 2018 est « étonnement rapide », relève Philippe Auclair. Lorsque Sepp Blatter exhibe le pli décacheté en prononçant le nom de leur pays, les membres du comité russe explosent de joie, les étreintes viriles démonstratives. La Russie recueille treize voix au second tour, contre deux pour l'Angleterre et sept qui se répartissent autour des candidatures de l'Espagne alliée au Portugal, d'une part ; et de la Belgique associée aux Pays-Bas, d'autre part. « Beaucoup ont pensé à tort que nous connaissions déjà le résultat, mais nous ne l'avons su qu'à l'ouverture de l'enveloppe. Quelle jubilation de voir le nom de la Russie sur ce carton ! », s'enthousiasme encore, huit ans plus tard, Alexeï Sorokine. Quelques rangs plus loin, la délégation britannique, stupéfaite, accuse le coup. Elle est intimement persuadée d'avoir été grugée. Une déception qui s'exprime sur le moment de manière laconique et mesurée. « Évidemment, comme l'ensemble de l'équipe, je suis très déçu. Notre candidature était très solide », regrette, affecté, le prince William sitôt la cérémonie achevée. L'humiliation est cuisante. Les Britanniques n'ont glané qu'une seule et unique voix en plus de la leur. « C'est surprenant que l'Angleterre ait remporté si peu de voix, une seule en fait », remarque, badin, Sepp Blatter, soutien revendiqué des Russes dès l'origine, et pour qui « les Anglais devraient se demander quelles erreurs ils ont commises pour ne remporter qu'une seule voix au sein de la FIFA ».

Les Russes se félicitent d'avoir décroché le Graal tant convoité. « Nous sommes honorés d'avoir remporté ce combat rude, mais loyal », plastronne Vladimir Poutine à la tribune de la FIFA, au cours d'une conférence de presse tenue le 3 décembre 2010. Les sujets de Sa Majesté, eux, n'en démordent pas. Ils sont persuadés d'avoir été dupés. La une du *Guardian*, l'un des quotidiens anglais les plus respectés, fustige sans fioritures le vote de Zurich : « Un processus corrompu et déloyal. » La réplique du Premier ministre russe fuse. « Des gens ont été accusés de corruption sans fondement. Cela n'est qu'un moyen de pression contre les membres de la FIFA, ce qui est inacceptable »[122], peste Vladimir Poutine en personne. « Nous avons compris que nous devions donner aux membres de la FIFA la possibilité de prendre leur décision sans pression externe et de manière objective. C'est pour cela que j'ai dit au ministre des Sports russe, Vitali Moutko *(lui-même membre du comité exécutif de l'instance internationale)*, de bien vouloir transmettre ma façon de voir les choses aux membres du comité exécutif de la FIFA. Je l'ai fait par respect pour eux », argue-t-il. Malgré de nombreux doutes quant à l'intégrité du vote, le processus ayant désigné la Russie est entériné.

Mais, coup de tonnerre, le 27 mai 2015, sept cadres du comité exécutif de la FIFA sont interpellés, à Zurich, au petit matin, à la demande expresse et conjointe des justices suisse et américaine. Telles sont les prémices du « FIFAgate », le plus important scandale éclaboussant l'instance internationale.

122. Cité par l'AFP, 3 décembre 2010.

À l'origine de ces interpellations rondement menées, Charles – dit « Chuck » – Blazer, l'un des votants corrompus, poursuivi par le fisc américain pour « non-déclaration et non-paiement de ses impôts », « blanchiment d'argent » et « évasion de fraude fiscale », qui a accepté, en 2011, de coopérer avec la justice américaine pour alléger les lourdes sanctions encourues. Les enregistrements compromettants de la taupe infiltrée du FBI fourniront des preuves à charge contre ses collègues indélicats. La déflagration aboutit notamment à la démission de Sepp Blatter, le 2 juin 2015, tout juste réélu, le 29 mai, pour un cinquième mandat de rang, ainsi qu'à l'ouverture de moult procédures visant les tout premiers aigrefins confondus. Le président déchu est en outre suspendu de toute fonction pour six ans. Treize des vingt-deux votants du comité exécutif de la FIFA seront ainsi démis de leurs mandats. Certains d'entre eux plaideront coupables et seront condamnés tandis que d'autres, suspendus aux calendriers judiciaires suisse et américain, verront leurs procès ajournés. Quand l'action ne sera pas tout simplement éteinte à la suite du décès de quelques-uns des mis en cause. Ces arrestations s'inscrivent dans le droit sillon d'un rapport diligenté par la FIFA et confié dès 2012 à Michael Garcia. À l'inverse du Qatar, attributaire de l'édition de 2022, l'ex-procureur américain, démissionnaire le 17 décembre 2014, lave la Russie de tout soupçon. Le document, rédigé dans le plus grand secret, en 2014, par Cornel Borbély, son adjoint et successeur, est rendu public le 27 juin 2017 sous la pression médiatique. Ses conclusions font pourtant l'impasse sur pléthore d'éléments troublants quant au comportement équivoque des Russes. En premier lieu, Vladimir Poutine, le Premier ministre en exercice, avait rencontré à six reprises des membres du comité exécutif, tous votants lors du scrutin du 2 décembre 2010. Or, selon le rapport, « aucune influence ne fut exercée lors des rencontres »[123]. Cornel Borbély n'a pourtant eu accès qu'à un nombre très restreint de documents. En outre, les rapports d'audit et les communications du comité russe – dont les dépenses sont estimées à près de 17 millions d'euros – ne lui ont jamais été transmis. Idem des ordinateurs utilisés lors de la campagne. Ils ont tous été détruits. Un fait s'avère acquis : Michel Platini, à l'époque président de l'UEFA et membre du comité exécutif de l'organe suprême du football mondial, confirme l'indéniable tropisme russe du président helvète de la FIFA. « Blatter m'avait seulement demandé de voter pour la Russie. Je pensais que c'était bien que l'Europe de l'est ait la Coupe du monde », admet celui qui sera le candidat malheureux à la succession du tortueux Suisse, mais qui est cependant lui-même impliqué dans d'autres enquêtes judiciaires dont l'une porte sur l'attribution de la Coupe du monde 2022 au Qatar[124].

Vladimir Poutine, redevenu président de la Russie depuis mars 2012, ne finit plus d'alimenter les polémiques sportives et diplomatiques. Ses athlètes sont convaincus de « dopage d'État » lors des Jeux olympiques (JO) d'hiver de

123. Rémi Dupré, « Le jour où la Russie a obtenu la Coupe du monde », *Le Monde*, le 1er décembre 2017.

124. Michel Platini, l'ex-président de l'UEFA, ainsi que Joseph Blatter, l'ancien président de la FIFA, poursuivis pour « soupçons d'escroquerie, gestion déloyale, abus de confiance et faux dans les titres » ont été relaxés, le 8 juillet 2022, par le Tribunal pénal fédéral (TPF) de Bellinzone en première instance. Le ministère public de la Confédération (MPC) helvétique a cependant déposé une « annonce d'appel » auprès du TPF. Une fois le jugement de première instance motivé et transmis aux parties, le parquet aura vingt jours pour confirmer par écrit ou renoncer à l'appel.

Sotchi (du 7 au 23 février 2014). La sentence du Comité international olympique (CIO) l'exclut des JO de Tokyo (à l'été 2021) et de Pékin (à l'hiver 2022). Dernier élément et non des moindres, Moscou s'empare, en mars 2014, de la Crimée et annexe, de fait, une grande partie du Donbass, des territoires appartenant à l'Ukraine, une nation indépendante et souveraine, au mépris du droit international. Rien n'y fait. Les protestations diplomatiques sont légion. Quelques voix dissidentes émettent l'idée de priver la Russie de l'organisation de la Coupe du monde. Une initiative vite écartée au nom de la *Realpolitik*. La tentative d'assassinat d'un autre ancien espion russe réfugié sur le sol britannique met le feu aux poudres. Le 2 mars 2018, le transfuge Sergueï Skripal, ex-officier du GRU, ainsi que sa fille Youlia, ingèrent du *novitchok*, à la suite d'un rendez-vous avec deux curieux visiteurs, à Salisbury, leur lieu de résidence. Les deux auteurs de la tentative d'empoisonnement sont des ressortissants russes. Les fugitifs, aux multiples passeports et identités, sont fichés comme agents du FSB. Contre toute évidence, la Russie décline toute responsabilité. La crise diplomatique entre l'Angleterre et la Russie est consommée. Vingt-trois diplomates russes sont instamment expulsés. Moscou procède à l'identique, priant le même nombre de fonctionnaires britanniques de rentrer chez eux sans délai. Par solidarité, l'Union européenne (UE), ainsi que quatorze pays dont la France, les États-Unis, le Canada et l'Ukraine annoncent l'expulsion de 134 diplomates russes dans les quinze jours. Le gouvernement conservateur de Theresa May envisage – brièvement – de renoncer au Mondial russe avant d'opter pour une voie médiane consistant en un ferme boycott politique et diplomatique. Boris Johnson, le ministre des Affaires étrangères, soupçonne nommément Vladimir Poutine de chercher à utiliser la Coupe du monde 2018 pour renforcer l'image de son pays comme l'avait fait Adolf Hitler en son temps lors des JO de Berlin en 1936. « Ignoble » et « insultant »[125], réplique aussitôt le Kremlin. Plusieurs nations occidentales imiteront le Royaume-Uni. Le 14 juin 2018, lors de la cérémonie d'ouverture, seuls les plus fidèles alliés de Moscou, parmi lesquels la Corée du Nord, la Chine, l'Iran ou le Kazakhstan, en sus de Gianni Infantino, le successeur de Sepp Blatter à la tête de la FIFA (élu le 26 février 2016), seront visibles dans la tribune présidentielle du stade Loujniki. Sur le terrain, la sélection russe, la Sbornaya, atteindra les quarts de finale, éliminée aux tirs au but par la Croatie (2-2 a.p., 3-4 aux t.a.b.). Laquelle évincera l'Angleterre en demi-finale (2-1 a.p.). La France battra la Croatie en finale (4-2) sous les yeux du chef de l'État Emmanuel Macron, présent dans l'enceinte moscovite malgré la défiance de ses principaux partenaires européens envers la Russie. Vladimir Poutine en profitera pour féliciter les champions du monde avec force tapes amicales (et gimmicks des Bleus à son nom dans les vestiaires), en hôte satisfait d'afficher avec gourmandise, à la face du monde, sa proximité avec le président français.

Moins de quatre ans plus tard, le maître du Kremlin envahira brutallement l'Ukraine, le 24 février 2022, déclenchant un conflit armé meurtrier qu'il se bornera à qualifier d'« opération spéciale ». La Russie et tous ses clubs seront bannis par la FIFA et l'UEFA, le 28 février 2022, de toutes les compétitions « jusqu'à nouvel ordre ». Roman

125. Cité par *Reuters*, le 22 mai 2018.

BONS BAISERS DE RUSSIE

Abramovitch, l'un des oligarques russes les plus fortunés, sera contraint de céder Chelsea, qu'il détenait depuis 2003, pour cinq milliards d'euros à Todd Boehly, un financier américain allié à un consortium d'investisseurs. Gazprom, sponsor de l'UEFA depuis 2012 à laquelle le géant gazier aura versé quarante millions d'euros par an, sera suspendu avec « effet immédiat », avant de jouer un rôle majeur dans la bataille énergétique opposant l'intransigeant Kremlin, plus que jamais isolé diplomatiquement, à l'ensemble des nations occidentales.

Un émirat en classe affaires

Coupe du monde au Qatar. XXIIe édition (2022)

2 décembre 2010 – Zurich
Attribution de la compétition

C'est un palace luxueux, à l'extrémité nord du lac de Zurich. Ouvert en 1844, l'hôtel Baur au Lac a accueilli du beau linge au fil de sa riche histoire, de l'impératrice Sissi à l'actrice Audrey Hepburn, en passant par le peintre Marc Chagall. Richard Wagner y a donné la première lecture de sa *Walkyrie*, accompagné par Franz Liszt au piano. Les dirigeants de tous horizons y ont leurs habitudes, lors des sommets de Davos ou de réunions de la FIFA. Le 27 mai 2015, de nombreux officiels de l'univers du football y sont présents : le 65e congrès de la Fédération internationale doit décider du nouveau président, Sepp Blatter briguant un cinquième mandat. Vers 5h30 du matin, des policiers suisses en civil pénètrent dans le hall. Une demi-heure plus tard, ils embarquent sept cadres de la FIFA dans des vans aux vitres teintées. Parmi eux, Jeffrey Webb et Eugenio Figueredo, respectivement présidents de la Confédération d'Amérique du Nord et Centrale (CONCACAF) et de la Confédération sud-américaine de football (CONMEBOL).

Dans cet univers de cols blancs, les forces de l'ordre ont mis les formes en appelant au préalable les intéressés dans leur chambre. On les fait sortir non menottés par une porte dérobée, où des employés de l'hôtel tendent des draps blancs pour éviter les photos. Cette prévenance ne change rien : ce coup de filet spectaculaire crée une onde de choc immédiate dans ce qui va devenir le « FIFAgate ». La vague d'arrestations intervient dans le cadre d'une procédure lancée par le Département de la Justice américain sur un système de corruption présumée, à la suite – on le saura bien plus tard – des informations divulguées par Charles « Chuck » Blazer, figure historique du *soccer* américain devenue la taupe du FBI après avoir été confondu par le fisc. L'acte d'accusation initial vise 14 personnes et comprend 47 chefs d'accusation, notamment « escroquerie et blanchiment d'argent en bande organisée ». Les inculpés, membres de la FIFA ou d'entreprises de marketing, sont soupçonnés d'avoir accepté des pots-de-vin « pour plus de 150 millions de dollars » depuis les années 1990 pour des droits d'exploitation de tournois internationaux. En décembre 2015, 16 autres officiels sont visés et l'enquête s'étend à 96 chefs d'inculpation. « Les accusés ont favorisé une culture de la corruption et de la cupidité, remarque le directeur du FBI, James Comey[126]. Les versements secrets et illégaux, les dessous de tables et les pots-de-vin sont devenus une façon de faire du business à la FIFA. » Le parquet suisse a lui aussi ouvert, en mars 2015, une procédure pénale contre X pour « soupçon de gestion déloyale et de blanchiment

126. Communiqués du Département de la Justice américain et du FBI, 27 mai 2015.

d'argent » dans le processus d'attribution des Coupes du monde 2018 et 2022.

Le scandale est énorme. Si la FIFA est réputée pour son opacité, elle bascule comme jamais dans la colonne Faits divers. Dans un premier temps, son état-major croit faire illusion. Au lendemain du raid opéré à l'hôtel Baur au Lac, Blatter tient la barre. Le congrès est maintenu, l'élection pour la présidence aussi, comme si de rien n'était. « Ceux qui corrompent le foot représentent une minorité, clame le patron à la tribune[127]. Nous allons coopérer avec les autorités pour que tous ceux qui ont mal agi, de la base au sommet, soient démasqués et punis. » Le Suisse est réélu par 133 voix contre 73 pour son seul adversaire, le prince Ali de Jordanie. La tempête redouble. Quatre jours plus tard, Blatter se résout à démissionner sous la pression internationale. Dans son livre-enquête *Red card : How the U.S. blew the whistle on the world's biggest sports scandal*, paru en 2018, le journaliste américain Ken Bensinger rapporte que le boss du foot mondial « pense que la procédure judiciaire a été personnellement commanditée par le président Barack Obama ».

Une revanche des États-Unis, candidats déçus à l'organisation du Mondial 2022 ? Quelques jours plus tard, interrogé en marge d'un sommet du G7, Obama refusera de « commenter une affaire en cours », mais ne se dissociera pas de la démarche : « Nous devons garder à l'esprit que même si le football (…) est un jeu, c'est aussi un énorme business. Soit dit en passant, vu que nous, les États-Unis, nous améliorons un peu plus à chaque Coupe du monde,

127. *Le Monde*, 28 mai 2015.

nous voulons nous assurer qu'un sport qui gagne en popularité soit dirigé de manière saine. »[128]

Une chose est sûre : la tourmente médiatico-judiciaire débute avec le fameux vote pour attribuer les éditions 2018 et 2022, le 2 décembre 2010. Le parterre présent à Zurich reflète l'importance de l'évènement. On trouve l'ex-président américain Bill Clinton, l'émir du Qatar Hamad ben Khalifa Al Thani, le chef du gouvernement espagnol José Luis Zapatero, le Premier ministre britannique David Cameron cornaqué par le Prince William…

De sérieux prétendants sont en lice. Pour 2018 : l'Angleterre, la Russie et deux candidatures conjointes, Espagne-Portugal et Belgique-Pays-Bas. Pour 2022 : les États-Unis, le Qatar, le Japon, la Corée du Sud et l'Australie. À l'issue du vote des 22 membres du comité exécutif de la FIFA, l'édition 2018 est attribuée à la Russie (après deux tours de scrutin, voir chapitre précédent) et celle de 2022 au Qatar (14 voix contre 8 aux USA au 4e tour). Confier une des plus grandes compétitions du monde à un pays de 1,7 million d'habitants, classé 113e au classement FIFA et où les températures peuvent atteindre 50°C en été, fait l'effet d'une déflagration. Dans le rapport d'évaluation des candidatures, le richissime État gazier était le seul à recevoir le commentaire « à haut risque » pour plusieurs critères[129]. Les jours suivants, les rumeurs enflent. Ivan

128. Bureau du porte-parole de la Maison Blanche, « Remarks by President Obama in press conference after G7 summit », 8 juin 2015.

129. La candidature du Qatar est classée « à haut risque » pour les critères « Evaluation globale des risques » et « Installations des équipes ». Parmi les autres dossiers, seule la Russie s'est vu attribuer une fois cette évaluation, pour le critère « Transports : aéroports et connexions internationales ». Concernant les conditions climatiques, le rapport note que « le fait que la compétition

Lewis, un parlementaire britannique, envoie un courrier à Sepp Blatter « au sujet des sérieuses allégations qui sont apparues à propos de la corruption associée au processus de candidature ». Citant les accusations d'une lanceuse d'alerte relayées par la presse, il demande « l'ouverture urgente d'une enquête ». Le 20 décembre, le secrétaire général de la FIFA, Jérôme Valcke, lui répond : « Ces allégations n'ont été corroborées par aucune preuve que ce soit, raison pour laquelle nous ne sommes pas en position d'intervenir à cet égard. »[130]

Les incessantes incriminations et enquêtes de la presse internationale vont obliger l'instance à revoir sa stratégie. Il faut dire qu'à l'été 2011, sa Commission d'éthique a suspendu plusieurs dirigeants, notamment le sulfureux Qatarien Mohamed Bin Hammam. Le président de la Confédération asiatique est accusé d'avoir voulu acheter des voix à grand renfort d'enveloppes dans la course à la présidence de la FIFA du 1er juin 2011, où il entend se présenter contre Blatter. Le climat est étouffant : à l'automne 2010, deux membres du comité exécutif avaient déjà été suspendus pour manquement à l'éthique. Le Tahitien Reynald Temarii et le Nigérian Amos Adamu, piégés en caméra cachée par des journalistes du *Sunday Times*

soit prévue en juin/juillet, les deux mois les plus chauds de l'année dans la région, doit être considéré comme un risque sanitaire potentiel pour les joueurs, les officiels, la famille de la FIFA et les spectateurs, et requiert que des mesures préventives soient prises ». Après de longs mois de discussion et de controverse, notamment avec les ligues européennes, le comité exécutif de la FIFA décidera définitivement, en septembre 2015, de déplacer la compétition en novembre/décembre. Une première depuis la création de la Coupe du monde.

130. Michael J. Garcia et Cornel Borbély, *Report on the inquiry into the 2018/2022 FIFA World Cup bidding process*, p. 250.

se présentant comme des lobbyistes américains, avaient demandé une contrepartie contre leur voix : ils sont écartés quelques semaines avant le scrutin.

La FIFA pense prouver sa bonne foi en demandant en 2012 à l'ex-procureur américain Michael Garcia d'enquêter sur les conditions d'attribution des Mondiaux 2018 et 2022. Le boomerang lui revient en pleine tête. À l'issue de deux ans d'investigation où il accumule plus de 200 000 documents et des dizaines d'entretiens, le juriste remet un rapport de plus de 400 pages. Ce travail éléphantesque accouche d'une souris. Le président de la Chambre de jugement de la Commission d'éthique de la FIFA, l'Allemand Hans-Joachim Eckert, minimise les faits rapportés dans l'épais document en estimant que les « conduites douteuses » relevées ne sont « pas de nature à compromettre l'intégrité du processus d'attribution des Mondiaux 2018 et 2022 dans sa globalité ». Garcia démissionne avec fracas en dénonçant une présentation « erronée et incomplète » de son travail.

L'examen du fameux rapport révèle des agissements plus que douteux. Ainsi du virement « à titre privé » de 2M£ effectué en 2011 sur le compte de la fille (âgée de 10 ans) de Ricardo Teixeira, président de la Fédération brésilienne, par Sandro Rosell, alors consultant pour la candidature qatarie. Ainsi des innombrables versements de Bin Hammam à des officiels de la FIFA – dont un transfert de 1,2M$ à Jack Warner décidé mi-décembre 2010. Ces malversations lui vaudront d'être banni à vie de toute fonction à la FIFA, mais elles sont rattachées par Michael Garcia à l'élection pour la présidence de l'instance et non au vote pour le Mondial. Ainsi du chèque de 1,8M$ signé par le Qatar à la Confédération africaine pour « sponsoriser » son congrès de janvier 2010 en Angola et permettre à l'État du Golfe de présenter sa candidature aux délégués du continent en exclusivité. « Les Qataris nous les ont donnés pour pouvoir exposer leur projet lors du congrès, expliquera le président de la CAF, Issa Hayatou[131]. J'ai convoqué, immédiatement après, le comité exécutif de la CAF pour dire que ce qui s'était passé ne nous engageait en rien. Je n'ai donné aucune consigne, et chacun a voté en son âme et conscience. » Interrogé dans le cadre de l'enquête de Garcia, le secrétaire général de l'instance africaine, Mustapha Fahmy, admettra que c'est l'unique fois qu'un congrès de la CAF a été sponsorisé. Ce lobbying décomplexé sera toutefois jugé non contraire aux règlements de la FIFA, « les confédérations étant techniquement indépendantes de la FIFA »...

Lors de ce même congrès, une autre séquence apparait a priori beaucoup plus problématique. Elle sera racontée par Phaedra Almajid, alors membre du comité de candidature qatari. Selon elle, le 29 janvier 2010, elle est appelée vers 22h30 dans la suite d'Hassan Al-Thawadi, directeur général de Qatar 2022, où se trouvent deux consultants œuvrant pour l'émirat, Amadou Diallo et Andreas Bleicher. Entre alors dans la pièce Issa Hayatou, appelé à participer dix mois plus tard au scrutin pour désigner les pays hôtes en 2018 et 2022. L'échange qui suit, elle l'a détaillé dans son journal personnel, remis à l'équipe de Michael Garcia. « Tout à coup Diallo dit que le Qatar a besoin de l'Afrique pour gagner. (...) Puis Diallo dit que pour montrer sa générosité, le Qatar veut investir UN MILLION DE DOLLARS de

131 Entretien à *Jeune Afrique*, 16 juin 2015.

plus dans votre fédération. (…) Pendant ce temps, Hayatou riait et dit : "C'est un beau cadeau mais je pense que mon cadeau pour vous n'a pas de prix." Alors Diallo a rigolé et a demandé que pensez-vous d'UN MILLION ET DEMI. (…) Hayatou a juste ri et a dit : "Oui, oui, vous avez mon vote." »[132] Selon Phaedra Almajid, la même scène s'est répétée avec Jacques Anouma et Amos Adamu, deux autres membres du comité exécutif de la FIFA. Seul problème : Bleicher affirme n'avoir jamais mis les pieds en Angola, ce que les autorités du pays ont confirmé à l'équipe de Garcia. Une « erreur » qui s'ajoute à la confusion de Phaedra Almajid dans ses déclarations. Devenue lanceuse d'alerte, elle avait soufflé ces accusations à plusieurs journaux dès décembre 2010, avant de se rétracter publiquement en 2011, expliquant avoir voulu se venger de son éviction par le comité d'organisation qatari. Avant de faire de nouveau volte-face en 2014, assurant qu'elle était revenue sur ses propos par peur de représailles. La Commission d'éthique de la FIFA conclura qu'elle n'a « pas accordé de crédit à quelconque information ou document reçu de la part de cette personne ».

Plus généralement, si les commentaires de la Chambre de jugement présidée par Hans-Joachim Eckert seront raillés pour leur frilosité, ils dévoilent la nébulosité du système – à des degrés divers, toutes les candidatures sont d'ailleurs mouillées. Ils montrent combien le processus actuel se situe dans une « zone grise » propice aux dérives[133]. « À partir

132. Michael J. Garcia et Cornel Borbély, *Ibid.*, p. 267.

133. À ce sujet, dans un entretien à *France Football* (29 janvier 2013), Guido Tognoni, qui a passé treize ans au sein de la FIFA, observe : « C'est difficile de parler d'achat de voix, mais plutôt d'organisation de voix grâce

de quel point le lobbying doit-il être considéré comme inapproprié, ce n'est pas clair, écrit-il. (...) Supposer que des enveloppes remplies de billets sont distribuées en échange de votes pour désigner le pays organisateur de la Coupe du monde est naïf. La corruption (...) s'exerce sous des modes bien plus sophistiqués, tels que des transferts d'argent à travers plusieurs comptes différents de consultants, de trusts, de sociétés offshore, etc. »

Un petit monde où l'argent facile et les malversations font partie du paysage. Un exemple édifiant. Le 20 octobre 2010, après les suspensions prononcées contre les deux membres du comité exécutif piégés par le *Sunday Times*, Blatter prononce un discours offensif face aux micros : « En tant que président de la FIFA j'attends de tous les membres de la famille FIFA, pas seulement du comité exécutif, qu'ils se comportent de manière honnête, sincère et respectueuse. » Un mois plus tard, le 30 novembre, se déroule une réunion de la Commission des finances de la FIFA. Dans le procès-verbal de la séance, on peut lire : « Le Président propose de donner à chaque membre du comité exécutif un bonus de 200 000$. Mohamed Bin Hammam exprime ses remerciements pour ce geste généreux, et propose que les deux membres suspendus, Amos Adamu et Reynald Temarii, se voient également remettre ce bonus. La Commission des finances approuve le paiement du bonus de 200 000$ de même que la proposition de Mohamed Bin Hammam. »[134]

à des accords et des échanges de bons procédés. Ces faveurs commerciales accordées à droite et à gauche ont toujours existé. Les faits l'ont prouvé, il y a une vraie culture de la corruption au sein de la FIFA. »

134. Michael J. Garcia et Cornel Borbély, *Ibid.*, p. 338.

Le travail de la justice américaine, avec ses limites (les pays de plusieurs accusés ont refusé leur extradition, comme le Trinidadien Jack Warner, patron historique de la CONCACAF), est plus fructueux. Parmi la cinquantaine de personnes inculpées dans l'enquête menée à New York, au moins vingt-sept ont plaidé coupable, parmi lesquelles Jeffrey Webb ou les deux fils de Jack Warner. Mais aussi des banques (la suisse Julius Baer, l'israélienne Hapoalim), qui ont avoué avoir couvert le versement de pots-de-vin pour des dizaines de millions de dollars. Les fonds confisqués et les amendes ont déjà permis la restitution de 124M$ à un fonds d'indemnisation des victimes de cette corruption généralisée. Lors du premier procès, fin 2017, deux pontes sud-américains ont été condamnés à de la prison (9 ans pour le Paraguayen Juan Angel Napout, 4 ans pour le Brésilien José Maria Marin). Le deuxième procès, plusieurs fois ajourné, est prévu pour janvier 2023. En attendant, l'enquête se poursuit et la juge fédérale Pamela Chen précisait à l'été 2022 que « 7 000 à 8 000 documents représentant environ 40 000 pages » ont été récemment ajoutés au dossier.

Les arrière-cours dévoilées par les investigations reflètent l'enjeu extraordinaire qu'est devenue l'obtention d'une Coupe du monde. À ce titre, les États n'hésitent pas à faire jouer tous les réseaux d'influence, plus ou moins occultes. Pour le Qatar, qui s'était également porté candidat aux Jeux olympiques 2032 (la compétition aura lieu à Brisbane), le Mondial 2022 s'inscrit clairement dans une stratégie de « soft power » de la part d'un pays en quête de reconnaissance internationale.[135]

135. Le Qatar a notamment organisé les Jeux asiatiques 2006, les Mondiaux de natation en petit bassin 2014, le championnat du monde masculin de handball 2015, les Mondiaux d'athlétisme en salle 2010 et en extérieur 2019.

Les multiples procédures judiciaires entamées par les justices américaine et suisse rejaillissent en France. En 2016, le Parquet national financier (PNF) ordonne l'ouverture d'une enquête préliminaire pour les chefs de « corruption privée », « association de malfaiteurs », « trafic d'influence » et « recel de trafic d'influence », portant sur les conditions d'attribution de l'édition 2022. Des magistrats français procèdent, le 20 avril 2017, à l'audition de Blatter à Zurich, dans le cadre d'une demande d'entraide pénale internationale à laquelle la justice suisse a fait droit. Forcé à la démission en juin 2015 et suspendu six ans pour le versement de 2 millions de francs suisses à Michel Platini en février 2011, le Suisse se dit étranger à toute manipulation. Interrogé pendant plusieurs heures, il jette la suspicion sur le Français, son ex-conseiller et rival défait à la tête de la FIFA. Au centre des interrogations, un déjeuner à l'Élysée, le 23 novembre 2010, moins de quinze jours avant la désignation des Mondiaux 2018 et 2022. À la table du président de la République, Nicolas Sarkozy, sont réunis d'éminents convives : Tamim Al-Thani, alors prince héritier du Qatar ; le cheikh Amad Ben Jassem, Premier ministre et ministre des Affaires étrangères de l'émirat ; ainsi que Platini, président de l'UEFA. Sont également conviés Claude Guéant, secrétaire général de l'Élysée, ainsi que Sophie Dion, conseillère technique chargée des sports auprès du chef de l'État. « Il faut bien dire très amicalement que Michel Platini, après la réunion qu'il a eue, à Paris, avec le président Nicolas Sarkozy et l'émir actuel du Qatar, m'a dit : “On m'a demandé de voter pour les intérêts français, et mon groupe ne va pas voter ce qu'on avait tacitement décidé de voter au comité exécutif" »[136], avait insisté dans *Le Monde*, en décembre 2016, l'ex-manitou du foot mondial qui jure avoir donné son suffrage aux États-Unis, une assertion invérifiable. Selon lui, l'ancien n°10 aurait changé d'avis sous la pression du chef de l'État français mû par la perspective de signer de juteux contrats avec ses hôtes du Golfe. D'abord favorable à la candidature américaine, Platini aurait opté pour le Qatar à l'issue du repas. « En allant au déjeuner du 23 novembre 2010, où il y avait l'actuel émir, j'ai supputé que le président Sarkozy aurait souhaité que je vote pour le Qatar, mais il ne me l'a jamais demandé », répond l'ancien joueur, en mars 2017, dans les colonnes du même quotidien. Il a en outre publiquement reconnu avoir voté pour l'émirat dès le début de l'année 2011. Quelques mois après l'entrevue élyséenne, le 30 juin 2011, hasard de calendrier ou pas, la monarchie du Golfe rachète pour 76 millions d'euros le PSG – via Qatar Sports Investments (QSI), un fonds souverain – à Colony Capital, un fonds américain représenté en France par Sébastien Bazin, ami de Sarkozy. Une acquisition suivie de la création, en juin 2012, de beIN Media Group, groupe audiovisuel dont la direction est confiée, comme celle du PSG, à Nasser Al-Khelaïfi, qui va créer une filiale française. La même année, le Qatar multiplie ses investissements en France en diversifiant ses prises de participation au sein de plusieurs fleurons nationaux, comme Lagardère (devenant, en décembre 2011, son actionnaire principal), le groupe de médias dont le dirigeant Arnaud Lagardère est un intime de Sarkozy (l'ex-président rejoindra, fin février 2020, son

136. Rémi Dupré et Yann Bouchez, « Football : la justice française enquête sur l'attribution des Mondiaux en Russie et au Qatar », *Le Monde*, 27 février 2017.

conseil de surveillance), ou encore LVMH, le groupe du financier Bernard Arnault.

En décembre 2017, Michel Platini, Claude Guéant et Sophie Dion sont convoqués en qualité de « témoins » devant les policiers de l'Office central de lutte contre la corruption et les infractions financières et fiscales (OCLCIFF) pour éclaircir l'épisode du déjeuner de l'Élysée. Parallèlement, les deux domiciles de l'ex-président de l'instance européenne, à Saint-Cloud et à Nyon (en Suisse, le siège de l'UEFA), sont perquisitionnés, ses coffres bancaires ouverts et ses comptes examinés. Le trio ressort libre à l'issue des auditions. Le 18 juin 2019, Platini – tout comme Sophie Dion – est placé en garde à vue. Un acte de pure procédure, arguent ses avocats. « Cette garde à vue est l'effet collatéral, ressenti comme injuste par Michel Platini, d'une affaire qui le dépasse complètement et à laquelle il est complètement étranger, assure au *Monde* Me William Bourdon. M. Platini n'est suspect en rien et de quoi que ce soit. C'est beaucoup de bruit pour rien. »[137] L'ex-président de l'UEFA insiste devant les enquêteurs : « Je savais que j'allais voter pour le Qatar avant le déjeuner et je suis allé voir Nicolas Sarkozy pour lui dire. Je ne savais pas que les Qataris y seraient. En allant au déjeuner, j'ai supposé que le président Sarkozy aurait souhaité que je vote pour le Qatar. Mais il ne me l'a jamais demandé. J'ai ensuite appelé Sepp Blatter pour lui faire part de cette rencontre. »

Les protagonistes divergent quant aux agapes présidentielles. Sophie Dion (députée Les Républicains de

---

137. Rémi Dupré « Coupe du monde de football 2022 au Qatar : la garde à vue de Michel Platini levée », *Le Monde*, 18 juin 2019.

2012 à 2017), ancienne vice-présidente du groupe d'amitié France-Qatar à l'Assemblée nationale, et Claude Guéant, démentent y avoir pris part. Ces dénégations intriguent le PNF puisque, selon *Le Monde*, leurs patronymes figurent bien sur le plan de table conservé aux Archives nationales. Lors d'une confrontation avec ces deux contradicteurs, Platini a confirmé la présence de l'ex-secrétaire général de l'Élysée et dit avoir aperçu Sophie Dion à l'apéritif. Cette dernière, professeure à l'université Paris-I-Panthéon Sorbonne et dont la chaire intitulée « L'éthique et la sécurité dans le sport » est financée par le Centre international pour la sécurité dans le sport – une fondation de droit qatari –, reconnaît deux faits devant les policiers : avoir produit des éléments en vue du repas et avoir figuré sur le plan de table du déjeuner sans y avoir participé. Les enquêteurs disposent, en outre, d'après *Mediapart*[138] et *Le Monde*[139], de notes rédigées par Sophie Dion résumant l'état d'esprit de Platini sur la future désignation du pays hôte pour 2022. Adressées à Nicolas Sarkozy, ainsi qu'à Claude Guéant, elles ont été retrouvées lors d'une perquisition diligentée, en 2018, au domicile de l'ex-conseillère sans avoir jamais été versées aux Archives nationales comme le veut l'usage. Celles-ci mentionnent le changement de pied opéré, en octobre 2010, par l'ex-patron de l'UEFA. Lequel semble finalement privilégier la candidature du Qatar au détriment des États-Unis après un entretien à Genève avec l'émir du Qatar, en marge de la présentation du dossier de candidature du royaume.

---

138. Yann Philippin et Antton Rouget, « Qatar 2022 : des notes de l'Elysée compromettent Platini et Sarkozy », *Mediapart*, 20 janvier 2020.
139. Rémi Dupré, « Coupe du monde au Qatar 2022 : ce que l'on sait de l'enquête en cours », *Le Monde*, 20 janvier 2020.

Selon *Mediapart*[140], les enquêteurs étudient la piste d'un présumé pacte corruptif et scrutent la situation professionnelle de Laurent Platini. Le fils de l'ex-n°10 des Bleus, débauché de la filiale sport de Lagardère, a été recruté fin 2011 comme « directeur général provisoire » par Burrda Sport, l'équipementier sportif de l'émirat, une filiale de QSI qu'il quittera en 2016 pour retourner chez Lagardère. Les policiers se demandent si cette embauche n'aurait pas été négociée entre l'ex-patron de l'UEFA et les gouvernants qataris – devenus, entretemps, actionnaires majoritaires du PSG où le rejeton Platini a travaillé comme juriste de 2005 à 2009 – en contrepartie de son vote favorable pour 2022. Des soupçons balayés par l'entourage de la famille Platini, tout comme par Colony Capital et QSI, ancien et actuel propriétaires du club parisien. Les deux fonds démentent, en outre, que Nicolas Sarkozy, habitué du Parc des Princes, ait joué un rôle dans la cession du PSG dont il est un fervent soutien. Depuis lors, Sébastien Bazin a quitté Colony Capital pour être nommé PDG de l'hôtelier Accor au sein duquel l'ex-chef de l'État a intégré, en février 2017, le conseil d'administration. Le même groupe devenant en février 2019 l'un des sponsors maillots du PSG tandis qu'il a signé, en octobre 2021, un partenariat avec le Qatar portant sur l'accueil des supporters pour la Coupe du monde 2022.

L'enquête préliminaire impulsée par la justice française prend un nouveau tour lorsque le PNF ouvre, le 9 décembre 2019, une information judiciaire pour « corruption active et passive » ainsi que pour « recel » et « blanchiment » de ces

140. Yann Philippin, « Mondial 2022 : révélations sur l'embauche du fils Platini », *Mediapart*, 20 décembre 2020.

délits, confiée aux juges d'instruction Virginie Tilmont et Marc Sommerer, comme le divulgue *Mediapart*[141]. Lesquels réinterrogent, six heures durant, Sepp Blatter, en qualité de « témoin », les 25 et 26 novembre 2021 à Zurich, lui qui évite toute sortie de son pays depuis les procédures lancées par la justice américaine. Peu avant ce deuxième interrogatoire, le Valaisan charge une nouvelle fois son ancien protégé. « Sans l'intervention au dernier moment de Sarkozy sur Platini, le Qatar n'aurait jamais eu la Coupe du monde. D'autant que, si la vente du PSG au Qatar a eu lieu après le vote, c'est que c'est 100% lié. Le Qatar devait remercier un peu la France », s'obstine-t-il dans les colonnes du *Monde*[142]. « Nicolas Sarkozy n'est pas intervenu sur mon vote. Je n'ai reçu aucune pression, ni directe ni indirecte, de l'Elysée », lui répond du tac au tac Platini. Quant aux dirigeants de l'émirat, ils se défendent de toute corruption : « Aucune preuve n'a jamais été produite pour démontrer que le Qatar a obtenu les droits d'accueillir le Mondial 2022 de manière contraire à l'éthique ou par des moyens qui contreviennent aux règles strictes de la FIFA. » Le triple Ballon d'Or, lui, n'en démord pas : « Tout le monde pense qu'on m'a payé pour voter pour [le Qatar], mais ils [les juges et les enquêteurs]peuvent chercher, ils ne trouveront rien. Il n'y a aucun pacte de corruption, s'agace Platini sur LCI le 15 juillet 2022. Ils ne me cherchent pas moi, ils cherchent quelqu'un d'autre, l'ancien président (Sarkozy). » Fin août,

141. Yann Philippin et Antton Rouget, « Michel Platini et le Mondial 2022 au Qatar : le parquet ouvre une information judiciaire », *Mediapart*, 9 décembre 2019.

142. Rémi Dupré, « Coupe du monde 2022 : Sepp Blatter auditionné par la justice française », *Le Monde*, 26 novembre 2021.

les deux juges n'avaient prononcé aucune mise en examen dans le volet français portant sur l'attribution controversée de la Coupe du monde 2022.

Bien que visé par plusieurs enquêtes judiciaires mettant en cause les conditions d'obtention du tournoi, le Qatar voit les choses en grand. En très grand même, car il en va de l'image du pays. L'État du Golfe s'est offert à coups de millions un prestigieux ambassadeur en la personne de Zinédine Zidane, Ballon d'Or 1998. L'émirat mène des travaux pharaoniques : six nouveaux stades ont dû être construits, un réseau métropolitain, un nouvel aéroport et un nouveau port ont vu le jour à Doha… Symbole de ce gigantisme, Lusail City sort du sable : cette mégalopole appelée à accueillir 200 000 habitants s'étalant sur 35 km² recevra la finale. Le Qatar a dépensé sans compter. Mais à quel prix ? On ne parle pas ici du coût financier, estimé à 140 milliards d'euros, mais humain. Ces chantiers à marche forcée ont nécessité l'emploi de près de deux millions d'ouvriers. Une main d'œuvre composée à 95 % de travailleurs immigrés, pour la plupart venus d'Inde ou du Népal, dont les conditions de travail ont été d'emblée pointées par les organisations internationales. « Davantage de gens mourront en construisant les stades de la Coupe du monde 2022 au Qatar que de joueurs y participeront », tonne ainsi le 1er décembre 2012 Sharan Burrow, présidente de la Confédération syndicale internationale (CSI).

Les ONG, Human Rights Watch et Amnesty International en tête, dénoncent les violations des Droits de l'Homme, notamment la « kafala », régime de « parrainage » soumettant tout travailleur migrant au bon vouloir de son employeur qui peut lui interdire de quitter le pays.

L'ambassadrice du Népal au Qatar, Maya Kumari Sharma qualifie l'émirat de « prison à ciel ouvert ».

Malgré l'appel de la FIFA, en novembre 2013, conviant « dirigeants économiques et politiques à s'associer à la communauté du football pour veiller à ce que les normes fondamentales du travail de l'Organisation internationale du travail (OIT) soient rapidement mises en place au Qatar », il faut attendre un rapport au vitriol publié par CSI en mars 2014, documentant à quel point « les travailleurs étrangers sont réduits en esclavage » et alertant sur « leur taux de mortalité sans précédent », et une plainte de l'OIT contre le pays, accusé de « travail forcé », pour que les choses évoluent. Après des discussions avec le pouvoir, l'OIT retire sa plainte en 2017 et accompagne les timides réformes du droit du travail que le Qatar s'est engagé à mener. Depuis, la « kafala » a été officiellement supprimée, mais reste contournée dans les faits par de nombreux employeurs. En mars 2021, un salaire mensuel minimum de 1 000 riyals (270 euros) a été instauré et les employeurs sont tenus de fournir le gîte et le couvert ou une allocation de 800 riyals par mois (215 euros) pour la nourriture et le logement des travailleurs qui vivent encore pour beaucoup dans des camps insalubres.

Des progrès largement insuffisants pour Amnesty International. « Depuis 2010, des milliers de travailleurs migrants sont décédés sur les chantiers de la Coupe du monde. Et ils sont encore des milliers à vivre un véritable enfer », fustigeait l'ONG dans son rapport de fin d'année 2021 sur le Qatar. Avant de dénoncer les abus subis par les ouvriers étrangers : « passeports confisqués, travail dans des conditions extrêmes sous 40 degrés et sans limite horaire, salaires dérisoires ou suspendus pendant des mois… »

La polémique ressurgit en France, le 4 août 2022, à l'Assemblée nationale. Les députés sont appelés à ratifier le partenariat bilatéral signé en mars 2021 avec Doha par le gouvernement d'Edouard Philippe, portant sur la sécurité du Mondial 2022 et dans lequel Paris s'engage à fournir 220 experts français à l'État gazier. Un texte entériné par les sénateurs en février 2022. « Sous chaque pelouse, il y a un cimetière », a fustigé Olivier Faure, le président du groupe socialiste, qui a pris acte du vote favorable de la majorité de l'hémicycle. Inflexible, Amélia Lakrafi, la rapporteure du texte, s'est voulue pragmatique. « Notre rôle n'est pas de prendre la défense du Qatar ou d'en faire le procès, mais de promouvoir les intérêts de la France », a répondu la députée Renaissance, le parti d'Emmanuel Macron.

Le débat sur les Droits de l'Homme s'est invité à la tribune du congrès de la FIFA en mars 2022, à Doha[143]. La présidente de la Fédération norvégienne (NFF), Lise Klaveness, a pris à parti l'instance internationale, coupable de fermer les yeux : « En 2010, la Coupe du monde a été

143. L'installation de Gianni Infantino à Doha nourrit la polémique. Il est en outre poursuivi par la justice suisse, depuis juillet 2020, pour « incitation à l'abus d'autorité », « violation du secret de fonction » et « entrave à l'action pénale » pour avoir rencontré à trois reprises – et en secret – Michael Lauber, le procureur général de la Confédération chargé des affaires de corruption touchant la FIFA démissionnaire sitôt ces rendez-vous divulgués. Le quotidien suisse *Blick* révèle, le 16 janvier 2022, que le n°1 de la FIFA a élu domicile, en catimini, dans l'émirat dès octobre 2021. Du jamais-vu. C'est la première fois qu'un patron de la Fédération internationale emménage dans le pays hôte de la Coupe du monde. Contraint de se justifier compte tenu des nombreuses critiques visant le Qatar, l'intéressé plaide le fait de superviser l'organisation de la compétition. Ce que réfute le journal helvète eu égard aux réformes adoptées, en février 2016, par la FIFA. Selon celles-ci, son président n'a, en l'espèce, qu'une fonction de stricte représentation. La gestion opérationnelle du tournoi incombe en outre à la Sénégalaise Fatma Samba Diouf Samoura, l'actuelle secrétaire générale de la FIFA.

attribuée par la FIFA de manière inacceptable avec des conséquences inacceptables, a déclaré l'ex-internationale. Les travailleurs migrants blessés ou les familles de ceux qui sont morts pendant la préparation de la Coupe du monde doivent être pris en charge. La FIFA, nous tous, devons maintenant prendre toutes les mesures nécessaires pour mettre réellement en œuvre le changement. »

Lui emboîtent le pas une coalition d'ONG, menée par Human Rights Watch, Amnesty International et FairSquare. En mai 2022, elles adressent une lettre ouverte au président de la FIFA Gianni Infantino, réclamant une compensation d'« au moins 440 millions de dollars » aux travailleurs et à leurs familles, en préjudice des dommages subis. Une goutte d'eau pour la FIFA qui dispose de « 1,6 milliard de $ de réserves [et dont] les revenus anticipés pour la Coupe du monde s'élèvent à 6 Md$ », précisent les ONG. « La FIFA et le Qatar ont failli à leurs obligations envers les travailleurs migrants qui ont été essentiels à la Coupe du monde 2022, insiste Minky Worden, directrice des Initiatives mondiales à Human Rights Watch. La FIFA devait immédiatement mettre de côté les fonds nécessaires pour apporter un dédommagement à la mesure du mal et éviter l'humiliant héritage de la “Coupe du monde de la honte”. »

Las. À trois mois du début de la compétition, la monarchie gazière a provoqué une nouvelle polémique en procédant à l'expulsion d'une dizaine d'ouvriers étrangers selon Equidem, une ONG basée à Londres, qui dit s'être entretenue avec plusieurs d'entre eux[144]. Cette mesure expéditive a pour

144. AFP, 22 août 2022.

origine une manifestation organisée, le 14 août 2022, par une soixantaine de travailleurs – impayés depuis au moins sept mois pour la plupart – devant les locaux de l'entreprise Al Bandary. Les autorités qataries ont justifié les arrestations, sans confirmer les expulsions, en arguant de troubles à l'ordre public : « Un certain nombre de manifestants ont été arrêtés pour avoir enfreint les lois sur la sécurité publique. » Parallèlement, le ministère du travail de l'émirat a assuré payer les salaires des employés d'Al Bandary sans autre précision. Il a affirmé avoir pris « des mesures » à l'encontre de la société fautive qui se trouvait déjà sous le coup d'une enquête pour non-paiement de ses salariés.

Les ONG font aussi part de leurs vives préoccupations sur le plan social, déplorant les graves restrictions de liberté d'expression et les risques de discrimination à l'encontre des femmes et de la communauté LGBTQ+ dans l'émirat, où les relations homosexuelles sont illégales. « Si un supporter brandit un drapeau arc-en-ciel dans un stade et qu'on le lui enlève, ce ne sera pas parce qu'on veut l'offenser, mais le protéger. Si on ne le fait pas, un autre spectateur pourrait l'agresser, a prévenu Abdullah Al Ansari, le responsable de la sécurité de la Coupe du monde, en avril 2022. Si vous achetez un billet, c'est pour assister à un match de football et pas pour manifester. Alors ne venez pas insulter toute une société. Nous ne pouvons pas changer les lois ou la religion pour les 28 jours de la Coupe du monde. »

Et les joueurs dans tout ça ? Le 23 février 2021, une enquête du quotidien britannique *The Guardian*, révélant la mort de « plus de 6 500 travailleurs migrants » depuis la désignation du Qatar, suscite un émoi mondial[145]. Ce décompte macabre provoque de grosses secousses en Norvège. Le lendemain, ses joueurs qui débutent leurs qualifications pour le Mondial 2022 à Gibraltar (3-0), dénoncent la situation en arborant lors des hymnes un t-shirt frappé de l'inscription « Human rights on and off the pitch » (« Droits de l'Homme sur le terrain et en dehors »). Contre l'Islande (3-0), l'Allemagne marque aussi le coup : durant les hymnes, ses onze titulaires portent un t-shirt noir frappé d'une lettre blanche majuscule, formant les mots « HUMAN RIGHTS ». Bien que ces messages politiques contreviennent aux règles de la FIFA, celle-ci, soucieuse de ne pas attiser la polémique, fait savoir qu'elle n'entamera pas de « procédures disciplinaires ».

La protestation fait tache d'huile en Norvège. Le 26 février, Tromsø IL, club de première division, publie un communiqué : « Que la corruption, l'esclavage des temps modernes et un nombre élevé de décès de travailleurs soient à la base de notre tournoi le plus important, la Coupe du monde, est totalement inacceptable. (…) Le Tromsø IL exhorte la Fédération norvégienne à soutenir un boycott de la Coupe du monde 2022 », assène le texte. Six clubs de premier plan, dont Rosenborg, suivent. Une assemblée générale est convoquée le 20 juin par la NFF, invitant ses membres à se prononcer pour ou contre le boycott. Après sept heures de débats, le non l'emporte à 75,3 % alors que l'opinion publique norvégienne était plutôt favorable. Les

145. Ces estimations ont été contestées par les organisateurs qatariens qui ne reconnaissent que 38 décès d'ouvriers liés à la construction des stades, dont seulement 3 directement reliés au travail.

coéquipiers d'Erling Haaland n'auront pas l'occasion de prolonger le débat, la Norvège ratant la qualification en finissant 3e du groupe G de la zone Europe.

Certains joueurs n'ont pas renoncé à se mobiliser. En mars 2022, le capitaine anglais Harry Kane a expliqué dans les colonnes du *Guardian* qu'il espérait mener des actions communes avec ses homologues d'autres formations, notamment ses coéquipiers de Tottenham actuels ou passés (le Français Hugo Lloris, le Sud-Coréen Heung-Min Son, le Gallois Gareth Bale…) afin de mettre en lumière la problématique des droits de l'Homme. « Le fait que les projecteurs soient braqués sur le Qatar nous aidera à en parler. C'est comme mettre un genou à terre (*un rituel lancé en juin 2020 avant les matches de Premier League, en soutien à la lutte contre le racisme*). Je pense qu'il est possible de mettre sur pied quelque chose du même ordre au Qatar. (…) Il sera important de s'assurer que les avancées que nous pourrons obtenir perdureront [après le tournoi]. J'espère que nous aurons un réel impact. »

À l'approche du match d'ouverture, si aucun des pays qualifiés n'a émis l'idée de boycotter le tournoi qatari, Philipp Lahm, l'ancien capitaine de l'équipe d'Allemagne championne du monde 2014, a tapé du pied dans la fourmilière. Le 7 août 2022, l'ancien défenseur du Bayern Munich est sorti de sa retraite et de sa réserve, en exhortant les joueurs allemands à se positionner sur le sujet des Droits de l'Homme. « En tant que joueur, on ne peut pas faire comme si on ne savait pas », a-t-il déclaré dans un entretien à l'hebdomadaire *Kicker*. S'il espère que, sportivement, la Mannschaft « ira au bout » et épinglera une cinquième étoile, il affirme que lui-même ne se rendra pas au Qatar.

Une position d'autant plus retentissante que Lahm est président du comité d'organisation de l'Euro 2024 qui sera organisé en Allemagne. « Les Droits de l'Homme devraient jouer un plus grand rôle dans l'attribution d'une compétition, insiste-t-il, invitant à une prise de conscience des instances internationales. Cela ne devrait plus se reproduire à l'avenir. »

Bibliographie

Chapitre 1 - Don't cry for me nor Argentina

Jacques de Ryswick, *100 000 heures de football*, Éditions de la table ronde, 1962.

John Langenus, *En sifflant par le monde*, Snoeck-Ducaju et fils, 1943.

Paul Dietschy, Yves Gastaut, Stéphane Mourlane, *Histoire politique des Coupes du monde de football*, Vuibert, 2006.

Enrique Buero, *Negociaciones Internacionales*, Bruxelles, 1932.

« Football : une aliénation planétaire », *Quel sport?*, n° 12/13, mai 2010.

Chapitre 2 - Le « Duce » inaugure le football totalitaire

Paul Dietschy, *Histoire du football*, Perrin, coll. « Tempus », 2014.

Mickaël Correia, *Une histoire populaire du football*, La Découverte poche, 2020.

Chapitre 3 - Quand l'ancienne colonie fait chuter l'Empire

Geoffrey Douglas, *The Game of their lives : The untold story of the World Cup's biggest upset*, Henry Holt & Company, 1996.

Lesly Gaetjens, *The shot heard around the world : The Joe Gaetjens story*, Lulu.com, 2010.

Jim Haner, *Soccerhead, An accidental journey into the heart of the American game*, North Point Press, 2006.

Andrei S. Markovits, « Pourquoi n'y a-t-il pas de football aux États-Unis ? L'autre "exceptionnalisme" américain », in *Vingtième Siècle*, revue d'histoire, n°26, 1990.

Gregory G. Reck et Bruce Allen Dick, *American soccer. History, Culture, Class*, McFarland & Company, 2015.

John Sugden et Alan Tomlinson, *Hosts and champions : soccer cultures, national identities and the USA World Cup*, éd. Arena, 1994.

Chapitre 5 - Corée du Nord 1966, le pays fantôme

Dan Gordon et Nick Bonner, *The Game of their lives… The greatest shock in World Cup history: The book of the film*, VeryMuchSo Productions, 2002.

James E. Hoare, *Twenty years a-stagnating – The lost opportunity of Britain's relationship with the DPRK*, 38 North, The Henry L. Stimson Center, 2020.

Martin Polley, « The Diplomatic background to the 1966 Football World Cup », in *The Sports Historian*, n°18, 2, 1998.

J. Simon Rofe et Alan Tomlinson, « The untold story of FIFA's diplomacy and the 1966 World Cup : North Korea, Africa and Sir Stanley Rous », in *The international history review*, vol. 42, n°3, 2019.

Tosh Warwick, « The FIFA World Cup, International friendship and the "Mystery men of the East" : When

Middlesbrough fell in love with North Korea », in *North Korean Review*, vol. 15, n°1, 2019.

Chapitre 6 - La vraie fausse « guerre du football »

Alfredo Bruno Bologna, « Consecuencias del conflicto Honduras-El Salvador », in *Revista de política internacional*, n°159, 1978.

Sara Gordon, *Crisis política y guerra en El Salvador*, Siglo Veintiuno, 1989.

Oscar García, « La memoria de la mal llamada "guerra del fútbol" », in *Iberoamericana – Nordic Journal of Latin American and Caribbean Studies*, 48(1), 2019.

Alain Rouquié, « Honduras-El Salvador. La guerre de cent heures : un cas de "désintégration" régionale », in *Revue française de science politique*, vol. 21, n°6, 1971.

Chester Urbina Gaitán, « Militares, utilización política y nacionalismo. El Salvador y la guerra del fútbol de 1969 », in *EFDeportes.com*, revue numérique, XIV, n°137, 2009.

Chapitre 7 - Un but fantoche parmi les spectres de Santiago

Axel Pickett, *El Partido de los valientes*, Aguilar, 2003.

Olivier Compagnon et Alexandre Kottis, « Un but dans la Guerre froide », in *Le Football des nations. Des terrains de jeux aux communautés imaginées*, Éditions de la Sorbonne, 2018

Eduardo Galeano, *Le Football, ombre et lumière*, Climats, 1997

Estadio Nacional, documentaire de Carmen Luz Parot, Producción Soledad Silva, 2002.

The Opposition, documentaire d'Ezra Edelman et Jeff Plunkett, ESPN, 2014.

Chapitre 8 - Un « duel fratricide » mouvementé

Philippe Collin et Sébastien Goethals, *La Patrie des frères Werner*, Gallimard, coll. « Futuropolis », mai 2020.

Chapitre 9 - Ce n'est qu'un début, continuons le COBA !

Jean-Gabriel Contamin et Olivier Le Noé, « La coupe est pleine Videla ! Le *Mundial* 1978 entre politisation et dépolitisation », dans *Le mouvement social*, n° 230, 2010.

Christophe Batardy : « La Coupe du monde 1978 en Argentine et la gauche française : la question du boycott », dans *Cahier d'histoire immédiate*, n° 34, 2008.

Xavier Breuil : *Les Enjeux politiques du Mundial 1978, étude des mouvements de boycott en France et dans les démocraties européennes*, mémoire de maîtrise, Université de Metz, 2000.

Raanan Rein : « Solidaridad internacional y protestas transnacionales contra la Copa Mundial de Fútbol 1978 », Université de Tel Aviv, 2019.

Papelitos : « 78 Historias sobre un Mundial en diectadura », papelitos.com.ar.

La Fabrique de l'Histoire, « Histoire du boycott », France Culture, 2008.

Chapitre 10 - Une raclée en forme d'affaire d'État

Eduardo P. Archetti, « El *Mundial* de fútbol de 1978 en Argentina : victoria deportiva y derrota moral », in *Memoria y Civilización*, vol. 7, 2004.

Matias Bauso, *78, historia oral del Mundial*, Sudamericana, 2018.

Blas Bonafini, Rodrigo Cantón, Lautaro Segura et

Nicolás Sotomayor, « Argentina 6–0 Perú : la victoria que no queremos tener », in *Actas de periodismo y comunicación*, vol. 2, n°2, 2016.

Abel Gilbert et Miguel Vittagliano, *El terror y la gloria : la vida, el futbol y la politica en la Argentina del Mundial 78*, Norma, 1998.

Ricardo Gotta, *Fuimos campeones : la dictadura, el Mundial 78 y el misterio del 6 a 0 a Perú*, Edhasa, 2008.

Pablo Llonto, *La vergüenza de todos. El dedo en la llaga del Mundial 78*, ediciones Madres de la Plaza de Mayo, 2005.

Chapitre 13 - Le bourreau de Séville et ses juges

Harald Schumacher, *Coup de* sifflet, Michel Lafon, 1987.

Pierre-Louis Basse, *Séville 82, le match du siècle*, Éditions Privé, 2005.

Albrecht Sonntag, *Vieux clichés et idées neuves : l'heureuse évolution des perceptions franco-allemandes dans le football*, Fondation Heinrich Böll, 2016.

Stephan Klemm, *Die Nacht von Sevilla*, Verlag Eriks Buchregal, 2021.

La nouvelle fabrique de l'histoire : « Séville 82, les larmes amères des Bleus », France Culture, 2005.

Demi-finale de la Coupe du monde 1982 France-RFA (Antenne 2, 8 juillet 1982)

Chapitre 14 - Une manita pour las Malvinas

Diego Maradona, *Maradona, ma vérité*, Hugo et Compagnie, 2016

Argentine-Angleterre, quart de finale de Coupe du monde 1986, TF1, 22 juin 1986.

Andres Burgo, *El Partido (del siglo) Argentina – Inglaterra 1986*, Tusquets, 2016

Carlos Sabasttian Ciccone, *Malvinas 2 – Inglaterra 1, representaciones sociales de argentino e ingleses en la cobertura del diario Cronica. Mundial de Mexico 1986*, Universidad nacional del Sur, Bahia Blanca, 2015

La Clase 62, TyC Sports, 2017.

Tryggvi Kristjansson, « Ossie Ardiles, Tottenham and the Falkland Islands », in thesefootballtimes.co, 30 mai 2015

Chapitre 15 - Les derniers feux de la Yougoslavie

Jean-Arnault Dérens, « L'éclatement de la Yougoslavie a-t-il commencé dans les stades ? », in *Confluences Méditerranée* 2004/3, n°50.

Jean-Michel De Waele et Alexandre Husting, *Sport, politiques et sociétés en Europe centrale et orientale*, Éditions de l'Université de Bruxelles, 2005.

Paul Garde, *Vie et mort de la Yougoslavie*, Fayard, 2000.

Gigi Riva, *Le dernier penalty. Histoire de football et de guerre*, Seuil, 2016.

Loïc Trégourès, *Le football dans le chaos yougoslave*, Non Lieu, 2019.

Chapitre 16 - Du Grand Satan à la petite détente

Michel Moreau, « Allez les Yankees », in *Le Télégramme*, 22 juin 1998.

Christian Bromberger, « Troisième mi-temps pour le foot iranien », in *Le Monde diplomatique*, mai-juin 1998.

Paul Dietschy, Yvan Gastaut, Stéphane Mourlane, *Histoire politique des Coupes du monde de football*, Vuibert, 2006.

Mani Djazmi, *USA vs Iran, the historic 2000 friendly match planned to bring countries together*, sur BBC Sport, 15 décembre 2000.

The Great Game, documentaire de Darius Bazargan, 2018.

Match Iran -États-Unis, France 3, 21 juin 1998.

Chapitre 18 - Des « anti-Copa » au pays du football-roi

Articulação dos Comitês populares da Copa, *Megaeventos e violações de direitos humanos no Brasil*, ANCOP, 2014.

Dawid Danilo Bartelt, « The other side of the medal. Major sporting events in Brazil in the web of urban planning, speculation and the right of the city », in *Publication Series on Democracy*, vol. 39 ; Heinrich Böll Foundation, 2016.

Christopher Gaffney, « The Brazilian experience as "role model" », in *Transparency International, Global Corruption Report, Sport* ; Routledge, 2016.

Eric Monné Fraga de Oliveira, « O ópio do povo ? O futebol e as manifestações políticas no Brasil entre 2013 e 2020 », in *Revista Sociedade e Cultura,* v. 24, 2021.

Michel Raspaud, « Méga-évènement sportif et situation d'exception : le Brésil et la Copa 2014 », in *Les Temps modernes*, n°678, 2014.

Chapitre 19 - Bons baisers de Russie

Heidi Blake et Jonathan Calvert, *The Ugly game, l'homme qui acheta la Coupe du monde*, Ed. Hugo Sport, 2016.

Philippe Auclair et Eric Champel, *FIFAgate*, Ed. Michel Lafon, 2015.

Chapitre 20 - Un émirat en classe affaires

Philippe Auclair et Eric Champel, *FIFAgate, comment le Qatar a fait exploser le système Blatter*, Michel Lafont, 2015.

Ken Bensinger, *Red card : How the U.S. blew the whistle on the world's biggest sports scandal*, Simon & Schuster, 2018.

Heidi Blake et Jonathan Calvert, *The Ugly game, l'homme qui acheta la Coupe du monde*, Ed. Hugo Sport, 2016.

Andrew Jennings, *Le scandale de la FIFA*, Seuil, 2015.

Mary Papenfuss et Teri Thompson, *American huckster : How Chuck Blazer got rich from – and sold out – the most powerful cabal in world sports*, Harper, 2016.

Alan Tomlinson, *FIFA, the men, the myths and the money*, Routledge, 2014.

Rapport spécial de la CSI, « *Le Qatar, un cas difficile à défendre* », mars 2014.

Amnesty International, « *Reality check 2021 : a year to the 2022 World Cup – The state of migrant worker's rights in Qatar* », novembre 2021.

Human Rights Watch, « *Qatar : la FIFA devrait payer pour le mal causé aux travailleurs migrants* », mai 2022.

Amnesty International, « *Predictable and preventable: why FIFA and Qatar should remedy abuses behind the 2022 World Cup* », mai 2022.

Remerciements

Nous remercions les éditions Hugo Sport pour la confiance accordée. Plus particulièrement à Bertrand Pirel dont l'enthousiasme a été immédiat pour ce projet initié par Samy Mouhoubi, et à Donovan Villemonteil pour sa relecture attentive.

Merci également à tous les interlocuteurs – nommément cités ou pas – ayant accepté de partager leurs souvenirs éclairants.

Enfin, merci à nos familles et à nos amis pour leurs encouragements.

Achevé d'imprimer
en octobre 2022
par CPI BlackPrint (Barcelone)
Dépôt légal septembre 2022